数字经济与高质量发展丛书

北京市属高校分类发展项目
"'两区'建设助力扩大开放,实现首都高质量发展"的资助成果

身份与合作
——社会认同与合作行为的实验经济学研究

王一子 ◎ 著

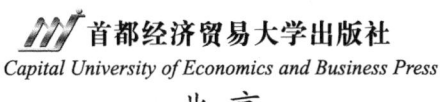

首都经济贸易大学出版社
Capital University of Economics and Business Press

·北 京·

图书在版编目（CIP）数据

身份与合作：社会认同与合作行为的实验经济学研究／王一子著．-- 北京：首都经济贸易大学出版社，2023.12
ISBN 978-7-5638-3597-3

Ⅰ．①身… Ⅱ．①王… Ⅲ．①经济学—研究 Ⅳ．①F069.9

中国国家版本馆 CIP 数据核字（2023）第 187652 号

身份与合作——社会认同与合作行为的实验经济学研究
王一子 著

责任编辑	晓　地
封面设计	砚祥志远·激光照排 TEL:010-65976003
出版发行	首都经济贸易大学出版社
地　　址	北京市朝阳区红庙（邮编 100026）
电　　话	（010）65976483　65065761　65071505（传真）
网　　址	http://www.sjmcb.com
E - m a i l	publish@cueb.edu.cn
经　　销	全国新华书店
照　　排	北京砚祥志远激光照排技术有限公司
印　　刷	北京九州迅驰传媒文化有限公司
成品尺寸	170 毫米×240 毫米　1/16
字　　数	263 千字
印　　张	14.25
版　　次	2023 年 12 月第 1 版　2023 年 12 月第 1 次印刷
书　　号	ISBN 978-7-5638-3597-3
定　　价	59.00 元

图书印装若有质量问题，本社负责调换
版权所有　侵权必究

前 言

行为和实验经济学的兴起，为合作问题的研究提供了新的思路。目前，行为和实验经济学的研究主要沿着社会偏好和社会认同两个视角展开，虽然取得了丰富的研究成果，但是仍然存在广阔的研究空间。本书在现有研究的基础上，基于社会认同理论的基本原理，以实验经济学的研究方法为指导，在设计实验时充分考虑社会认同理论的假设条件、作用路径及相关研究思路，探讨合作行为的群际差异性是否存在以及社会认同对于个体合作行为可能产生的影响。更进一步，本书将社会比较、竞争、社会互动、群体规则四个与社会认同密切相关的因素纳入研究范畴，并深入分析这几个因素对社会认同的作用。对于个体合作行为的度量，本书则借助社会困境模型，利用公共品博弈和囚徒困境博弈的实验结果达到研究目的。具体地说，本书的要点如下：

第一，本书对社会比较机制下的社会认同与合作行为进行了研究，并在此基础上扩展研究了比较意愿所能产生的实验效应。本书的研究发现：社会比较机制及其对应的比较胜负效应均不会改变个体的社会认同，因而个体与同群成员间的合作行为并不受该机制影响；比较选择机制下不参与比较组的被试具有更高的社会认同水平，因而不参与比较组的被试与同群成员间的合作水平具有显著提升。相比之下，本书发现社会比较机制会提升个体的外群偏爱，表现为与外群成员合作水平的提升。更进一步，社会比较机制产生的上述实验效应的原因在于比较失败组产生的消极社会身份效应。比较选择机制下个体与外群成员合作水平提升的原因在于参与比较组和不参与比较组的双重作用，且不参与比较组的实验效应大于参与比较组。

第二，本书对竞争机制下的社会认同与合作行为进行了研究。本书的研究发现，在竞争机制下，失败组产生的消极社会身份效应对个体合作行为的影响在不同博弈环境下并不相同。在公共品博弈中，竞争失败组虽然产生了消极的社会身份，但内群倾向性反而增加，表现出更高的社会认同，与内群成员搭配时的合作行为会增加。相比之下，囚徒困境博弈中竞争机制产生的实验效应会提高被试外群合作水平，而导致这种外群合作行为提升的原因在于竞争失败组，竞争胜利组的实验效应并不显著存在。

第三，本书研究了社会互动机制下的社会认同与合作行为的关系。本书将社会互动细分为两种，分别为单纯的社会互动和基于共同任务的社会互动。

研究结果表明，在公共品博弈中，基于共同任务的社会互动机制产生的实验效应会提升个体的社会认同，使个体与内群成员合作的可能性增加。通过将社会互动实验组按照互动频率进一步划分为多互动组和少互动组，本书的研究发现，基于共同任务的社会互动之所以会提升个体的社会认同，其原因在于多互动组产生的实验效应。相比之下，单纯社会互动及与其相关的互动频率均不会改变个体对内群身份的认同，与内群成员的合作行为也不会产生变化。

第四，本书研究了群体规则强化机制下的社会认同与合作行为的关系。研究结果表明，群体规则的强化能够改变个体对群体身份的认同。具体地说，根据人工实地实验所得结果，本书的研究发现，团结规则强化机制能够有效提高个体对身份对应群体的认同，进而表现出同群成员间更高的合作水平。更进一步，本书的研究还发现，个体的社会认同存在时间效应。拥有身份时间长的个体，其对群体的认同度已经深入自身的观念中；而拥有身份时间短的个体，其对群体认同度相对较低，所以，对这部分群体进行团结规则强化后，其对群体认同度的提升幅度更大。

第五，本书还发现个体合作行为的群际差异现象普遍存在，且不会受到博弈环境及社会认同影响机制的作用。这种合作行为的群际差异表现为个体与内群成员的合作水平显著高于外群成员。在公共品博弈和囚徒困境博弈中，无论控制组被试还是社会比较机制、竞争机制以及社会互动机制作用下的实验组被试，均表现出上述差异性。合作行为存在群际差异的原因在于，相较于外群成员，个体对内群成员具有明显的社会认同；而且，社会比较、竞争、社会互动等认同影响因素虽然会在一定程度上改变个体的社会认同，但并不会消除这种群际行为差异。

本书探索了社会比较机制、竞争机制、社会互动机制以及群体规则强化机制下的社会认同与合作行为的关系。基于本书的研究结论，可以为公共政策提供具体的政策建议，论证引入群体间比较、竞争和群体内的互动以及对群体规则强化等措施所能带来的政策效果，以及现实可行性。上述公共政策措施的目标均是促使个体自发地做出更加有利于社会的合作行为。而对于社会救助政策来说，更多的合作行为也意味着更多的群体间的互助行为，因此，本书的研究对于社会救助政策的改进也能提供相应建议。无论对何种政策措施提供改进建议，其根本在于节约我国公共政策的成本，并从多个层面提升社会总体的福利水平。

目录 CONTENTS

1 引言 ·· 1
  1.1 研究背景、目的及意义 ··· 1
  1.2 核心概念的界定 ··· 8
  1.3 研究思路和研究方法 ··· 14
  1.4 研究内容和结构 ··· 22
  1.5 本书的创新点 ·· 24

2 文献综述 ··· 26
  2.1 社会偏好理论 ·· 26
  2.2 行为和实验经济学对社会认同理论的相关研究综述 ········· 29
  2.3 社会认同与合作行为研究综述 ······································ 37
  2.4 社会心理学中的社会认同理论概述 ································ 44
  2.5 小结 ·· 49

3 社会认同与合作行为——社会比较机制的影响 ······················ 51
  3.1 引言 ·· 51
  3.2 文献回顾 ··· 53
  3.3 实验设计 ··· 59
  3.4 实验结果分析 ·· 67
  3.5 小结与讨论 ··· 96

4 社会认同与合作行为——竞争机制的影响 ····· 100
- 4.1 引言 ····· 100
- 4.2 文献回顾 ····· 102
- 4.3 实验设计 ····· 106
- 4.4 实验结果分析 ····· 107
- 4.5 小结与讨论 ····· 126

5 社会认同与合作行为——社会互动机制的影响 ····· 128
- 5.1 引言 ····· 128
- 5.2 文献回顾 ····· 130
- 5.3 实验设计 ····· 134
- 5.4 实验结果分析 ····· 136
- 5.5 小结与讨论 ····· 165

6 社会认同与合作行为——群体规则强化机制的影响 ····· 167
- 6.1 引言 ····· 167
- 6.2 文献回顾 ····· 169
- 6.3 理论模型 ····· 172
- 6.4 实验设计及实施 ····· 175
- 6.5 实验结果分析 ····· 180
- 6.6 小结与讨论 ····· 188

7 结论 ····· 191
- 7.1 本书的主要结论 ····· 191
- 7.2 研究结论的政策含义 ····· 193
- 7.3 本书研究的不足与未来可能的研究方向 ····· 196

参考文献 ····· 198

1 引言

1.1 研究背景、目的及意义

1.1.1 研究背景

人类为什么会合作？这一难题多年来一直困扰着理论界。2016年，*Science* 公布的125个科学前沿问题中，"人类合作行为如何发展"这一问题依然位列其中，可见合作问题的重要性及前沿性。对经济学领域而言，自古典政治经济学家开始，其研究的问题就已经涉及合作行为，只是相关研究并非全部围绕合作问题本身展开，而是在探讨社会契约关系时衍生出对人与人为何和如何合作的考虑。霍布斯在《利维坦》中指出，竞争、猜疑以及荣誉是人的天性，人与人之间，竞争是为了求利，猜疑是为了求安全，为了求荣誉可以使人侵犯他人，这也意味着每个人在天性上都是谋求私利和个人升迁的。霍布斯将社会契约关系中的各方均看作自利的人，出于对自身利益最大化的考虑，社会契约能够在讨价还价的谈判中达成。因此，根据霍布斯的观点，人们出于自利的考虑就能够达到合作的状态，且这一过程与个人的情感、道德等因素无关。与霍布斯不同的是，卢梭在《社会契约论》中提出了"公意"的概念，考虑了社会契约关系形成过程中的平等、自由等因素，并非从个人自身利益最大化的角度考虑该问题。当社会契约形成以后，每个人遵守契约时获得的收益同样可以实现最大化，这在《论人类不平等的起源和基础》中的猎鹿故事中有所体现。这一故事后来被经济学家提炼为猎鹿博弈，用以说明公平分配、共同利益对合作的影响。亚当·斯密更进一步，在《国富论》中指出，在自由竞争的市场中，个体出于自利的考虑，在各种经济活动中不仅可以实现自身收益的最大化，还能够促进社会利益。而后，以新古典学派为代表的主流经济学派以理性人作为假设前提，并没有将古典政治经济学中关于人的复杂性论述纳入研究范畴，这一阶段经济学研究的重点在于探索市场竞争机制下如何实现资源的最优配置，因而对合作行为的研究并未有实质进展。

博弈论的兴起虽然引发了经济学家对合作行为的重新关注，且涌现了大量研究，但是囿于对理性人假设的遵从，这些研究成果并不能系统解释人们合作的原因。幸运的是，行为和实验经济学近几十年的发展，使得打破理性人假设，更进一步研究合作行为成为可能。人生活在现实社会中，具有个人情感和社会属性①，简单地将人类个体抽象成为无差异的理性人，显然不符合现实情况。相比之下，行为和实验经济学家在研究合作行为时，对"人"进行了重新界定，将人的社会性纳入研究范畴。现有的研究成果可以归结为两个方向：一是从个体自身情感因素出发，认为人之所以合作，其原因在于本身具有的社会偏好；二是从个体所处的社会组织或社会网络出发，认为个体在做出合作决策时受到身份认同因素的影响。在第一类研究中，行为和实验经济学家创造性地提出了"社会偏好"②这一新的概念，并将社会偏好引入个体效用函数模型，借助于人为构造的诸如公共品模型、囚徒困境模型等博弈模型，模拟现实生活中的合作情形，在真实的实验环境中观测被试的决策，以此作为研究的依据。公共品博弈模型在行为和实验经济学中是一个经典博弈模型③，在其博弈结构中，需要被试决定在一定量的初始禀赋下自身保留多少，以及捐赠多少到公共资金池中。捐赠到公共资金池中的现金总量将被乘以一个正数，并返还给博弈结构中的每个被试。囚徒困境博弈中，博弈双方各扮演一个策略角色，而每个人的收益取决于博弈双方的共同决策。行为和实验经济学之所以利用两种博弈结构研究合作行为，其原因在于：无论公共品博弈还是囚徒困境博弈，均人为构建了社会困境（social dilemma）。在社会困境中，个体出于自身利益最大化考虑，会选择不合作策略；而将博弈各方

---

① 经济学家贝克尔（Becker）首次将人的社会性纳入经济学研究，其研究的内容涉及种族歧视、惩罚、家庭结构等社会问题。贝克尔的贡献在于打破了经济学领域仅对资源配置等经济学问题研究的局限性，但贝克尔的研究重点并非是完全意义上的社会性，其原因在于他并没有更进一步打破新古典经济学中的理性人假设条件，因而贝克尔并不能算是行为和实验经济学家。

② 实验经济学近40年对经济学领域最大的贡献就是提出了新的微观基础，可以概括为"偏好的微观结构理论"（周业安，2015），这一理论打开了经济学的偏好黑箱，把偏好视为内生于人的认知基础和社会基础的二元复杂结构——自利偏好和非自利偏好，后者被行为和实验经济学家称之为社会偏好。基于研究发现，社会偏好主要包括两方面的内容：第一，个体作为社会中的人具有不同程度的社会性；第二，体现在偏好特征上，就是个体除了具备一定程度的自利偏好以外，还具有利他偏好（Andreoni and Miller, 2002）、互惠偏好（Rabin, 1993; Dufwenberg and Kirchsteiger, 2004）和不平等厌恶偏好（Fehr and Schmidt, 1999; Bolton and Ockenfels, 2000）等社会偏好。对于社会偏好的几个表述形式虽不尽相同，内容上也各有侧重，但都明确地表达了与自利偏好的对立立场：人们不仅关注自身的利益，也会关注他人的利益。关于社会偏好的相关综述可以参见陈叶烽等（2012）和陈叶烽（2010）。国内证据参见周业安和宋紫峰（2008）以及陈叶烽（2009）。

③ 凯格尔和罗斯（Kagel and Roth, 1995）在1995年曾针对实验经济学中公共品博弈问题的研究进行了综述。

作为一个整体考虑后，为了实现社会最优化（social optimum）目标，又需要个体选择合作策略。这种对个体而言不合作为最优策略，而对整体而言合作为最优策略之间的矛盾，便构成了社会困境（Orbell and Dawes, 1981; Yamagishi, 1995）。个体在社会困境中面临合作决策和不合作决策两种可能，行为和实验经济学家通过观测个体在公共品博弈和囚徒困境博弈中的决策，对人类合作的原因进行了深入研究。研究发现，个体在社会困境中选择合作策略受到以下几个因素影响，如纯粹的利他动机（pure altruism）或暖流效应（warm glow effect）（Andreoni, 1993; Andreoni and Miller, 2002; Offerman et al., 1996），个体可获得的相对收益（Fehr and Schmidt, 1999; Bolton and Ockenfels, 2000），寻求合作带来的外溢性收益（Brandts and Schram, 1996），互惠动机（Rabin, 1993; Dufwenberg and Kirchsteiger, 2004; Falk and Fischbacher, 2006），准最大化偏好（quasi-maximin preferences）（Charness and Rabin, 2000），以及利他动机中的偏误效应（Palfrey and Prisbrey, 1997; Anderson et al., 1998）等。

由行为和实验经济学家研究合作问题所得到的结论可见，人之所以做出背离自身利益最大化的合作行为，其根源在于人自身所具有的社会偏好。将人的社会性作为研究侧重，是行为和实验经济学有别于传统经济学最大的亮点所在。但是，既然研究人的社会性，仅研究人的社会偏好是远远不够的。人作为社会中的个体，不仅具有公平、互利等与社会性相关的情感动机，还具有一系列涉及社会属性的特征，其中，社会身份因素不容忽视。真实生活中，每个社会人都拥有多重社会身份，相应地，对每一个社会身份都会产生不同程度的认同。社会心理学中的定义指出，社会认同（social identity）为"个体知晓他/她归属于特定的社会群体，而且他/她所获得的群体资格（group membership）会赋予其某种情感和价值意义"[①]。到目前为止，社会心理学领域的学者对社会认同已进行了大量研究，并形成了一套完整的理论——社会认同理论。

在经济学领域中，阿克洛夫和克兰顿（Akerlof and Kranton, 2000）最早将身份变量引入新古典效用模型中，并在经济学框架下，系统地研究了社会认同理论[②]。模型的具体形式为：

[①] 社会认同的定义来自泰弗尔（Tajfel, 1972）：the individual's knowledge that he belongs to certain social groups together with some emotional and value significance to him of this group membership。本书中的定义转引自豪格和阿布拉姆斯所著的《社会认同过程》，第9页。

[②] 此后，阿克洛夫和克兰顿（Akerlof and Kranton, 2002, 2005）分别于2002年和2005年发表文章，将社会认同理论引入教育经济学和组织经济学的分析框架中，是对经济学视角下社会认同问题研究的进一步扩展，为后续理论延伸奠定了坚实的基础。两位作者所著的书籍 *Identity Economics* 更是从经济学视角系统地阐述了身份认同对个体行为决策的影响，并利用多个特征事实（教育、劳动市场、性别和种族问题等）论证了社会认同模型的合理性。

$$U_j = U_j(a_j, a_{-j}, I_j)$$
$$I_j = I_j(a_j, a_{-j}; c_j, \varepsilon_j, P)$$

其中，I_j 定义了第 j 个社会成员的身份，即自我认知；a_j 代表了 j 的行为向量；a_{-j} 代表了其他人的行为向量；c_j 代表了 j 所属的社会类别，即群体；P 代表 j 所属群体的理想特征；ε_j 代表 j 自我设定的特征。

根据该模型，个体的效用取决于三部分，前两部分来自自身行为决策和他人行为决策所能带来的效用，另一部分来自个体对身份所属群体产生的社会认同。更进一步，个体对身份的认同受到三个因素的影响：一是成员自身的行为以及他人的行为；二是成员的群体认同，即内群偏好，也就是说，成员选择归属哪个群体会影响到其自身的权力和地位等；三是社会规范对成员的约束，当个体行为决策偏离身份所属群体对应的群体规则时，会使自身效用产生损失。身份对应于自身所属群体的社会分类，每一个分类同样对应着一系列群体规则，个体出于对自身所属群体认同的目的，会甘愿放弃自身效用。该模型的分析逻辑构成了基于社会认同视角解释个体行为决策的基础。自此以后，越来越多的经济学家开始关注认同问题对个体经济决策的影响，其中很大一部分研究集中于讨论社会认同产生的内群倾向性。目前，针对该问题的研究已经形成共识，即个体对内群成员的倾向性可视作个体的社会偏好范畴。陈和李（Chen and Li，2009）首先证明了社会认同对社会偏好的促进作用[①]，而后，大量学者的研究补充了两者之间的联系，如社会认同对再分配偏好的促进（Klor and Shayo，2010），社会认同与劳动者努力程度（Chen and Chen，2011），以及现实生活中邻里身份认同与社会偏好的关系（Li et al.，2017），等等。

经济学领域对社会认同的相关研究中，有一部分围绕个体自身的固有社会身份展开，目的是发现社会身份本身对个体经济行为可能产生的影响。目前，个体固有社会身份的实验经济学研究主要分为两个方向，第一个研究方向为检验由社会身份引发的个体决策差异性；第二个研究方向集中于探讨社会身份为何能够导致个体经济决策的差异性，并在此基础上提出对应的政策建议。事实上，导致这种差异的本质原因为社会认同作用下个体改变了对群体规则的偏好。如果将亲社会行为视作群体规则，那么这部分研究便可以近似等价于探讨认同与社会偏好的关系（Li et al.，2017；Londono et al.，2015）。

经济学家在研究社会认同与社会偏好两者关系的过程中，大多采用实验经济学的研究方法，这是因为每个人都具有多种不同的社会身份，而且人们

[①] 目前，越来越多的经济学家已经达成共识，认为人的社会偏好在一定程度上会受到其所处的社会环境的影响（Bowles，1998；Fehr and Hoff，2011；Postlewaite，2011）。

往往需要一段时间才能形成身份认同，因此，社会身份对经济决策影响的过程存在很强的内生性。传统经济学对这类问题的研究进展相对较慢，其原因不仅在于目前的计量方法很难完全排除内生性干扰，还与经验数据本身不能达到研究要求相关。幸运的是，实验经济学的研究方法能够有效解决上述难题。通过利用实验室实验、实地实验等方法，行为和实验经济学家可以分离与社会身份无关的干扰因素，集中分析社会认同所能产生的实验效应。对于如何识别社会偏好，实验经济学家已经设计出成熟的研究方法，通过设计不同的博弈结构，观测被试在博弈中的表现，便可测度出被试的社会偏好水平，如独裁者博弈、公共品博弈、信任博弈、最后通牒博弈等。对于如何观测社会认同，经济学家大多基于重新构造的群体身份展开相关研究，这种重新构造的群体身份被称为组群体身份（group identity）[1]，因此，这类研究是将复杂的社会认同转化为相对简单的组群体认同。这部分研究的目的在于揭示影响认同机制的根本原因，也就是认同对偏好的作用。经济学家在对这一问题开展研究时，为了避免人们自身所固有的身份可能产生的内生性，一般情况下是利用实验室实验的研究方法，以学生群体为被试展开研究。其好处有两点：一是实验室实验的可控性和可复制性；二是学生被试具有相对简单的生活经历，其自身受到外部环境因素的影响较小，因而有利于检验新生成的组群体身份对个体经济决策的影响。相比之下，实验经济学家在研究个体固有身份的认同对社会偏好的影响时，往往利用激发工具（priming instrument）[2]的方法分离个体自身固有的社会身份，并基于此展开研究设计。

根据目前经济学界对社会认同理论的研究进展，既然社会认同会改变个体的社会偏好水平，使个体做出更多有利于相同身份群体成员的行为，那么，在社会困境中的合作行为作为个体亲社会性行为具体表现方式的一种，社会认同也必然会影响个体的合作倾向[3]。事实上，行为和实验经济学领域已经有大量研究围绕社会认同与合作行为展开（Goette et al., 2006; Ruffle and Sosis, 2006; McLeish and Oxoby, 2007; Tan and Zizzo, 2008; Charness, 2012; Weng and Carlsson, 2015; Chakravarty et al., 2016），这些研究大多表

---

[1] 行为与实验经济学中，构造组群体身份的方法借鉴于社会心理学领域中的最简群体范式（minimal group paradigm）研究方法，详细介绍参见引言中社会心理学研究方法章节。

[2] 对激发工具的详细介绍，参见引言中实验经济学研究方法章节。

[3] 社会偏好并非仅是一种偏好，而是一系列用于描述人非自利行为对应偏好的统称。社会偏好理论是行为和实验经济学为了解释个体诸多的亲社会行为而提出的新思路，如善意行为、公平行为、互惠行为等，这自然也包括合作行为。社会偏好理论中，有很大一部分用于解释个体合作行为，研究合作行为产生的原因、影响因素，并由此探索促进合作的机制（Fehr and Schmidt, 1999; Fischbacher et al., 2001; Charness and Rabin, 2002; Gächter, 2006）。

明，个体更愿意和与自己同属一种身份的人合作，且这种合作关系也会受到其他因素的影响，如群体选择机制、惩罚机制、群体融合机制及外部环境等。

以上便是行为和实验经济学领域对合作行为、社会认同以及两者之间关系的研究进展。虽然社会认同理论被阿克洛夫和克兰顿（Akerlof and Kranton, 2000）引入经济学领域后，取得了丰富的成果，但目前来看仍存在一些不足之处，其中最主要的问题就是忽略了对社会认同理论本身的考虑。行为和实验经济学家借鉴社会认同理论研究问题时，仅借用了该理论中的身份视角及对应的研究方法（最简群体范式及激发工具），很少考虑该理论假设条件、作用路径和研究方法的应用限制等问题。举例来说，社会认同理论中一个重要的假设条件为初始对比原则（metacontrast principle），这一原则是指个体表现出内群倾向需要两个前提条件，即群体间比较和外群的在场（presence of an outgroup）（Turner et al., 1987）。

首先，如果没有外群的在场，群体内成员的自我范畴化过程将不会发生，也就不会产生内群成员、外群成员间的区别对待等行为（intergroup discrimination）（Van Knippenberg and Wilke, 1988）。换句话说，根据社会认同理论，如果不存在有别于内群的另外一个群体，对群体成员来说，内群成员和陌生人之间将不存在差异，对身份的认同效应将不会存在。相形之下，外群的存在会促使个体将积极价值赋予自身群体，从而表现出更愿意与内群成员合作等内群倾向性行为（Brewer, 2008; Ellemers, 2012）。

其次，上述过程建立在比较的过程中，没有比较，个体的自我范畴化过程也同样不会发生，也就不会产生个体对身份的认同。由此可见，有别于内群的外群在场及群体间的社会比较效应，两者均会对个体的身份认同产生影响。行为和实验经济学家对身份认同问题的研究中，有很大一部分研究是利用实验室构造组群体身份的。而形成这种组群体身份的方法为最简群体范式法，该方法的具体实现往往借助于小组成员间的不同属性（Chen and Li, 2009），利用不同群体标志物区分不同群体[①]（Guala et al., 2013）等。这部分研究忽略了对群体间比较因素的考虑，且在实验具体实施的过程中，对不同群体社会在场的问题考虑不足，没有对实验过程中每场实验的群体数目、每个群体的人数等问题进行严格的论证。

除此之外，在利用群体内成员间的社会互动形成群体身份的过程中，往往缺乏更深入的分析。群体内成员间的社会互动之所以能够形成群体身份，其原因在于社会互动不仅可以促使个体了解到对方的个体属性等信息，还能

[①] 如给不同组的被试佩戴不同的队徽，要求不同组被试身着不同颜色的队服，配搭不同颜色的手环等。

促使互动成员间形成社会联系（social tie），巩固对共有身份的认同。但是，社会互动既可以表现为语言形式的直接交流，又可以表现为动作、表情等形式的非语言交流（Burgoon et al.，1996），现有的研究在利用社会互动形成身份认同的过程中，没有对社会互动加以区分。更进一步，成员间是简单的互动还是基于某些共同话题的互动才能形成社会认同，这同样也是一个需要继续深入研究的问题。

最后，行为和实验经济学家在研究个体固有身份的影响时，往往利用激发工具分离出身份的效应。周业安和王一子（2016）曾指出，激发工具的用处在于加强个体对身份所属群体规则的认同，从而使个体行为决策符合群体规则的预期。激发工具的作用对象为个体的固有身份本身，目标在于强化维系固有身份的群体规则，但是每个身份及其对应的群体都具有维系该身份或群体的一系列规则，因此，在利用激发工具研究认同问题时，很难分离出不同群体规则的效应。试想一下，如果将激发工具的作用对象换成群体规则本身，是否会起到同样的作用呢？这也是一个值得思考的问题。鉴于此，本书将基于已有的研究成果，并对目前研究的不足之处加以改进，从而对社会认同与合作行为这个主题展开更深入的研究。

1.1.2 研究目的和意义

由上文所做概述可以看出，目前行为和实验经济学对社会认同与合作行为的相关研究存在一定不足之处，本书计划在前人研究基础上，对以下几个问题展开进一步的扩展研究。首先，本书将以实验经济学的研究方法作为指导，在设计实验时充分考虑社会认同理论的假设条件、作用路径及相关研究思路，探讨合作行为的群际差异性是否存在以及社会认同对于个体合作行为可能产生的影响。其次，本书将社会比较、竞争、社会互动、群体规则四个与社会认同密切相关的因素纳入研究范畴，利用经济学实验检验上述影响机制对个体身份认同与合作行为的作用。最后，本书将根据各章的研究结论，沿着社会认同理论的路径，探讨提升合作水平的有效措施。

本书的研究内容具有一定的理论意义和现实意义，具体体现在以下几个方面：

首先，本书在现有研究的基础上，充分考虑了社会认同理论在社会心理学领域的理论背景，利用经济学实验的方法研究了社会认同与合作行为的关系。除此之外，本书通过将社会比较、竞争、社会互动、群体规则等因素纳入研究范围，丰富了行为和实验经济学领域对社会认同问题、合作问题的研究，具有一定的理论意义。从另一方面看，本书的研究成果也可以作为对国内实验经济学领域中社会认同问题研究的有效补充。虽然行为与实验经济学近年来在我国发展迅速，但仍然有不少理论需要完善，本书的研究能够为此做出一定的贡献。

其次，以本书研究成果为导向，有利于探索社会认同问题在组织行为经济学以及正在繁荣兴起的"行为机制设计""行为政治经济学"等其他领域的潜在价值。人的社会性不容忽视，而身份又是人社会性的一个重要体现，本书的研究思路和研究方法可以为相关领域和学科提供借鉴。

最后，本书的研究成果具有一定现实应用价值。孟昭勤和王一多（2004）曾指出，虽然竞争是人类的本性，但是人类超越动物取得如此巨大成就的原因在于高度的群体合作能力。该文着重探讨了不同认同影响机制对合作行为的作用，其结论能够为如何促进现实生活中的合作行为提供指导。现有的研究表明，声誉机制[①]、惩罚机制[②]、信号显示机制[③]等机制设计均能够减少搭便车行为的发生，促进人类合作。本书的研究则可以证明除了上述机制以外的社会比较机制、竞争机制、社会互动机制以及群体规则强化机制对合作行为可能产生的效应。更进一步说，本书可以为制定公共政策提供建议。改革开放40多年，我国走了一条具有中国特色的社会主义道路，在经济建设方面强调竞争、市场的重要性，取得了举世瞩目的成就，但也伴随着一些问题，如社会分层现象日益加重、贫富差距逐渐扩大。身份对应于群体，不同身份间的合作差异可以从一个方面体现群体间的区别对待行为。本书设计了多种机制研究社会认同和合作的关系，因此，基于本书的研究结论，可以为相关公共政策提供科学的论证依据，以期从实验治理的角度解决社会中存在的问题。

1.2　核心概念的界定

1.2.1　社会认同与社会认同理论

根据豪格和阿布拉姆斯在《社会认同过程》中的定义，社会认同（social

---

① 研究表明，声誉效应之所以能够促进合作，取决于两个动机：一是在固定搭配实验中，个体出于对后期获得收益的考虑而产生的直接互惠动机（Fehr and Gächter, 2000）；二是出于后期与其他个体合作的考虑而产生的间接互惠动机（Engelmann and Fischbacher, 2009）。

② 研究表明，如果人们有机会惩罚搭便车者，他们则愿意付出一定的成本将惩罚措施付诸实践（Fehr and Gächter, 2000）。这意味着惩罚机制可视作可置信威胁，用于使个体间的合作水平达到一个相对平稳的状态。

③ 信号机制指的是信息交流可以为个体之间是否合作提供信号与协调机制，从而使得公共博弈中的社会困境转化为协调博弈问题（Fehr and Schmidt, 2006）。可见，信息交流所提供的合作信号能否促进个体间合作，取决于双方的合作偏好类型。

identity）就是"个体知晓他/她归属于特定的社会群体，而且他/她所获得的群体资格（group membership）会赋予其某种情感和价值意义"。社会认同理论的理论假设为不同群体之间存在比较[①]，而比较的原因为个体希望在此过程中深化内群成员与外群成员之间的差异性[②]，并基于此对本群体做出更有利的评价，最终获得积极的社会身份（positive social identity），而导致上述行为发生的原因为个体自身对自尊（self-esteem）的需要（Turner，1975）。

社会认同理论起源于社会心理学领域，该理论由泰弗尔（Tajfel，1972）在1972年发表的文章中首次提出，相比于将群体视作外部因素的前期理论，社会认同理论将群体看作自我概念的一部分。随着社会认同理论的逐步完善，歧视、偏见、刻板印象、吸引、群体盲思、社会促进、群体内的服从、集体行为、语言和沟通等所有这些主题，都可以在社会认同理论的框架内加以解释。

根据豪格和阿布拉姆斯在《社会认同过程》中所述，社会认同路径是基于这样的假设："范畴化是人们令生存于其中的这个世界的信息变得有序和可预测的过程。"其原因在于，个体可以依据范畴化进而判断他人是否与自己属于同一分类，而且范畴化过程涉及感知且个体有将积极价值赋予自身群体的动机，因此，内群成员与外群成员之间的差异会被夸大，目的在于使这种差异有利于内群。个体自我范畴化过程会产生至关重要的影响，如果个体在范畴化过程中被刻板性地认为与其他内群成员相似，则会产生内群成员间的社会吸引，而后个体就会与他人以某种特定的方式进行互动。此外，《社会认同过程》中还指出，"自我范畴化可以让群体成员发现意义和秩序"，这是因为，个体自身归属的群体会指明应该遵循什么样的规范，以及应该拥有什么样的刻板性特质。个体进行自我范畴化后，针对自身的分类并不是一成不变的，存在社会流动和社会变迁的可能。

基于社会认同的定义和理论路径，豪格和阿布拉姆斯（2011）总结道，社会认同理论有如下几个特点：第一，社会认同理论的前提是社会先于个体存在，即个体一开始就进入既定的社会结构中，个体不可能具有完全脱离于社会的独立性质，其根本原因在于社会结构是由社会范畴的性质及相互间的关系构成的。第二，认同只有在比较中才有意义，如果没有比较，就不存在社会认同问题。这是因为认同体现为个体的范畴化，这一过程是在个体参与

[①] 社会比较会导致群体关系的改变，泰弗尔（Tajfel，1974）研究了群体间关系（如地位、稳定性、流动性及合法性等）对个体社会认同的影响。

[②] 社会心理学领域中的认同理论，将群体分为内群和外群，内群是指个体根据特定社会属性范畴化后所处的群体分类，外群则反之。

社会比较过程中实现的。第三，社会认同会导致不同社会群体之间的区别和联系。群体之间既存在冲突，又存在共识。第四，社会认同与群体赋予个体的诸如等级、地位、权力、声望、情感等因素相关联，而这些因素本质上是个体自我和自尊的根源。第五，社会认同会使个体产生刻板印象（stereotype）。在我群中心主义（ethnocentrism）和群际差异最大化的双重作用下，形成群体行为，这种群体行为的特征为内群偏爱（ingroup favoritism）[①]、对内群规则的遵从以及群体间的歧视和排斥。而刻板印象则可能会引发社会隔离、社会流动（渐进变革）和社会变迁（激进变革）等现实问题。

除此之外，本书中会出现"社会身份"这个概念，其英文表述方式同样为social identity。本书将social identity 翻译为两种形式（社会认同和社会身份）的原因在于两者的细微差异：社会身份侧重于强调其社会学意义，根据波普诺在《社会学》中的定义，身份是指个体在某一群体或社会中某一确定的社会位置；社会认同侧重于强调其社会心理学含义，反映了群体身份对个体的情感、认知能力产生的影响。本书相关研究的理论基础源自社会心理学领域，故将social identity 和social identity theory 翻译为社会认同和社会认同理论。但是，从另一方面看，由于不同的社会身份对应于不同的社会群体，存在群体时必然会产生群体身份认同，因此，在一般情况下，社会身份的含义可以近似等价于社会认同。

1.2.2 社会困境与合作行为

社会困境（social dilemma）是指个体利益和整体利益冲突的状态。在社会困境中个体出于自身利益最大化考虑会选择不合作策略，而以博弈各方作为一个整体考虑后，为了实现社会最优化（social optimum）目标，又需要个体选择合作策略。这种对个体而言不合作为最优策略，而对整体而言合作为最优策略之间的矛盾，便构成了社会困境（Orbell and Dawes, 1981; Yamagishi, 1995）。社会困境的类型可分为囚徒困境、公共品困境以及公地悲剧，通常情况下，上述社会困境的研究均利用实验方法实现。

合作行为（cooperation behavior）是指个体为了相互间共同的利益而一起行动的过程。广义上讲合作行为不仅局限于人类，以动物为代表的其他物种同样存在合作的可能。但是现有的研究证据表明，人类的合作与动物的合作存在本质差异。托马塞洛在《我们为什么要合作》中指出，人类合作的原因在于其对共有的社会规范的遵从，这是其他物种所不具备的。人类建立了共

---

① 本书将ingroup favoritism翻译为内群偏爱，全书中其他章节所述的"内群倾向性""内群偏好"的含义均与"内群偏爱"等价。

同预期的行为准则，意味着即便需要付出高昂的代价人们也愿意执行这些准则。这种行为准则包括两大类，首要的准则是合作规范，其建立在与合作伙伴相互依赖的基础上，同时也建立在互惠和尊重他人的基础上。其次是一致性规范，其存在的基础是认同并归属于一个社会群体，以及将自身的群体与其他群体进行区分。行为和实验经济学家通常在社会困境中研究个体合作行为，在社会困境中个体间通过相互合作可以实现整体利益最大化，而且，只有当所有个体均遵循这种整体利益最大化目标时，共有的最大化收益才能最终实现。值得一提的是，个体的自利动机并不影响其对整体利益目标最大化的追求，这表明，在合作状态下个体利益最大化目标和整体利益最大化目标并不矛盾。

1.2.3 实验经济学

行为和实验经济学是以经济学理论为基础，基于心理学视角，以经济学实验为手段，在受控制的环境下定量研究人的经济行为的一门经济学学科。实验经济学本质上是一种实证研究方法，通过相关的实验设计，利用受控的环境研究个体的行为决策，进而达到研究的目的。如果想利用实验经济学的研究方法展开研究，有两个因素不容忽视：一是选取适当的实验研究方法，二是设计出有效、且符合事实的行为决策模型。从方法论上看，实验经济学必须坚持两个基本原理，分别为诱导价值原理（induced value theory）和并行原理（parallelism）。诱导价值原理是指在实验设计中需要对被试的行为决策制定货币激励结构（Smith，1976）。这包含两层含义：一是对被试支付出场费，从而形成参与约束；二是采取与被试行动绩效相对应的激励结构，从而形成激励相容约束。在满足上述两个约束的前提下，被试在实验室实验中的决策方式就会像身处于现实的社会情境中。并行原理指的是在实验室中通过检验的相关命题，在相同环境下的非实验环境中依然适用（Smith，1982）。在诱导价值原理和并行原理的共同作用下，实验室实验中被试在受控条件下的决策能够如实反映人们在现实环境中的表现，这也意味着在实验室实验中获得的数据可以如实体现人们的各类信息。

由此可见，实验研究方法的目的就是通过人为构造一个可控的社会经济环境，利用情境和机制设计等措施，将所要研究的因素分离出来，通过这种方法便可排除其他因素的干扰，获得真实可信的数据。而这种人为构造的可控社会经济环境是通过实验室实验（laboratory experiment）或实地实验（field experiment）模拟出来的。实验室实验需要在经济学实验室中展开，以真实的个体作为实验研究被试，通过利用实验环境和计算机模拟真实的环境，观测被试的行为决策并获得实验数据。戴维斯和霍尔特（2013）将实验室实验细分为市场实验、博弈实验和个体选择实验。实地实验，又称田野实验或场地实验，是指在某个真实存在的场地中通过随机选择被试，进而对实验组和控制组进行实验干预，而后观测两组被试的行为决策。哈里森和李斯特（Harrison and List，2004）将实地实验划分为人工实地实验（artefactual field experiment）、框架实地实验（framed field experiment）和自然实地实验（natural field experiment）。实验经济学有两个核心要素，一是可控制性，二是可复制性。实验室实验在严格控制的实验环境中进行，故受到外界的干扰较少，因而在可控性和可复制性方面较实地实验存在优势。但是，由于实验室实验环境与真实世界相差较远，缺乏丰富的现实社会情境，因此其外部有效性①存在一定的问题（List，2001）。相比之下，实地实验由于在真实的场地内进行，因而具有丰富的社会情境，其实验结果往往具有较强的外部性，但是，实地实验的难点在于如何保障其可控性和可重复性，现实中的复杂外部环境，会在一定程度上削弱其可控性和可重复性。

1.2.4 公共品博弈和囚徒困境博弈

本书着重研究社会认同与合作行为的关系，在如何量化合作行为的问题上，本书借助于行为和实验经济学中两个经典博弈模型——公共品博弈模型和囚徒困境博弈模型——模拟社会困境，将被试在社会困境中的行为决策作为度量依据。

在标准的公共品模型中，数量不定的被试被划分为一组，博弈正式开始之前，告知每名被试可获得一定数量的初始实验币，需要被试以小组为单位对公共项目投资。每个人在投资活动中可以获得的收益由两部分组成：一部分来自投资后剩余的实验币；另一部分来自投资公共品从而获得的收益，这部分收益由小组内成员投资总额决定，并按一定比例分配给小组内每个被试，这一比例称为边际个体回报，即 $MPCR$（marginal per capital return）。假设实验中 n 名被试组成一组，每名被试获得初始实验币个数为 y，且能够从 1 单位公共项目投资额中获得 a 单位的收益，其中，$a < 1, n \cdot a > 1$。如果被试 i 对公共项目的投资额为 g_i，那么在博弈结束后，每名被试可获得的收益 π_i 为：

$$\pi_i = y - g_i + a \cdot \sum_{j=1}^{n} g_j$$

---

① 外部有效性是指在给定实验中发现的因果关系，其检验结果是否能够一般化，用于解释其他类似的环境（Guala，2012）；实验室实验的外部有效性是指所得结论在实验室之外也是同样能够成立的。

其中，$0 < a < 1 < n \cdot a$。

公共品具有非排他性和非竞争性的特征，因此，在新古典经济学理性人假设下，个体对公共项目的投资额会等于0，即每个人均会选择搭便车行为。公共品会使每个人获益，但每个人出于个体收益最大化的考虑，均有搭便车的激励，这便构成了社会困境。在行为和实验经济学中，大量公共品博弈实验的研究表明，个体搭便车的动机是有限的，公共品自愿供给的行为显著存在。通常情况下，被试在公共品博弈中的投资额度可视作个体合作行为的具体表现。

在经典的囚徒困境博弈中，两名被试组成一组，要求每个人在给定的两个决策中做出选择，这两个决策分别为合作决策和欺骗决策。被试在囚徒困境中的收益由自身的决策以及小组另外一名成员的决策共同决定。由于每个人均面临两种决策，因此存在2×2的收益矩阵，如表1-1所示。

表1-1　囚徒困境收益矩阵

被试1	被试2	
	合作	欺骗
合作	R, R	S, T
欺骗	T, S	P, P

每个人的收益取决于以下规则：当两个被试都选择合作策略时，每个人将获得 R 个实验币收益；当两个被试都选择欺骗策略时，每个人将获得 P 个实验币收益；当两个被试中有一个人选择合作策略，另一个人选择欺骗策略时，选择合作策略的被试将获得 S 个实验币收益，选择欺骗策略的被试将获得 T 个实验币收益。每种策略组合下的收益有如下关系，即 $T>R>P>S$。囚徒困境博弈构造了一种社会困境，即对每个被试来说，选择欺骗策略帕累托占优于合作策略；但是如果两名被试均选择合作策略，对二人来说将达到整体最优。因此，在囚徒困境博弈中，个体的决策行为将反映其对搭配被试的合作观念，是其自身合作行为很好的度量指标。

由上文分析可知，公共品博弈模型和囚徒困境博弈模型均能够对个体自身合作行为进行很好的度量，本书将采用这两种博弈模型对相关问题展开研究。公共品博弈和囚徒困境博弈既有差异性又有相似性，两者的差异性体现在博弈结构不同，而两者的关联性体现为：如果将公共品博弈简化为被试人数 $n=2$，且每个人只有全部投资（合作策略）和搭便车（欺骗策略）两种策略可以选择时，则这种特殊情况下的公共品博弈可以近似等价于囚徒困境博弈。由于公共品博弈模型可以提供给被试多种策略选择，且对真实世界中公共品供给行为的模拟更符合实际，本书将利用该模型研究个体的合作行为。此外，鉴于囚徒困境博弈与公共品博弈的差异性，本书通过选取适当的激励方式降低被试选择合作策略的倾向，为合作创造更高的阻碍，以模拟现实世界中更难于合作的外部条件，以此研究特殊情况下的人类合作行为。

1.3 研究思路和研究方法

本书将沿着行为和实验经济学现有的研究思路，并借鉴社会心理学中关于社会认同理论的研究方法，对社会认同理论与合作行为的关系展开扩展性研究。在研究的前期阶段，本书将利用实验室实验和人工实地实验，在经典公共品博弈模型、囚徒困境模型中，结合社会心理学中涉及身份研究的最简群体范式、激发工具等身份构造方法，将理论付诸实践。实验结束后，本书将利用计量经济学和统计学中的相关方法，对实验数据进行分析和挖掘。鉴于本书的研究方法对结论的重要性，在此将详细介绍采用各种方法的理由和依据，以期证明本书结论的真实性和稳健性。

1.3.1 研究思路

本书计划沿着行为和实验经济学对社会认同与合作行为等问题的研究思路，并充分结合社会认同问题在社会心理学领域的理论基础，对该问题进行扩展研究。

第一，根据前文中总结的社会心理学理论中的认同路径，由于认同来源于范畴化过程中的社会比较，本书在最简群体范式的基础上利用社会比较，强化群体间的差异，从而形成个体对组群体身份的认同，而后观测社会比较引发的认同对个体合作行为的影响。社会比较的结果是产生优势群体身份（positive group identity）和劣势群体身份（negative group identity），两者分别对应于积极的社会身份（positive social identity）和消极的社会身份（negative social identity），这两部分群体对内群身份的认同如何，在面对内群成员与外群成员时，其合作行为是否会因此而改变，这是本书另外一个研究的重点。更进一步，本书对社会比较进行深入挖掘，不仅探讨社会比较对社会认同可能产生的直接效应，还进一步探讨个体比较意愿的强弱程度所能带来的身份认同效应。越愿意进行群体间差异比较的个体对内群身份越认同，还是越不愿意进行群体间差异比较的个体对内群身份越认同，这便是扩展研究的侧重。为了实现对个体比较意愿强弱程度的研究，本书在社会比较机制的基础上，新增加了比较选择机制。在社会比较机制中，个体不可以选择，将被动获取群体间比较信息；反之，在比较选择机制中，个体可以选择是否获得群体间比较信息。采用这种方法，本书可以分离出比较选择机制中比较意愿强的个体和比较意愿弱的个体，并在后续实验中观测这两部分群体在合作行为上的表现差异。

第二，由于比较的结果将产生优势群体身份和劣势群体身份，为了进一步深化二者间的差异并强化身份认同，本书把比较的结果与个体收益相结合，即研究竞争机制对群体身份的认同作用，并检验竞争机制下的优势群体与劣势群体在合作行为上表现出的差异。竞争区别于比较之处在于，竞争机制下优势方将获得更多、更优质的资源，相比之下竞争的劣势方获得的资源较少，或者没有资源。因此，从理论上讲，在现实收益的激励下，竞争机制相比于社会比较机制将会深化群体差异。为了研究竞争机制下身份认同与合作行为的关系，本书将在经济学实验中引入锦标赛机制，以达到研究目的。

第三，本书从促进社会互动的方法入手，将社会互动区分为无目的的互动和具有目标导向的互动，借此形成个体对内群身份的认同感。两种互动方式是否都能够强化个体的范畴化分类，进而增强个体的社会认同，促进个体与内群成员的合作呢？如果两种方法均能够形成个体的社会认同，二者之间又是否存在差异呢？这是本书解决的另外一个问题。

第四，本书关注范畴化过程后形成的群体规则，以群体规则为切入点，沿着群体规则→社会认同→合作行为的思路进行研究。由于群体规则不易在短期形成，即使在实验室实验中人为设定规则，短期规则效应也必定很弱，因此，本书采用处于真实社会网络中的社会人作为被试，研究固有身份中由群体规则产生的认同效应，进而观测其是否会改变人的合作行为。

第五，本书在设计实验时，充分考虑外群社会在场的影响。具体地，在实验室实验中的被试分组问题上，本书严格将被试划分为两个组，利用两个组间的差异对比形成群体身份认同。这一做法不仅能够有效地分离出社会比较机制（及比较选择机制）、竞争机制、社会互动机制下形成的群体身份认同效应，还能够排除多个分组可能带来的干扰，使研究结论更稳健。

本书的研究思路源自社会认同理论的基本原理，其中涉及的主要研究侧重——社会比较、竞争机制、社会互动以及群体规则之间具有内在联系。严格地说，社会认同理论按照研究内容划分一共包括两部分。一部分是群际理论，这种理论主要研究群体间的差异性、区别对待、冲突以及群体流动等问题，并从社会认同角度对这些现象加以解释（Tajfel and Turner, 1979）。群际理论研究的重点在于群体间的关系，因此，群际理论也被称为"群体间行为的社会认同理论"（Turner et la., 1987）。另一部分是自我范畴化理论，这部分理论强调个体的社会认知过程，认为这是导致个体产生社会认同的原因（Turner et al., 1987）。自我范畴化理论的研究重点在于个体对于自身所在群体的认知过程，因此，自我范畴化理论又被称为"群体内的社会认同理论"。本书研究的社会比较、竞争机制，其理论根源为群际理论，侧重讨论了群体间的社会比较和竞争机制对个体社会认同的影响；而且，社会比较和竞争机制存在内在关联，表现在竞争机制可视作是社会比较更深层次的递进，竞争机制相比社会比较更能起到强化群体间差异的目的。如果将研究视角由群体间关系转移到群体内关系，可以得到本书研究的另外两个侧重，即社会互动和群体规则。根据自我范畴化理论，群体成员内部的社会互动能够起到强化个体社会认同的作用。而且，群体规则和社会互动之间也存在关联，两者之间相互影响，表现在群体内成员间的社会互动需要遵守群体规则，且群体规则是在群体内成员间的社会互动中形成的（Hogg and Reid, 2006）。由此可以看出，本书的研究沿着群体间关系到群体内关系的思路，探讨相互关联的不同影响机制下社会认同和合作行为的关系。

本书的研究思路如图 1-1 所示。

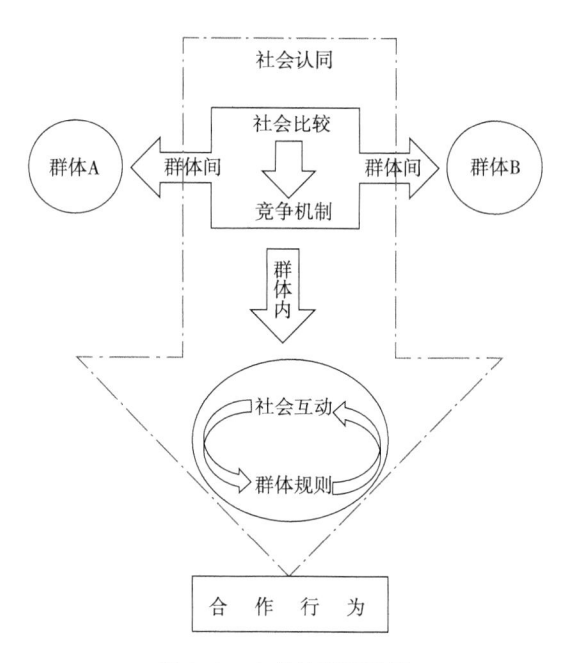

图 1-1 本书的研究思路

1.3.2 研究方法

1.3.2.1 实验经济学研究方法

社会认同属于人的社会性的重要组成部分，但是，从另一方面来看，人的社会性又不仅限于此，还包括诸如成长、教育经历、家庭、职业背景等众多因素。因此，为了排除其他社会性因素对个体合作行为可能产生的影响，本书采用实验室实验的研究方法，对社会比较机制、竞争机制以及社会互动机制形成的身份认同展开研究。其好处在于通过受控的实验环境，准确地研究在上述因素影响下社会认同与合作行为的关系。利用实验室实验研究社会比较和竞争的原因在于，实验室实验环境有利于设计相应的机制，促使群体间相互对比，且在同样的机制设计中融入现金激励后，则可以将比较转化为竞争，便于实验组与控制组之间、不同实验组之间的对比研究。而在实验室实验的环境中，通过团队建设任务等方式，利用计算机程序，可以为群体成员间的互动创造平台。这有利于排除实地实验中面对面交流可能产生的群体自选择、个体关联性、聊天内容不可控等外部因素的影响，分离出纯粹的社会互动效应。

本书在上述实验室实验中，通过采取支付出场费和真实的现金激励，使被试的决策能够反映自身的真实意愿，因而满足了实验经济学中的诱导价值原理（Smith，1976）；此外，上述实验室实验中相关实验设计通过拟合现实社会中的情形，能够反映各影响因素与被试的经济利益关系，因而满足了实验经济学中的并行原理（Smith，1982）。本书所有的实验室实验均以学生为被试展开研究，其好处为学生被试的生活经历相对简单，外部因素对学生的潜在干扰较小[①]，这有利于检验实验过程中新构造的组群体身份所能产生的实验效应。此外，现实世界中，个体对固有身份的认同感、不同个体的异质性特征等因素均会对社会比较、竞争、社会互动产生影响；利用实验室实验构造新的群体身份，则可以排除外部因素的干扰，分离出身份认同效应。最后，在实验具体实施阶段，为了保证实验室研究所得结论的内部有效性，本书注意了以下问题：一是使实验中招募的被试达到足够的人数，用以降低被试自选择偏差所能产生的影响。而且，本书保证了各实验局中被试的随机性，避免学生被试的专业、年级、性别等因素所能造成的样本偏差。二是在实验室实验进行过程中被试全程匿名，且不允许相互交流，对被试支付报酬时也是根据被试编号逐一发放，这样的匿名性措施可以排除被试间的干扰因素对实

---

① 阿夫里迪等（Afridi et al.，2015）在研究户籍身份影响时，选取小学生被试作为研究对象的原因也是基于此。

验结果的影响。三是在所有实验局中,全部实验过程均由同一个实验员引导完成,且保证引导语采用中性词汇,对被试不具有诱导性。在上述措施的保证下,本书中的实验室实验结论真实有效,能够如实反映不同机制影响下个体的社会认同对合作行为的影响。

对于如何分离出群体规则产生的身份认同效应,本书利用人工实地实验的实验方法达到研究目的。其原因在于:群体规则对应于个体真实的社会身份,是个体身份的内在属性,更重要的是,群体规则的形成是一个长期的过程;在实验室实验中虽然可以引入新的群体身份及对应的群体规则,但是由于实验时间较短,规则效应不强,所以研究结论不具有说服力,因此,在研究群体规则时,需要以真实存在的社会人作为被试,且这些被试需要具有统一的群体身份,即处于统一的社会组织或社会网络中。因此,出于对被试及其固有社会身份的考虑,需要到真实的实地环境中展开研究。本书在这部分研究中采用人工实地实验的研究方法,其好处在于既可以创造受控的实验环境,又能够研究处于社会网络或组织中的社会人,增强研究结论的外部有效性。在人工实地实验中,本书采取了以下措施控制实验内部有效性:一是所有参与实验的被试均在同一时间同一地点完成实验,以此达到消除被试间相互交流所能产生的溢出效应(spillover effect);二是根据被试的属性对其进行随机分组,保证实验组被试和控制组被试在样本层面不存在偏差;三是在实验进行的过程中,严格按照实验室实验控制措施,如真实现金激励、实验导语规范等,在此不做赘述;四是为了测度被试在合作行为上的决策,在人工实地实验中,本书对公共品博弈进行了改装,以贴近真实情况。

1.3.2.2 公共品博弈和囚徒困境博弈的相关实验设计

本书在实验室实验中利用标准的公共品博弈和囚徒困境博弈研究被试的合作行为;而在人工实地实验中,为了增强研究的有效性,本书对公共品博弈进行了改装。下面详细介绍上述博弈,并总结其关联性和差异性。

(1) 标准公共品博弈。在这部分实验中,两名被试随机组成一组,博弈开始时每个人分别获得10个实验币,需要两个人共同对某一个公共项目进行投资。双方对公共项目无论是否有投资,无论投资多少均会从公共项目中获得相同的投资回报,回报额度为 $0.7\times$(双方投资实验币总额)。被试可以选择投资0到10个实验币(必须为整数),如果被试选择投资 X 个实验币,对方选择投资 Y 个实验币,则被试可获得的决策收益为 $10-X+0.7\times(X+Y)$,对方决策收益为 $10-Y+0.7\times(X+Y)$。除此之外,本书在公共品博弈中引入了决策估计的实验设计,即需要每名被试对博弈组内另一名成员的投资额度进行估计，如果估计额是正确的，那么被试将从实验当中收到额外的决策估计收益，决策估计可以体现个体的合作信念，用以作为本书研究结论的旁证。

（2）囚徒困境博弈。在这部分实验中两名被试随机组成一组，需要每名被试在两个投资方案（分别为方案 1 和方案 2）中进行选择。每名被试的收益决定规则如下：当小组内两名成员都选择方案 1 时，两人均可获得 10 个实验币收益；当小组内两名成员都选择方案 2 时，两名被试均可获得 5 个实验币收益；当小组内两名被试中有一人选择方案 1，另一人选择方案 2 时，选择方案 1 的被试将获得 0 个实验币收益，选择方案 2 的被试将获得 15 个实验币收益。

公共品博弈和囚徒困境博弈均用于度量被试的合作行为，两者既有联系又有差别。两种博弈的联系之处为，囚徒困境博弈可以视作公共品博弈的一种特殊情况，如果将公共品博弈中被试的选择抽象为两种，即全部投资或搭便车，那么则可将公共品博弈转化为囚徒困境博弈。而两种博弈的差别为，公共品博弈中被试对具体收益未知，但被试在搭便车时至少可以获得初始禀赋对应货币的收益，而被试在囚徒困境博弈的收益为几个确定值，且被试的决策可能给自身带来的潜在损失较大。本书采用两种博弈模型对被试合作行为进行度量，目的是在不同的博弈环境下研究相关问题，避免利用同一种博弈模型可能引发的学习效应。而基于本书中公共品博弈和囚徒困境博弈的博弈结构差异，两种度量合作行为的侧重不同，相比公共品博弈，囚徒困境博弈创造了更不易合作的博弈环境。可以从两方面看出本书中的囚徒困境博弈比公平品博弈构造了更困难的博弈环境：第一，激励方式。囚徒困境中欺骗决策为帕累托最优，如果被试选择合作决策但对方选择了欺骗决策，那么选择合作的被试在这部分的收益将为 0，这对选择欺骗行为具有很强的激励作用。第二，根据格策（Goetze, 1994）提出的研究方法，本书中公共品博弈中投资的边际个体回报值为 0.7，这意味着搭便车行为的激励为 0.3；根据文中总结的转换方法，本书中囚徒困境博弈中合作决策的边际个体回报值为 0.67，等价于欺骗行为的激励为 0.33。因此，基于格策（Goetze, 1994）的研究方法同样可以看出，本书中被试在囚徒困境博弈中更难做出合作决策。

在人工实地实验中，本书主要采用改装的公共品博弈度量被试的合作行为，改装的公共品博弈与实验室实验中的标准公共品博弈的差异为博弈双方不同。在实验室中被试两人组成一组，为一对一搭配；而在人工实地实验中，博弈双方为被试自身和身份对应群体。此外，改装的公共品博弈更贴近被试的现实生活，有利于促使被试做出真实决策。具体实验设计在本书第 6 章中详细描述，这里不再赘述。

1.3.2.3 社会心理学研究方法

本书在实验室实验中，利用社会比较机制、竞争机制、社会互动机制强化个体对身份的社会认同，进而在公共品博弈和囚徒困境博弈中观测其决策。但是，如何将身份因素引入实验设计中呢？本书借鉴社会心理学领域对社会认同的研究方法，即最简群体范式（minimal group paradigm）的方法。这种方法泛指一类分组方法的统称，最早由泰弗尔（Tajfel）于1970年使用，该方法主要利用一系列与实验无关的活动，如投掷硬币分组、根据猜数结果分组、猜图片作者分组等，赋予小组内被试一个身份标签。最简群体范式方法分组的好处在于尽可能排除与实验相关因素的干扰，在实验室实验中给被试赋予一个全新的身份。此外，本书在人工实地实验中利用人的真实社会身份研究群体规则强化机制对社会认同的影响，因而需要利用社会心理学中的一种研究方法分离出群体规则效应，即激发工具（priming instrument）。激发工具的假设前提是个体在特定的时间内，如果一个特定身份所属群体的规则起主导作用，则个体受到该身份的影响会更强烈。激发工具的作用在于，在短时间内通过提供情境线索或暗示，使个体拥有的一个身份效应更加凸显，因此，个体行为会更符合该身份所属群体的相关规则。激发工具首先应用于心理学领域研究身份问题，而后在心理学的延伸学科社会心理学中也得到广泛使用。例如，被激发种族身份的非洲裔美国学生在智力测试中表现更差（Steele and Aronson，1995），被激发性别身份的女性学生在随后进行的数学测试中分数更低（Spencer et al.，1999），学校内体育生的身份被激发后其自尊心和数学测试成绩均会下降（Yopyk and Prentice，2005），产生这一现象的原因均与被激发身份对应的群体规则有关。

激发工具的具体形式可以为调查问卷、文字、图片、视频等，其能否有效，取决于两个因素：一是时间，即被试需在特定身份被激发后立即进行相关内容的测试；二是激发工具包含的情境线索或暗示，即情境线索或暗示必须准确针对特定的社会身份。根据第二个影响因素分类，激发工具可以分为两种类型，即直白的激发工具（blatant priming instrument）和含蓄的激发工具（subtle priming instrument）。直白的激发工具指激发工具所包含的情境线索或暗示直截了当，举例来说，在对非洲裔美国学生种族身份激发时，调查问卷中的问题非常明显，不加任何修饰，如直接对非洲裔种族身份劣势的询问；含蓄的激发工具所包含的情境线索或暗示往往经过精心设计，例如，在上述种族身份问卷中，修改问题形式，以相对客观的问题形式唤醒被试主观感受。本书认为，相比直白的激发工具，含蓄的激发工具更具有科学性，因为直白的激发工具可能会使被试意识到实验目的，从而改变自身决策以迎合实验人员[1]。当然，对于激发工具的有效性可能会存在质疑，认为在对一个身份进行激发时，会连带导致其他身份的效应同时被激发。然而，本杰明等（Benjamin et al.，2016）对该问题进行了检验，发现激发身份时产生的连带效应并不存在。此外，本杰明等（Benjamin et al.，2016）还通过模型分析了激发工具的效果及潜在缺陷。

1.3.2.4 其他研究方法

本书的研究是基于实验经济学中的行为博弈模型以及社会心理学构造身份认同的方法展开的，目的是人为创造一个可控的实验环境，将个体身份认同与合作行为的关系量化出来。但是，仅仅实现上述步骤还不足以得到稳健的研究结论。本书使用的其他研究方法为：

第一，问卷调查法。由于个体对身份的认同是个体主观心理的外在表现，虽然利用实验经济学、社会心理学的研究方法能够量化出个体主观心理的变化，但是为了力求理论的严谨，本书通过设计调查问卷测度被试主观上对群体身份的认同程度[2]，以此作为后续研究的依据。在实验室实验和人工实地实验中，当被试完成主体实验任务后，均需要填写一份调查问卷。问卷中除了涉及被试主观上对群体身份认同程度的相关问题，还包括个体基本特征信息的问题，如年龄、性别、籍贯、专业、家庭状况等，用于数据分析过程中控制上述变量可能产生的效应。

第二，在完成实验任务，获得实验数据后，本书通过对数据进行分析而得出结论。在这一过程中，本书利用参数检验以及非参检验的方法，研究实验组与控制组、不同实验组之间被试行为的差异。在比较均值时，采用 t 检验；在检验分布差异时，采用 Wilcoxon 秩和检验。而在分析被试合作行为的影响因素时，本书则使用 Tobit 模型，便于定量分析各种因素如何影响合作行为。

---

[1] 惠勒和佩蒂（Wheeler and Petty，2001）也曾认为含蓄的激发工具比直白的激发工具更可信。
[2] 对个体身份认同的问卷测试问题往往通过设计不同程度选项，让被试选择对不同问题的同意程度，例如 7 个选项中，第 1 个选项为"非常不同意"，第 7 个选项为"非常同意"。而具体问题的内容包含以下几种，如罗卡斯（Roccas，2003）询问被试"某种身份对我来说是一个重要身份"，"当别人批评某种身份的所属群体时，我自己也觉得被羞辱了"，"在说起同组身份的人时，用'我们'作为称呼而不是用'他们'"；World Value Survey（WVS）曾询问被试，"作为某种身份，我很喜欢自己的群体"；埃勒默斯等（Ellemers et al.，1999）曾设计问题"我与本群内的其他成员相似"，"我宁愿成为其他群体的一员"。

1.4 研究内容和结构

根据上文所述,本书着重研究不同机制下的社会认同与合作行为的关系,并探索基于身份认同路径促进合作的有效方式,因此,本书的主体研究结构如图1-2所示。

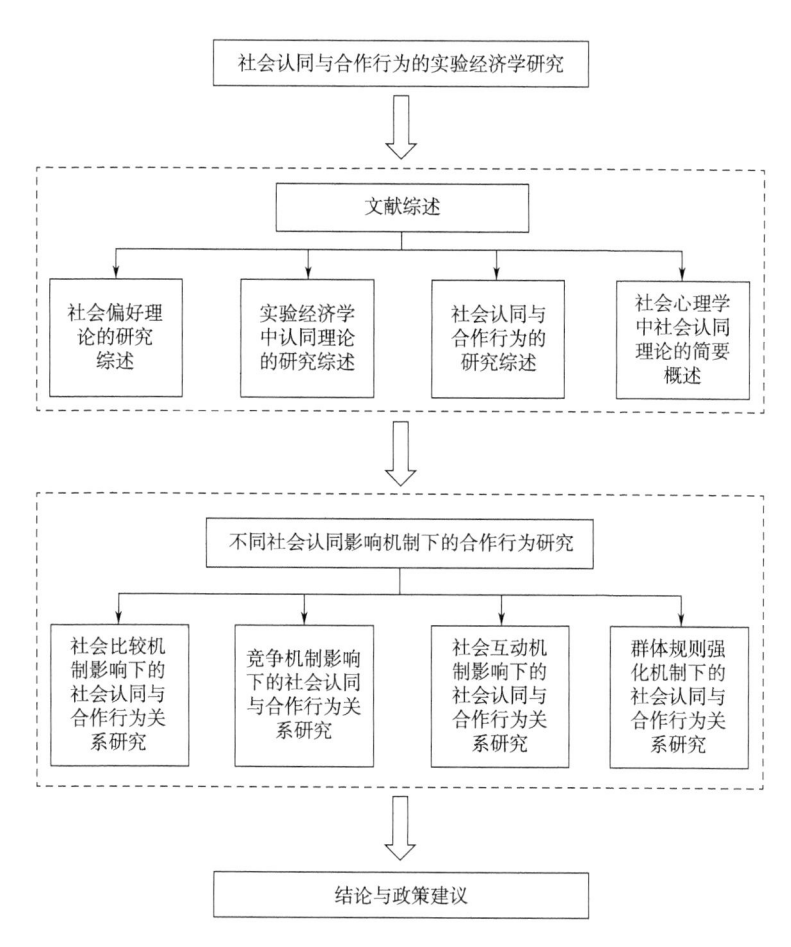

```
社会认同与合作行为的实验经济学研究
            ↓
         文献综述
    ┌────┬────┬────┬────┐
  社会偏好  实验经济学  社会认同与  社会心理学
  理论的研究  中认同理论  合作行为的  中社会认同
   综述     的研究综述  研究综述   理论的简要
                              概述
            ↓
  不同社会认同影响机制下的合作行为研究
    ┌────┬────┬────┬────┐
  社会比较机  竞争机制影  社会互动机  群体规则强
  制影响下的  响下的社会  制影响下的  化机制下的
  社会认同与  认同与合作  社会认同与  社会认同与
  合作行为关  行为关系研  合作行为关  合作行为关
  系研究     究        系研究     系研究
            ↓
      结论与政策建议
```

图1-2 本书的章节结构

根据研究内容,本书分为七个章节,各章节主要内容如下:

第一章:导言。本章首先简要概括了经济学领域对社会认同与合作行为研究的现有成果,并基于此提出本书的研究目的和意义、研究思路、本书所涉及的研究方法以及创新点等。

第二章:文献综述。文献综述主要包含四部分的研究成果。第一部分为社会偏好理论的概述,由于行为和实验经济学理论对人的社会性研究主要集中于社会偏好,且目前的研究方法、研究内容及结论已经相对完善,因而本章第一部分对社会偏好理论进行简要概述。第二部分主要是对行为和实验经济学领域中围绕社会认同问题的研究进行回顾,具体分为认同与社会偏好之间的关系以及认同与规则偏好两个方面,而后归纳出两部分研究常用的研究方法,这部分综述的目的在于为本书的研究建立理论基础,并在此基础上进行创新。第三部分主要对实验经济学中认同与合作行为的相关研究进行综述,概括其研究方法、实验设计等。第四部分为社会心理学中认同理论的简要概述,这部分综述的作用在于为本书研究的认同问题提供新的理论视角。

第三章:社会认同与合作行为——社会比较机制的影响。社会比较作为群体间关系的重要因素,理论上对个体的社会认同必然产生作用。本章通过设计实验室实验,人为制造出存在社会比较的实验环境,从而使被试产生群体认同感,而后在公共品博弈和囚徒困境博弈中分别观测被试的行为决策。更进一步,本章不仅研究了社会比较机制,还研究了基于社会比较机制衍生出的比较选择机制,用以研究个体参与比较的意愿对社会认同的作用。

第四章:社会认同与合作行为——竞争机制的影响。在第三章社会比较机制研究的基础上,通过对比较的结果进行现金激励,构造出竞争的实验环境,以达到本章的研究目的。本章通过实验室实验完成任务,同样进行公共品博弈和囚徒困境博弈。

第五章:社会认同与合作行为——社会互动机制的影响。本章对社会互动进行分类,分别为单纯的社会互动和基于共同任务的社会互动。共同任务作为社会互动的一种重要形式理论上会加深个体范畴化过程,从而对社会认同造成影响。本章通过设计实验室实验,利用计算机为被试创造群体内交流的平台,通过激励手段使一组被试间进行单纯的社会互动,另一组被试则根据实际任务而互动。对随机分组后的被试设置共同任务目标,目的是使被试在群内互动中产生更强烈的社会认同,以此呈现与单纯社会互动的差别。

第六章:社会认同与合作行为——群体规则强化机制的影响。群体规则作为范畴化形成后群体关系中的重要因素,对个体的身份认同会产生影响,而如果将群体规则与亲社会行为相联系,则其对合作行为的影响会更明显。由于涉及群体关系和对应的群体规则,本章通过设计人工实地实验,利用现实生活中个体的真实固有群体身份对该问题进行研究。通过强化群体共有规则,会使个体提升对身份对应群体的社会认同,而后在公共品博弈中观测被试行为表现,以此度量被试的合作行为。

第七章:结论。本章主要概述本书得到的主要结论、实际应用以及政策建议,并在此基础上提出未来可能的研究方向。

1.5 本书的创新点

行为和实验经济学的兴起为研究合作问题提供了新的思路,通过打破新古典经济学的理性人假设,将人的社会性引入到效用函数中,形成了一套新的研究思路。目前,行为和实验经济学对合作问题的研究沿着两个方向进行:其一是基于社会偏好理论,认为人们合作的原因在于其自身所具有的亲社会性;其二是社会认同,认为人处于社会组织或社会网络中,必然会对与其身份对应的群体产生一定的认同度,进而会提高与同群体成员的合作水平。本书沿着第二个方向的研究思路,在社会认同理论的指导下,通过实验室实验和人工实地实验的研究方法,着重研究多种影响机制下的社会认同与合作行为的关系,并进一步挖掘其背后可能存在的理论价值。具体来说,本书的知识创新主要体现在以下方面:

第一,本书通过将社会比较、竞争、社会互动以及群体规则四个因素纳入研究范围,并充分结合社会认同理论的影响路径,在新的视角下重新思考社会认同对合作行为的影响,这有利于丰富行为和实验经济学对社会认同理论的研究,使得对社会认同问题的研究更加完整。目前,国内对认同理论的研究较少,国外在研究社会认同与合作行为关系的过程中,大多借鉴社会心理学研究方法中的最简群体范式形成认同,缺乏理论的完整性,并未考虑社会认同背后的核心因素——群体间关系和群体内关系对应的社会比较、竞争、社会互动以及群体规则四个重要因素对社会认同的塑造。本书主要利用行为和实验经济学中的实验室实验和人工实地实验的研究方法,并结合社会认同理论中分离身份认同的成熟方法,在此基础上得出研究结论,因此,本书的研究建立在更为完善和合理的研究框架上,不仅能够弥补国外相关研究的不足,而且还可以和国外已有研究成果进行比照,填补国内研究的空白。

第二,本书不仅局限于研究社会比较机制、竞争机制、社会互动机制以及群体规则强化机制下的社会认同与合作行为的关系,还在此基础上进行了进一步的理论探索,这可以概括为以下几个方面:一是在社会比较的基础上,进一步研究了个体比较意愿的作用。社会比较机制下个体直接可以获得比较信息,而比较选择机制中个体根据自身意愿选择是否参与比较。二是将社会互动进一步细分为单纯的社会互动和基于共同任务的社会互动,两者的差别在于社会互动是否围绕共同的目标。三是在获得实验数据后,进一步检验了以下实验效应是否真实存在:与社会比较机制和竞争机制下的胜利组、失败组对应的积极社会身份、消极社会身份效应；个体是否具有比较意愿所产生的实验效应；社会互动机制下的互动频率效应，以及群体规则机制强化下的身份持有时间效应。

第三，从另一个方面看，本书除了寻求塑造社会认同的新途径之外，着重探讨认同和合作行为的关系，这也是对实验经济学领域中个体合作行为问题相关研究的有效补充。在此之前，实验经济学对合作行为进行了大量研究，探索了人们在社会困境中是否会违背个体利益最大化原则而选择合作行为，以及选择合作的不同原因，促进合作行为发生的各种有效机制，并创造了社会偏好理论，打破个体自利偏好的限制，重新构建了个体效用函数。目前，关于合作行为的研究大多集中在检验合作行为相关的经验证据、构建个体间相互合作的理论模型，以及社会偏好理论的构建和检验，但是，目前对于除社会偏好之外其他影响合作行为的因素进行的研究还很不足。本书的研究则针对这一问题深入挖掘，并基于社会认同理论进行扩展，以认同作为中间节点，探讨其他可能影响社会偏好的潜在因素。

第四，本书的研究结论对我国今后的公共政策特别是社会福利、救助政策的设计提供了更合理的微观基础。如果个体对群体的社会认同有利于提升个体自身与内群成员的合作信念，并在现实生活中促进自身合作行为的发生，那么，有利于提升个体对群体认同感的政策措施则会起到很好的政策效果。本书探讨了社会比较机制、竞争机制、社会互动机制以及群体规则强化机制下个体社会认同与合作行为的关系，基于本书的研究结论，可以为公共政策提供具体的政策建议，论证引入群体间比较、竞争，以及群体内互动、群体规则强化等措施所能带来的政策效果，以及现实可行性。上述政策措施的目标，均是促使个体自发地做出更加有利于社会的合作行为。而对于社会救助政策，更多的合作行为也意味着社会成员间的互助行为，因此，本书的研究对社会救助政策的改进也能提供相应建议。无论对何种政策措施提供改进建议，其根本在于节约我国公共政策的成本，并从多个层面提升社会总体福利水平。

2 文献综述

本章总结行为和实验经济学对合作问题的研究思路及成果。为了更好地利用社会认同理论作为指导，本章同时简述了社会认同在社会心理学领域现有研究进展。

2.1 社会偏好理论

众所周知，新古典经济学中的理论假设基础为个体理性，即每个人的经济决策都是出于自身利益最大化的考虑，且每个人都是相互间保持独立的经济人。正是在这个假设的基础上，新古典经济学形成了一套完整的经济理论体系。然而，近年来，随着行为和实验经济学的迅速发展，这个假设遭到了质疑，目前已有大量的实验证据表明，个体在做决策时并不总是以自身收益最大化为唯一目标，个体存在一定的利他主义倾向。经济学领域中，经济学家创造了"社会偏好"这个概念，用以解释人们除自利动机外，自身所具有的亲社会性。根据现有的研究成果，社会偏好主要分为利他偏好（Andreoni and Miller，2002）、互惠偏好（Rabin，1993），以及不平等厌恶偏好（Fehr and Schmidt，1999）。其中，利他偏好指的是其他人的利益与个体自身的效用存在一定的正相关性；互惠偏好是指个体出于以善报善、以恶惩恶等互惠动机，情愿付出一定成本达到这个目的；不平等厌恶偏好指的是个体出于对公平的追求，会情愿放弃自身的相关利益，用以拒绝现实生活中的不平等情形。行为和实验经济学有关社会偏好的研究，证明了社会偏好真实存在，这说明人并非仅仅是新古典经济学理论假设中的理性人，而是现实生活中具有情感的社会人。建立在理性人假设基础之上的新古典经济学理论忽视了人的社会性，而行为与实验经济学中社会偏好理论的发展弥补了这个不足之处，将人们的亲社会性情感动机纳入经济学的分析框架之中。

行为与实验经济学中，通过构建不同的行为博弈模型，利用实验经济学的研究方法，从多个维度证明了理性人假设存在漏洞，并在实验证据的基础上验证了社会偏好理论的合理性。行为和实验经济学家在公共品博弈中，通过观测个体对公共品的自愿捐赠额,用以测度人的利他偏好和互惠偏好。公共品博弈的实验最早由波姆(Bohm,1972)于1972年展开,而马韦尔和艾姆斯(Marwell and Ames,1981)在1981年首次提出了线性公共品博弈实验。

公共品博弈模型可以测度人的利他偏好和互惠偏好,而与其相近的衡量人们社会偏好的博弈为信任博弈。伯格等(Berg et al.,1995)于1995年最早展开了信任博弈实验,在实验中,两名被试组成一组,分别扮演委托人和代理人。实验开始时,双方均可获得一定量的初始禀赋。对于委托人来说,其可以选择是否对代理人投资,委托人的投资可以使代理人获得投资额3倍的收益;对于代理人来说,其同样可以选择是否返还一定量的收益给委托人。在新古典经济学理性人假设下,委托人对代理人的投资额以及代理人返还给委托人的收益应该均为零,但伯格等人的实验证据却偏离了理性人自利假设。在伯格等人的研究前提下,行为和实验经济学中有大量扩展研究基于信任博弈展开,如布坎等(Buchan et al.,2006)。由陈叶烽(2010)所总结的信任博弈的研究结果可以看出,委托人的投资额占比一般为40%至60%,而总体来看,代理人返还给委托人的数额会略多于其所得到的投资额。由此可以看出,个体在信任博弈中的行为决策同样偏离了新古典模型的理论预期。

除了上述两种博弈外,居斯等(Güth et al.,1982)于1982年开展了最后通牒博弈实验,用以研究个体对公平的考虑。最后通牒博弈中,两名被试组成一组,分别担任提议者和响应者。正式实验开始后,要求提议者提出一种分配方案,将一定数额的初始实验币在自己与响应者之间分配;而后,响应者需要决定是否接受该方案,如果接受则根据方案如实进行分配,如果拒绝则双方均不能获得收益。根据新古典经济学理性人假设,响应者不会放弃大于0的收益,而提议者则会将一个尽可能少的数额分配给响应者。但最后通牒博弈的实验证据表明,提议者给响应者分配的数额占初始实验币的40%左右,而有一半的响应者则会拒绝少于20%的初始实验币的分配额。事实上,研究表明,个体出于对公平感的考虑,当其认为自身得到不公平对待时,会拒绝一定数额的收益(Schmidt,2011)。而后,许多研究围绕最后通牒博弈展开,如博尔顿和兹威克(Bolton and Zwick,1995)以及李斯特和切瑞(List and Cherry,2000)等研究了多轮最后通牒博弈对实验结果的影响;卡梅伦(Cameron,1999)、福赛思等(Forsythe et al.,1994)以及斯特劳布和穆尔尼根(Straub and Murnighan,1995)等研究了初始禀赋的多少对最后通牒博弈结果有影响;布坎(Buchan,1998)的研究分析了最后通牒博弈中文化因素的作用;另外,也有研究侧重于探讨最后通牒博弈中性别、种族、年龄以及专业等因素对实验结果的影响,如穆尼根和萨克森(Murnighan and Saxon,

1998）以及索尔尼克和施韦泽（Solnick and Schweitzer，1999）等。根据卡默勒和费尔（Camerer and Fehr，2004）的综述，整体来看，最后通牒博弈中个体的行为决策具有一般性，其中提议者分配额的众数和中位数通常在40%至50%，分配额的均值一般为30%至40%，而响应者则很少拒绝初始禀赋占比40%至50%的分配方案，而一半的被试会拒绝低于初始禀赋20%的分配占比。上述实验证据表明，个体出于平等的考虑，会甘愿放弃自己的利益。而对于提议者来说，其出于对公平的考虑或者为了避免分配方案被拒绝，同样会对响应者给予一定占比的初始禀赋。

独裁者博弈与最后通牒博弈一样，同样具有提议者和响应者，但是，不同的是，独裁者博弈中，响应者不能拒绝提议者的分配方案。行为和实验经济学家通常利用独裁者博弈研究个体的纯利他行为。卡尼曼等（Kahneman et al.，1986）于1986年最早展开了独裁者博弈实验，实验中，提议者可以选择是否平均分配20美元，结果显示，75%的提议者最终选择平均分配。福赛思等（Forsythe et al.，1994）对比分析了最后通牒博弈和独裁者博弈的实验结果，研究结果表明，提议者的慷慨水平并没有达到卡尼曼等（Kahneman et al.，1986）实验中得到的数值，但是平均来看，提议者分配额的占比约为20%，远低于最后通牒博弈中提议者的分配方案，这一结果说明，最后通牒博弈中提议者的行为并不仅是出于对公平的考虑。随后，卡森和梅（Cason and Mui，1998）、弗雷和博内特（Frey and Bohnet，1995、1997）等经济学家基于独裁者博弈进行了大量的实验研究。实验结果显示，虽然在独裁者博弈中提议者的分配决策受到多种因素共同作用，但是这同样也意味着人们为了帮助他人，愿意放弃一部分自身的利益。

上述实验经济学的研究证据揭示了理性人假设的漏洞，在此基础上，行为和实验经济学家创造了"社会偏好"这一概念，对此进行统一的解释。社会偏好并非仅限于某一种特定的偏好，而是一系列偏好的总称，这些偏好能够体现个体决策中的亲社会性。值得一提的是，社会偏好的客观存在只能说明理性经济人自利假设的局限性，但并不能说明个体是非理性的，如安德里尼和米勒（Andreoni and Miller，2002）利用独裁者博弈中的研究证据表明，个体在实验中的决策行为具有偏好特征，符合显示性偏好公理，因而，个体的这种偏好可以通过效用函数进行抽象概括。在社会偏好理论模型中，行为和实验经济学家将个体社会性中的利他、公平、互惠等动机引入个体自身的效用函数中，并以此作为个体行为决策的新的偏好基础。经济学实验中的现有证据足以证明理性人自利假设的不足，而社会偏好理论就是在此基础上产生并逐步完善的。

最后需要指出的是，尽管社会偏好理论的影响越来越大，但这一理论仍然受到一定程度的质疑。目前，学界争论的核心集中于探讨经济学实验总结出的社会偏好理论是否能如实地反映出个体在现实生活中的经济决策，即实验结论的外部有效性问题。

当然，实验结论的外部有效性问题不仅限于社会偏好理论，实验经济学相关研究均面临这一问题。举例来说，莱维特和李斯特（Levitt and List, 2007）同样运用实验的方法研究了社会偏好的稳定性，研究结果表明，个体的偏好受到特定情境的约束，而经济学实验与真实世界的三个重要区别在于财富效应、社会规范以及实验员的干预。针对这一问题，越来越多的研究开始针对社会偏好理论的外部有效性进行论证。福勒（Fowler, 2006）利用独裁者博弈度量了个体的利他偏好，并用调查方法检验了研究结论是否有效。其研究发现，两者之间存在显著的正相关关系，这恰能说明个体在独裁者博弈中的决策能够如实反映自身的利他偏好。类似地，本兹和迈耶（Benz and Meier, 2008）也曾发现，独裁者博弈中的所得结论与个体在真实生活中的捐献行为存在相关性。卡兰（Karlan, 2005）对秘鲁小额信贷借款人的偿还行为进行了研究，结果表明，借款人在一年前的信任博弈实验中的表现与现实借贷偿还行为相关，信任博弈中具有越强互惠偏好的个体，在真实生活中越可能偿还欠款。卡彭特和塞基（Carpenter and Seki, 2011）以日本渔民为被试开展了相关研究，结果表明，在公共品博弈中更愿意合作的渔民被试，其在真实的捕鱼作业中同样也体现出较高的合作倾向。类似地，莱布兰特等（Leibbrandt et al., 2010）以巴西海洋渔民和内陆渔民两种不同类型的渔民为被试进行研究，结果表明，在以公共品博弈为代表的三种不同的博弈中，海洋渔民比内陆渔民更具有合作倾向；在实验以外的真实生活中，海洋渔民通常更具有合作精神，以便在海洋中顺利完成捕鱼任务。类似研究还有很多。总而言之，针对社会偏好理论的研究证据越来越多地表明，个体在实验室实验中的表现能够如实反映其在现实生活中的真实决策，这就呈现出研究结论的外部有效性。这也意味着行为和实验经济学家总结的社会偏好理论在一定程度上具有普遍性，因而，针对社会偏好的理论研究、实证研究也可体现出更高的现实意义。

2.2 行为和实验经济学对社会认同理论的相关研究综述

上一节首先总结了社会偏好理论及其研究成果。基于社会偏好理论，人们在社会困境中之所以会合作，其原因在于个体不仅具有自利性，还具有一定程度的亲社会性。从另外一个角度看，所有的人均处于社会网络或社会组织中，因而对身份所属群体会产生社会认同，这便是行为和实验经济学领域研究个体社会性的另外一个重点。本节分别总结社会认同及其与社会偏好、规则偏好的关系，以及现有研究成果。

2.2.1 社会认同及其与社会偏好的关系

在经济学领域，阿克洛夫和克兰顿（Akerlof and Kranton，2000）最早将身份变量引入个体的效用函数中，从经济学视角系统研究了社会认同理论。研究发现，当个体行为决策偏离身份所属群体对应的群体规则时，会使自身效用产生损失。身份对应于自身所属群体的社会分类，每一个分类同样对应着一系列群体规则，这一研究结论意味着个体出于对自身所属群体认同的目的，甘愿放弃自身效用。更进一步，阿克洛夫和克兰顿利用包含身份变量的效用模型，从社会认同层面系统解释了劳动力市场中存在的性别歧视问题、贫困和社会隔离问题，以及家庭劳动决策问题等，该研究成果为经济学界研究社会认同问题提供了新的研究思路。而后，很多经济学家致力于探讨社会认同对经济决策的影响。现有的研究主要分为两个部分。其中一部分研究主要集中于社会认同产生的内群倾向性，针对这一问题的研究，经济学家通常利用实验室实验中重新生成的群体身份达到研究目的[①]。上述重新生成的群体身份被统称为组群体身份（group identity），因此，这类研究将复杂的社会认同转化为相对简单的组群体认同。这部分研究的目的在于揭示认同影响机制的根本原因，也就是认同对偏好的作用。为了避免人们自身所固有的身份可能产生的内生性，经济学家在研究该问题时，一般情况下是利用实验室实验的研究方法，以学生群体为被试展开研究。其好处有两点：一是实验室实验的可控性和可复制性；二是学生被试具有相对简单的生活经历，其自身受到外部环境因素的影响较小，因而有利于检验新生成的组群体身份对个体经济决策的影响。

在实验室实验中，陈和李（Chen and Li，2009）最早发现了社会认同会显著提升个体对内群成员的社会偏好水平[②]。在此之前的许多研究虽然涉及上

[①] 麦克利什和奥克索比（McLeish and Oxoby，2011）在实验室实验中利用最后通牒博弈研究了身份认同与合作的关系，实验过程中作者并未使用构造的群体身份，而是采用激发工具法研究了该问题。研究结果表明，对被试共有身份的激发会提高相同身份被试间的合作水平，而对被试不同身份的激发会使被试间的合作水平降至最低。

[②] 陈岩和李欣两位学者对社会认同理论进行了深入研究，并取得了丰富的研究成果。除了利用组群体身份首次证明了社会认同对偏好的影响外，她们还研究了固有社会身份对应的社会认同问题，如种族身份（Li，2010；Chen et al.，2014；Londono et al.，2015）、户籍身份（Afridi et al.，2015）、邻里身份（Li et al.，2017）。从内容上看，她们的研究涉及身份认同与不平等问题（Afridi et al.，2015）、身份与隔离问题（Londono et al.，2015）、社会比较与公共品供给（Chen et al.，2010）、认同与公共品供给（Li et al.，2017）、身份与市场交易（Li et al.，2011）、身份与税收（Li，2010）。

述问题，但并未证明社会认同与偏好之间存在关联。埃克尔和格罗斯曼（Eckel and Grossman，2005）利用人为构造的组群体身份，在实验室实验中研究了认同程度对个体合作行为的影响。研究发现，简单分组下形成的组群体身份不能有效克服自利行为，即同组成员内的合作水平并未显著提升。相比之下，旨在提升个体社会认同的干预措施能够有效提高个体合作行为，例如，以非支付任务的方式促进团队身份的形成。另外，短期内锦标赛机制能够有效促进合作，但是随着锦标赛机制的消失，个体合作行为则会下降。麦克利什和奥克索比（McLeish and Oxoby，2007）同样通过构造组群体身份，研究了社会认同效应在讨价还价博弈（bargain game）中的影响。实验结果表明，外群成员对内群成员的负面评价会提高内群成员的身份认同感，进而促使个体与内群成员合作水平的提升。戈特等（Goette et al.，2006）以瑞士军人为被试研究了组内群体关系与合作、群体规范间的相互联系。研究表明，在囚徒困境博弈中个体更愿意与内群成员进行合作；在引入第三方惩罚机制后，如果与惩罚方同群的成员遭到欺骗时，那么欺骗者将被惩罚得更多。这一结果表明，同群成员间的合作行为相当于行为规范。这篇文献虽然没有提及社会认同这一概念，但是文中的实验设计和对瑞士军人样本的随机分组能够成功分离出组群体关系，因此，其本质上同样在研究认同与合作之间的关系。因此，戈特等的研究同样证明了个体对身份所属群体的认同会使个体对内群成员具有倾向性，有利于内群成员间进行合作，而且，这种内群成员间的合作其实是一种内群规范。

上述研究从多个层面测度了身份认同对经济决策的作用，无一例外的是，这些研究均发现了个体本身所具有的内群倾向性。这些研究的不足之处在于：没有证明个体内群倾向性的适用范围和成立的条件，在实验中同样也没能定量分析上述实验效应的大小，因此，并未形成一套完备的理论系统解释为何社会认同会影响经济决策。总而言之，在陈和李（Chen and Li，2009）证明社会认同与社会偏好之间的关联性之前，经济学领域对社会认同问题的研究其实是对社会心理学领域类似研究的扩展。这就是说，上述研究均从社会认同理论出发，发现了社会认同对某些经济行为的影响，但未能用统一的理论对不同现象进行系统解释。相比之下，陈和李在经济学实验室实验中首次证明了社会认同会提高个体的社会偏好产水平。实验中，首先根据最简群体范式的分组方法将被试科学地分为两个组①，而后进行五轮对他分配博弈

---

① 具体方法为，每个被试欣赏五对组合的绘画，两幅画分别为两位画家瓦西里·康定斯基（Wassily Kandinsky，1866—1944）和保罗·克利（Paul Klee，1879—1940）的作品，并让被试在每对组合中挑选自己喜欢的作品。然后根据被试报告的结果分组，如果喜欢第一位画家作品占多数，则分为康定斯基（Kandinsky）组，反之则分为克利（Klee）组，由此作为分组依据。这种方法在社会心理学领域常用于研究社会认同问题（Tajfel et al.，1971）。

(other-other allocations)。研究结果表明,个体对内群成员的仁慈度提高了43%,嫉妒心下降了93%;当内群成员的行为更加友善时,个体对这种行为的报答水平提高了19%;反之,当内群成员的表现不尽如人意时,个体对这种行为的报复比率降低了13%。更进一步,研究发现,个体对内群成员的整体福利更加关注,体现在个体的行为决策更符合整体福利最大化的目标。陈和李不仅首次证明了社会认同对社会偏好的促进作用,还将研究中涉及的社会偏好细分为分配偏好、互惠偏好以及福利最大化行为,进而探讨了社会认同如何改变社会偏好。

在以上研究的前提下,许多经济学家对社会认同与社会偏好的联系进行了补充扩展研究。克洛和沙约(Klor and Shayo,2010)探讨了社会认同对个体再分配偏好的作用。实验结果表明,个体对自身收益最大化的动机与其对身份产生的认同之间存在权衡取舍关系。该研究以税率选择作为衡量个体再分配偏好的指标,而最终确定的税率则由全组成员共同投票决定。研究发现,同组成员中一些成员的决策会违背个人收益最大化动机,当这种决策对自身损失不太大时,这部分成员可能做出更加有利于整个群体利益的决策。通过分析,个体行为偏离自身收益最大化的原因并非由于追求效率、互惠预期、不平等厌恶、遵从原则动机以及社会学习等,而是对所在群体的社会认同。作者还在调查数据中同样找到了相关证据,即个体在现实生活中的行为表现与实验室实验中研究所得结论相一致,因此,个体的社会认同对再分配偏好确实会产生作用。

上述研究表明,当个体对群体身份具有更高的社会认同时,个体对整个群体的再分配偏好同样更强,而这种再分配偏好则是个体亲社会行为的表现形式之一,因此,克洛和沙约的研究可以说是补充论证了社会认同与社会偏好的相互关联。

陈和陈(Chen and Chen,2011)在陈和李(Chen and Li,2009)构建的认同模型的基础上,新设计了一个有关社会认同与社会偏好相关联的效应模型,并推导出存在社会认同因素时该模型的均衡解。而后,作者利用实验室实验中的最小努力博弈(minimum-effort games)进行了个体行为决策的实证分析。研究结果与模型预期相一致,即当个体对群体身份的社会认同越高时,其在最小努力博弈中越倾向于付出更多的努力。这个研究结论具有很重要的现实价值,因为随着企业逐步扩展,其规模也越来越大,这意味着员工构成变得比原来更复杂。上述文献的研究成果表明,如果找到了提高个体对企业认同程度的有效途径,则有利于使个体在工作中付出更多努力,提升工作效率。可以说,社会认同对社会偏好的影响同样可以通过劳动力市场中个体的努力程度衡量出来,即个体对群体身份越认同,其对同群成员的社会偏好水平越高,进而在工作中越努力。陈和陈(Chen and Chen,2011)之文相当于是对陈和李(Chen and Li,2009)研究的延续,其本质上是对阿克洛夫和克兰顿(Akerlof and Kranton,2005)所述劳动力市场中个人对组织的认同效应的证明。陈和陈(Chen and Chen,2011)之文证明了在工作组织环境中,社会认同效应对个体社会偏好的影响依然存在,因此,是对社会认同与社会偏好相关研究的必要补充。科斯塔方特和科威尔(Costa-Font and Cowell,2015)对社会认同与再分配偏好的相关研究进行了综述,其内容以社会认同理论的视角展开,不仅涉及实验经济学对该问题的研究成果,而且包含定性研究及定量研究的相关结论。文章分别总结了各类研究的相关证据,得出社会认同确实会改变个体社会偏好和再分配意愿的结论。

从上面对研究结果的总结可以看出,社会认同可以提高个体的社会偏好,进而使个体做出更多有利于自身所在群体的行为。但是,这些研究成果均立足于实验室实验的研究方法,社会认同的构建也源自人为生成的组群体身份。那么,在真实的生活中,社会认同是否同样会提升个体的社会偏好呢?李等(Li et al.,2017)的研究证明确实如此。除此以外,目前不少研究集中于检验其他因素影响下社会认同与社会偏好的关系。例如,兰达和迪尔(Landa and Duell,2013)的研究表明,选举环境下,社会认同对社会偏好的作用同样存在,表现在具有共同组群体身份的竞选者在第二次选举的过程中愿意付出更多的努力。又如,在陈和李(Chen and Li,2009)研究的基础上,莫洛佐娃(Morozova,2015)探讨了等级身份对社会偏好的作用。实验室实验中,莫洛佐娃将被试分为高、低等级两个组,而后通过多个博弈模型估计了高低等级身份对信任、公平、权利和嫉妒的影响。研究发现,个体对内群成员具有一定的内群偏爱,而且等级身份会影响个体的对他偏好(other-regarding preference)。莫洛佐娃的研究价值在于利用实验室实验的方法模拟贴近实际的环境,引入了真实生活中的等级因素,并在这一前提下检验了社会认同和社会偏好的关系。

从上面的总结可以得出以下两点结论:首先,社会认同确实会改变个体的社会偏好,进而影响其经济决策。已有的研究结果表明,社会认同通过改变个体社会偏好促使个体做出有利于同群成员的行为。其次,在不同的外部经济环境下,社会认同对社会偏好产生作用的过程也会受到相关因素的影响。

2.2.2　社会认同与规则偏好的关系

为了发现社会身份本身对个体经济决策可能产生的影响,经济学领域对社会认同的相关研究中有一部分基于个体自身的固有社会身份展开。目前个体固有社会身份的实验经济学研究主要分为两个方向。第一个研究方向为检验由社会身份引发的个体决策差异性，这种差异性主要包含以下两种情形：检验同一群体分类下社会身份效应在不同经济决策中所能产生的差异，如就业行为、合作行为等；不同社会身份对应群体之间的社会比较所导致的个体行为差异性，这种群体间的社会比较通常会产生不平等问题、社会隔离问题等。第二个研究方向集中于探讨社会身份为何能够导致个体经济决策的差异性，并在此基础上提出对应的政策建议。为了实现研究目标，实验经济学中一般利用激发工具（priming instrument）[①] 强化个体固有的社会身份。对个体固有社会身份的实验经济学研究，其内容非常丰富，涵盖性别身份、种族身份、宗教身份、罪犯身份、邻里身份，以及我国特有的户籍身份等。

2.2.2.1 性别身份

凯兹比和梅恩斯（Cadsby and Maynes, 1998）检验了不同性别在公共品博弈中自愿捐赠行为的差异，结论表明，不存在显著的性别差异。克罗松等（Croson et al., 2003）发现，在公共品实验中，自然产生的组中不同性别间存在显著差异。克罗松和格尼茨（Croson and Gneezy, 2009）对实验经济学男女性别差异的相关研究进行了综述，总结出男女在社会偏好与竞争偏好中都存在差异，并推测了造成这种差异的原因及背后的含义。本杰明等（Benjamin et al., 2010）用激发工具研究性别身份对跨期风险选择的影响，研究结果表明，性别身份的效应并不存在。德拉万德和扎法尔（Delavande and Zafar, 2019）研究了巴基斯坦社会的性别歧视问题，通过在两类典型学校中分别开展实验，发现对女性歧视的程度在教育领域并不相同，且其受社会经济身份与地位的影响。萨梅克（Samek, 2019）通过自然实地实验研究了不同性别间补偿机制对寻找工作意愿的影响。研究结果表明，竞争性的补偿机制会阻碍女性申请工作，而对男性则不存在影响。另外，萨梅克认为，不能仅从风险偏好角度解释这一差异性。

2.2.2.2 种族身份

布兰多和海伊（Burlando and Hey, 1997）在公共品博弈实验中发现，意大利人比英国人更乐于捐赠，并将这种差异归结为文化传统。伯恩哈德等

---

① 本文将 priming instrument 翻译为激发工具，也可称为激活工具、唤醒工具或启动工具。该方法产生并发展于心理学领域，通过情景线索激发特定的思维表现（Bargh and Chartrand, 2000; Shih et al., 1999）。而后，经济学家普遍采用此方法作为研究社会认同问题的工具（Benjamin et al., 2010, 2016; Chen et al., 2014）。科恩和马雷夏尔（Cohn and Maréchal, 2016）对经济学中应用激发工具的文献进行了综述，并分类指出激发工具如何应用于研究认同、规则和文化对个体偏好和行为的影响。除此之外，该文还总结了应用激发工具存在的问题和未来的研究方向。

(Bernhard et al., 2006) 以巴布亚新几内亚被试为研究对象, 好处在于该国家内有多个部落, 语言、风俗、部落规则各不相同, 因此, 该国人民拥有很强的社会身份感, 有利于学者研究规则、群体融合对个体决策的作用。研究发现, 身份会驱动利他主义, 且个体对组内成员具有更强的利他偏好。霍夫和潘迪 (Hoff and Pandey, 2006) 研究了印度的种姓制度, 发现在公开场合, 低等种姓身份的暴露会使个体决策能力下降, 其原因在于劣势种姓通常缺乏信心, 而公开场合暴露种姓身份会加强个体自身的负面情绪。本杰明等 (Benjamin et al., 2010) 认为, 由于现实中社会分类受到多重因素的影响, 如社会经济地位、机会、同辈压力等, 所以很难用非实验数据研究身份对经济决策的作用。因此, 本杰明等采用激发工具研究种族身份问题。研究结果表明, 种族身份被激发后, 亚裔美国人在决策时更有耐心, 非洲裔美国人在决策时更加厌恶风险。本尼迪克特-肯斯纳等 (Benedictis-Kenssner et al., 2013) 采用互联网实验的方法研究了虚拟社区中种族多样性对公共品自愿供给行为的影响, 研究结果表明, 多种族混居情况下种族间的威胁可能并不存在。霍夫和潘迪 (Hoff and Pandey, 2014) 对印度高等与低等种姓的研究表明, 种姓身份存在框架效应。在高等种姓和低等种姓组成的混合实验组中, 对个体的种姓身份进行提示会导致低等种姓身份学生的学习能力降低。

2.2.2.3 宗教身份

谢里夫和诺伦兹那 (Shariff and Norenzyan, 2007) 首次在独裁者博弈中使用激发工具研究宗教身份与慷慨程度的关系。而后, 又有学者研究宗教身份与风险选择 (Hilary and Hui, 2009; Kumar et al., 2011)、囚徒困境中的合作行为 (Horton et al., 2011; Ahmed and Salas, 2011)、实验任务中的作弊行为 (Randolph-Seng and Nielsen, 2007) 等经济行为决策间的关联。本杰明等 (Benjamin et al., 2016) 在阿克洛夫和克兰顿 (Akerlof and Kranton, 2000) 理论模型的基础上进行实验研究, 检验了宗教身份对个体选择行为的影响。实验结果表明, 宗教身份凸显后的被试会提高公共品自愿供给水平; 但是, 在独裁者博弈中, 宗教身份与工作努力程度、慷慨程度不存在显著相关性。艾哈迈德和萨拉斯 (Ahmed and Salas, 2009) 在囚徒困境博弈中研究宗教身份与合作行为的关系, 实验在印度、墨西哥和瑞典展开, 涉及印度教、天主教以及新教三种宗教身份。研究结果表明, 无论在哪个国家, 宗教身份均不会引起合作行为的发生, 宗教有利于促进合作的说法并不存在。

2.2.2.4 罪犯身份

哈贾维和兰格 (Khadjavi and Lange, 2013) 在同步囚徒困境博弈和序贯囚徒困境博弈中检验了监狱中罪犯和学生间的行为差别, 研究结果表明, 罪犯和学生在社会偏好方面存在差异。奇穆拉等（Chmura et al., 2013）研究了普通人与罪犯对不平等厌恶程度的差异，结果表明，两者并不存在显著差异。另外，在对慈善机构捐赠的实验中，罪犯的捐赠水平高于其对监狱内匿名同伴的捐赠水平。科恩等（Cohn et al., 2015）认为，简单地比较罪犯与非罪犯间的差异问题，因为两者在财富水平、生活前景、机会成本上均存在差别，且这些因素很难控制。因此，科恩等通过实验经济学研究方法，以监狱中的罪犯为被试，检验了罪犯身份与违反规则的联系。研究发现，激发工具作用下的罪犯身份凸显后被试更有可能采取欺诈策略。

2.2.2.5 邻里身份

李等（Li et al., 2017）在美国得州达拉斯的两个社区通过框架实地实验研究了共同身份对个体公共品捐赠行为的影响。在对非营利组织捐赠前，首先通过激发工具使个体的邻里身份效应凸显。研究结果表明，激发工具是否有效取决于社区的整体收入水平，对于中等收入的地区，邻里身份激发后会增加个体的捐赠额；相反，低等收入的地区，邻里身份激发后个体捐赠额会下降。

2.2.2.6 户籍身份

阿夫里迪等（Afridi et al., 2015）研究了中国的户籍身份（城市户籍与农村户籍）对小学生认知能力的影响。该研究以北京小学生为被试，目的在于检验北京城市户籍小学生与外地农村户籍小学生间在认知能力测试中的差异。研究发现，户籍身份激发后，农村户籍学生认知能力会降低。此外，竞争机制的引入会在一定程度上削弱农村户籍小学生在认知能力上的劣势。

上述各类研究的共同之处为，激发个体固有的社会身份以后，个体对固有身份所属群体的社会认同发生变化，进而使不同个体的经济决策产生差异。事实上，导致这种差异的本质原因是社会认同作用下，个体改变了对群体规则的偏好。任何一种社会身份必然与身份所属的群体相对应，而每个群体则同样存在对应的群体规则。所以，当对个体固有的社会身份激发后，其对身份所属群体规则的认同程度也会相应上升，从而使自身决策与群体规则预期相一致。更进一步，社会认同影响下个体行为决策产生差异的原因很可能取决于个体自身的群体规则偏好。现有的研究主要检验社会认同在个体经济决策中所产生的差异，而在解释这种差异时通常将其归结于身份对应的文化传统、历史背景和制度规定等。无论上述哪种因素，均可以归类于群体规则范畴，也就是说社会认同实际上以作用于个体群体规则偏好的方式改变个体行为决策。例如，阿夫里迪等（Afridi et al., 2015）将农村户籍学生认知能力较差的原因归结为刻板印象威胁（stereotype threat）①，也就是说，农村人口普遍存在的低文化水平等负面标签是促使农村学生认知能力更差的原因。其实这种刻板印象可视作固化的群体规则，即在普遍观念上农村人口的文化程度低于城市人口。所以，阿夫里迪等激发学生被试的户籍身份后，可以使农村户籍学生强化对上述群体规则的偏好，进而导致农村户籍学生在认知能力测试中的表现更差。再如，科恩等（Cohn et al.，2015）在实验中研究了罪犯身份和诚信的联系，研究发现，激发罪犯身份会导致更多的不诚信行为发生。如果将罪犯群体本身具有的欺骗行为视作群体规则，被试对罪犯身份的认同程度会随着身份激发而提升，进而其行为也更加贴近罪犯群体对应的规则，最终使自身诚信水平降低。伯特兰等（Bertrand et al.，2015）用美国家庭调查的经验数据检验了不同性别对应的规则所能产生的影响。研究发现，女性群体中"妻子的收入不应超过丈夫"这一群体规则可以解释女性劳动参与率、家庭收入分配以及离婚率等现象。这种解释成立的原因在于女性认同上述群体规则，因而其自身行为决策会与该群体规则相一致。由上文的分析可知，社会认同能够改变个体的群体规则偏好，当个体对身份所属群体的社会认同提升后，其自身行为也会符合群体规则的预期。

除此之外，本杰明等（Benjamin et al.，2010）检验了社会认同与时间偏好、风险偏好之间的联系。实验中，本杰明等将社会认同抽象为个体对群体规则的认同，并基于此研究了性别规则认同和种族规则认同对两种偏好的作用。研究发现，不同性别身份和种族身份在风险偏好和时间偏好上存在差异，文中将上述差异性归因于不同群体规则上的差异。因此，虽然本杰明等的研究内容围绕社会认同与时间偏好和风险偏好展开，但是既然群体规则为影响上述两种偏好的基础，社会认同对这两种偏好的影响同样也等价于其对群体规则偏好的影响。

2.3 社会认同与合作行为研究综述

无论是在行为与实验经济学领域还是在社会心理学领域，学者们对身份与合作行为问题展开了很多的研究，且其中一部分研究往往与个体对待内群、外群的行为差异相结合。最早的研究来自泰弗尔等（Tajfel et al.，1971）设计的一个实验，该实验要求被试在一系列分配方案中进行选择，每一种分配

---

① 刻板印象威胁是指个体由于所在群体所拥有的负面形象最终会导致个体与刻板印象相关的能力变差。刻板印象威胁理论经常在社会心理学领域使用，迪伊（Dee，2014）首次将该理论用于经济学领域。

方案对应于一定数量的实验点在内群成员和外群成员间的分配。研究发现，被试选择的方案呈现出两种规律，一是倾向于选择最大化内群成员收益的分配方案，二是倾向于选择内群成员与外群成员收益差异最大化的分配方案。泰弗尔等在这个实验中发现了个体对待内群成员与外群成员问题上的行为差异，并指出这种差异性可能体现在个体合作行为上。在此实验的基础上，泰弗尔（Tajfel，1972）提出了社会认同理论，用于解释上述群际差异行为（intergroup discrimination）。以此研究为开端，后续许多研究利用上述分配方法并围绕着个体对待内群、外群的差异行为展开。虽然许多研究得出了相近的结论（Tajfel and Turner，1979；Turner et al.，1987），但仍有不少研究质疑了上述分配方法的有效性，认为个体行为的群际差异并不一定真实存在（Rabbie et al.，1989；Yamagishi and Kiyonari，2000）。

而后，社会心理学家，尤其是经济学家利用许多新的行为博弈结构模型，如信任博弈模型（Berg et al.，1995）、囚徒困境模型（Yamagishi et al.，2008）、猎鹿博弈模型（Kiyonari，2010）等，用以观测个体面对内群成员、外群成员以及陌生人时其合作行为的差异。同样地，这些研究中虽然大多都得出了个体更愿意与内群成员合作的结论，但同样存在相反的研究证据，因而并未形成一致的答案。举例来说，在经典的信任博弈实验中，两人组成一组分别扮演委托人和代理人两种不同的角色。实验开始时双方均会获得一定数额的初始筹码，而后需要委托人决定是否对代理人进行投资以及投资的数额是多少。代理人将会得到3倍于委托人投资的数额，且需要决定是否给委托人返还一定数额的收益。如果委托人能够将全部初始筹码投资给代理人，且代理人能够将获得的收益在两人间平均分配，那么二人均会获得更多的收益。但由于代理人存在纯自利动机，以保留所获得的所有收益，委托人的投资行为具有风险。因此，信任博弈能够反映委托人对代理人的信任、合作行为。在信任博弈中，虽然一些研究发现委托人对内群成员的代理人投资额度更多（Fershtman and Gneezy，2001；Hargreaves et al.，2009），但仍有不少研究并未发现个体群际差异行为的证据（Güth et al.，2008；Johansson-Stenman et al.，2009）。

在研究个体身份与合作行为关系的问题上，最经典的行为博弈模型为公共品博弈模型（Brewer and Kramer，1986；Cremer and Vugt，1999；Eckel and Grossman，2005；Kramer and Brewer，1984）和囚徒困境博弈模型（Goette et al.，2012；Wit and Wilke，1992；Yamagishi et al.，2008），这是因为，这两个博弈能够模拟一种社会困境，并将博弈参与者均置于社会困境中，通过观测被试在不同情形下的决策行为，反映其合作行为的差异。在公共品博弈中，搭便车行为是个体最优策略，但只有在所有个体均将初始筹码全部捐赠时，才能获得最大收益；在囚徒困境中，欺骗策略为每个人的最优策略，但合作策略却使得两人整体收益最大。在利用社会困境研究个体身份和合作问题时，安多（Ando, 1999），戈特等（Goette et al., 2012）的研究发现，个体更愿意与同群成员进行合作，但同样地，也有研究表明合作行为的差异性并不存在（Goerg et al., 2013; Simpson, 2006）。

对于身份为什么能够引起个体合作行为的群际差异，目前理论界存在两个主流解释。一是社会认同理论（social identity theory），二是有界广义互惠理论（bounded generalized reciprocity）。社会认同理论由两部分组成：一部分是早期的群际理论，另一部分是社会范畴化理论。根据社会认同理论的观点，通过区分两个群体就能引起合作行为的内群倾向性和群际差异的发生（Turner and Reynolds, 2012）。社会认同理论区分了个人自我身份（personal identity）和社会身份（social identity）的差别，前者强调了一个人作为群体中的个体所具有的独立性，后者则强调个体作为群体成员所赋予对应群体的情感价值意义（Tajfel, 1974）。正是出于维护积极社会身份（positive social identity）的主观动机，才促使个体做出合作行为上的内群倾向性和群际差异，而且这种主观动机的产生不需要复杂的条件，简单的群体分类便可以使个体形成这种观念。相比之下，有界广义互惠理论用演化的方法，对个体合作行为的群际差异进行解释（Axelrod and Hamilton, 1981; Bowles and Gintis, 2011; Henrich and Henrich, 2007; Trivers, 1972; Wilson, 1978）。通过假设群体的存在有利于个体的生存和繁衍，且群体能起到社会网络的作用，有界广义互惠理论认为，个体出于间接互惠（indirect reciprocity）的动机而更愿意与内群成员合作，而这种间接互惠的动机源自个体对自身声誉的考虑。声誉能够改变个体合作行为的原因在于，个体更愿意与具有合作声誉的人进行合作并排斥没有合作声誉的人，而且群体的社会网络作用能够起到传递声誉信息的作用，因此，为了维护自身声誉且避免被群体排斥，个体在面对内群成员时才会更倾向于选择合作。基于上述理论路径，有界广义互惠理论认为，进化使得人类更愿意内群成员合作、更在意自身在内群中的声誉并且期望内群其他成员的互惠举措能够使自己在今后获益（Kiyonari and Yamagishi, 2004; Yamagishi et al., 1999）。

目前的研究虽然取得了丰富的成果，但是仍有以下几个问题并未解决。第一，虽然大量研究结果表明个体更愿意与内群成员合作，但是对身份认同与合作行为的关系并未形成统一的结论，仍有不少的研究结论并不能证实上述关系的存在。第二，虽然个体更愿意与内群成员合作的现象普遍存在，但是另外的问题随之而来，即个体的内群合作倾向是否受到其他因素的影响，或者说在什么情况下个体才更愿意与内群成员合作。第三，在合作问题上，为什么个体的表现在内群、外群上存在差异，这个问题也并未解决。个体对内群成员表现出更高的合作倾向，是出于对内群的偏爱（ingroup favoritism）还是出于对外群的贬低（outgroup derogation），又或者是两种因素均存在，这一问题目前也存在争论。

本节下面将对社会认同与合作问题的研究进展进行综述。

经济学领域自阿克洛夫和克兰顿（Akerlof and Kranton，2000）将社会认同理论引入后，才开始研究身份认同带来的群际差异性行为。近年来，经济学家对身份认同产生的合作行为差异的研究主要围绕两个方面进行：一是在行为博弈模型中检验身份认同的群际差异性是否存在，并试图从偏好的角度对此进行解释；二是对这个问题进行扩展性研究，探讨不同机制对合作行为群际差异性所带来的影响。

针对第一个问题，陈和李（Chen and Li，2009）的研究首次表明个体更愿意与内群成员合作，而其原因在于个体对内群成员具有更高的社会偏好水平。在此之前，虽然有许多研究围绕身份认同与合作行为展开，但这些研究只是发现不同情境下个体合作行为群际差异的经验证据，并未通过重新构造个体自身效用模型对这一现象进行解释，同样也并没有寻找支持研究结论的稳健性证据[①]。陈和李在查尼斯和拉宾（Charness and Rabin，2002）设计的社会偏好模型的基础上引入身份变量，将内群成员、外群成员的收益加以区分，使其与个体自身效用水平相关联。此外，通过模型参数的设置使个体对内群成员、外群成员的善意（charity）和嫉妒（envy）水平能够刻画出来，用以准确量化个体对待内外群成员的差异。陈和李（Chen and Li，2009）设计的

---

① 如埃克尔和格罗斯曼（Eckel and Grossman，2005）利用不同的方法区分了不同的身份认同强度，然后利用公共品博弈度量不同实验组被试合作行为的差异。研究发现，简单分组下形成的组群体身份不足以克服个体的自利行为，而用于提升个体社会认同程度的措施会起到提高合作水平的作用，因此强化内群身份有利于降低公共品供给中的搭便车行为，促进合作行为的发生。戈特等（Goette et al.，2006）利用真实的瑞士军人研究了合作行为的身份差异，研究表明在囚徒困境博弈中，个体对内群成员表现出更高的合作倾向。查尼斯等（Charness et al.，2007）利用囚徒困境博弈和性别战博弈（battle of the sexes game）研究了同样问题，研究结果表明，利用最简群体范式分组下形成的群体身份不会引起合作行为的群际差异，但是，使个体身份认同感增强后则能检测出个体合作行为的群际差异。虽然上述研究发现了个体更愿意内群成员合作的经验事实，但并未能从偏好的角度对此加以解释。麦克利什和奥克索比（Mcleish and Oxoby，2007）在讨价还价博弈（bargaining game）中检验了身份效应是否存在，研究发现，外群成员对内群成员的负面评价有利于提升内群成员的认同感，进而提升个体与内群成员的合作水平。值得一提的是，麦克利什和奥克索比在该研究中构造了一个包含身份变量的简单社会偏好模型，并根据模型推断出各种不同的假设检验条件。但是，这篇文章并未在不同情形下对结论进行稳健性检验，进而也未能从认同影响社会偏好的角度对合作行为的群际差异进行解释。

模型，其价值在于将身份认同和社会偏好相联系，描述了身份通过改变社会偏好进而使个体表现出合作行为群际差异的理论路径。在具体的实验中，陈和李首先利用最简群体范式的方法将被试分为 A，B 两个小组，而后通过控制有无内群在线交流（online chat）、是否进行对他分配决策（other – other allocation）将身份认同强弱的不同情况加以区分，最后利用两人独裁者博弈（dictator game）和响应博弈（response game），并区分了不同搭配组合，用以研究身份对社会偏好的影响。研究发现，无论分配者自身收益是否高于响应者，分配者对内群成员的分配额均高于外群成员，且在与内群成员组成实验组时，个体更愿意表现出社会福利最大化偏好（social welfare – maximizing preferences）。在响应博弈中，个体也更愿意奖励内群成员的善意行为，对内群成员恶意行为（misbehavior）惩罚更少。库拉里尼和门格尔（Currarini and Mengel，2016）通过利用查尼斯和拉宾（Charness and Rabin，2002）设计的 8 个博弈模型以及被试间比较的研究方法，测度了个体在面对内群成员、外群成员时利他程度（altruism）、正互惠（positive reciprocity）和负互惠程度（negative reciprocity）。研究表明，个体对内群成员以善报善的程度上升了 35%，同样对内群成员以恶报恶的程度下降了 40%。这个结论与陈和李（Chen and Li，2009）的研究结果相类似，即个体对内群成员表现出很强的正互惠，且会降低负互惠水平。由于正互惠可视作个体条件合作行为以及其自身社会偏好的理论基础，因此，库拉里尼和门格尔（Currarini and Mengel，2016）的研究从另外一个角度证明了身份影响内群合作的原因在于改变了个体的社会偏好水平。又如，兰考等（Lankau et al.，2014）研究了公共品博弈中的合作偏好。在实验中，被试通过完成共同任务形成组群体身份，结果表明，在对公共品捐赠的过程中，如果与同组身份的成员合作，则会提高条件合作的水平，而且在不同身份个体组合的博弈中，搭便车的现象更易出现。因此，旨在促进个体对所在群体认同度的政策措施会提高整体福利水平。而后，兰考等（Lankau et al.，2014）用类似的身份生成方法研究了公共品博弈中社会身份对预期的影响。研究结果表明，个体对同组成员捐赠水平的高预期是提升组群体整体福利的关键因素。特别地，在第一轮未形成共有身份的实验中表现出搭便车行为的个体，在形成了共有身份后，如果同组成员表现出更高的期望水平，这部分个体会提高捐赠水平。

虽然上述文献均证实了身份认同影响合作行为的作用路径在于改变个体社会偏好，但是这个结论仍然存在争议。瓜拉和菲利平（Guala and Filippin，2017）的研究表明，在不同类型的独裁者博弈中，身份对个体决策的效应不同，因此不能构造包含身份变量的社会偏好模型。此外，随着决策难度的提升，身份效应对决策行为的显著性影响则消失。因此，根据实验数据所得的经验判断，该文指出身份认同之所以能够对个体行为决策产生影响，其原因仅在于身份本身所产生的框架效应。

经济学家不仅从社会偏好的角度解释身份认同对合作行为的群际差异问题，还对不同机制下的身份认同与合作行为展开扩展性研究。麦克利什和奥克索比（McLeish and Oxoby，2007）将惩罚因素引入身份的研究中，讨论了不同身份间互动所产生的效应。每轮实验都将被试随机分为两组，并通过完成共同任务的方法促进组群体身份的形成。而后，每个组需要依据对方组在理解力、创造力、语言能力等方面的表现对其打分，并且分数互相交换，目的在于促进组内观念和组外观念的形成。实验最后，进行带有惩罚措施的最后通牒博弈。研究结果发现，个体更愿意与组内成员合作，组外负面评价很弱时会促进组内合作，然而当组外负面评价很强时会降低组内合作。另外，如果同组成员不愿合作时，同组成员间的惩罚程度会更大。

此后，麦克利什和奥克索比（McLeish and Oxoby，2011）继续研究身份效应与社会互动间的关系。在实验室实验中，学生被分为三个部分：一部分学生被试通过激发工具，让其回忆与本校同学的正面经历，使其拥有的学生共同身份效应凸显；另一部分学生被试，在激发工具的作用下，通过回忆与非本校同学的正面经历使学生的独立个体身份效应凸显；还有一部分学生被试，通过让其回忆由宿舍或停车场到实验室过程中的细节，达到激发与身份无关信息的目的，因此，这部分学生可视作控制组。而后，在标准的最后通牒博弈中观测三组学生表现的差异。研究结果表明，共同身份激发的学生表现出最高的合作水平，且对最低可接受支付值（minimum acceptable offer）要求也最高；相反，个体身份激发的学生合作水平最低，且对最低可接受支付值要求也最低。通过该结果可以看出，共同身份在谈判中会促进合作的发生，但是如果一方被不平等对待，会推高谈判条件，不利于谈判继续进行。

戈特等（Goette et al.，2006）在研究身份认同和合作行为问题时，同样引入了惩罚机制，不同于以往研究，建立了一种第三方惩罚机制。戈特等利用真实的瑞士军人作为研究对象，首先在囚徒困境博弈中研究了群体身份对合作行为的影响，研究表明，内群成员间合作水平更高的现象存在。而后，在引入第三方惩罚机制后，观测惩罚者在采取惩罚措施时是否具有群际差异。研究表明，个体对外群成员的欺骗行为并不一定采取报复性惩罚措施。在此基础上，戈特等（Goette et al.，2012）进一步在竞争的环境下研究身份认同、合作与惩罚的关系。研究表明，竞争环境下个体同样会更倾向于与内群成员合作，因此，个体合作行为的群际差异不会受到竞争机制的影响。此外，竞争机制下惩罚措施不能有效地形成合作规则，在囚徒困境博弈中无论外群成员是否选择合作策略，均会被惩罚，因此，这种惩罚是没有任何意义的，不能起到惩罚欺骗者的作用，文中称之为反社会惩罚（anti-social punishment）。

由戈特等的研究结论可以看出，竞争机制一方面会起到促进内群成员合作，提高效率的作用；另一方面又会因为惩罚措施使用不当导致群际间的冲突，这是政策措施制定者需要权衡取舍的一个问题。

除了惩罚机制外，行为和实验经济学家在研究社会认同与合作行为问题时，还将禀赋异质性纳入研究范畴，而这类问题的研究大多是借助公共品博弈展开的。奥克索比和斯普拉贡（Oxoby and Spraggon，2013）研究了公共品博弈中，初始禀赋多少以及禀赋获得方式所造成的个体合作差异。该研究中，4个被试组成一组进行公共品博弈，初始禀赋获得的方式有两种，一种为直接获得，另一种为通过答对相应题目赚取初始禀赋。而被试可直接获得的初始禀赋，也同样存在三种额度，具体数额多少由计算机随机分配决定。通过对初始禀赋的不同划分方式，可以将被试赋予不同的身份标签，从而可以构造出公共品博弈中的同质组和异质组。研究发现，异质性博弈组相比同质性博弈组对公共品捐赠额度少，表明成员禀赋异质性会降低成员间的合作水平。此外，研究还发现，4个人的博弈组内，如果有1人与其他3人禀赋获得方式不同，会导致被试合作水平的显著降低。翁和卡尔森（Weng and Carlsson，2015）同样在公共品博弈中研究了禀赋异质性对身份认同与合作行为的影响，除此之外，该研究还考虑了惩罚机制的作用。研究发现，在不存在惩罚机制时，无论在禀赋同质组或禀赋异质组，群体身份认同感越强的组其捐赠额越高，即更愿意进行合作。而在引入惩罚机制后，研究表明，惩罚对合作行为的影响取决于个体对内群身份的认同程度以及惩罚措施是否有效。

在公共品博弈中，通过改变实验组中不同身份被试的人员构成比例，也会影响被试最后的合作行为。史密斯（Smith，2011a）对此问题展开了研究，该实验首先将被试分为了两个小队，每组6名成员，并通过团队建设活动形成个体对所属群体的身份认同感。而后，以6名被试为一组进行12轮公共品博弈，在博弈过程中通过控制6名成员中两个小队成员人数的比例构成，观测其对个体公共品捐赠额的影响。研究发现，当公共品博弈的6人组中两小队成员比例不均等时，即6人中4人来自一个小队而剩余2人来自另外一个小队，则多数人的捐赠额高于少数人的捐赠额，表现出更强的合作意愿。查克拉瓦蒂和丰塞卡（Chakravarty and Fonseca，2014）首先通过陈和李（Chen and Li，2009）的方法将被试分为两个组，而后再通过完成任务深化组群体身份。在公共品博弈中，逐步改变两种组群体身份比例构成，观测其对个体捐赠水平的影响。研究结果表明，身份分化会减少公共品捐赠数额，进而降低组内成员间的合作水平。此外，个体对俱乐部物品（club good）① 捐赠水平高于公共物品，且随着身份分化程度的提高而增大。

由此可以看出，一定程度的身份多样化事实上会促进内群成员的合作，并提高不同群体成员的整体福利水平。而后，萨梅克和谢里梅塔（Samek and Sheremeta，2014）在公共品博弈中加入了识别身份的机制。通过将被试分为三个组，控制组被试不能观测捐赠者信息，一个实验组被试不用支付即可获得捐赠者信息，另一个实验组被试需要支付才可以看到捐赠者信息，然后比较个体在公共品博弈中合作行为的表现差异。研究结果表明，以支付方式才能获得信息的实验组与免费即可获得信息的实验组捐赠水平一样高，而且，选择支付获得信息的个体，其自身捐赠水平也更高。这一研究结论对于非营利组织设计捐赠机制具有借鉴意义。

2.4 社会心理学中的社会认同理论概述

社会认同理论产生于社会心理学领域，最早与该理论相关的研究可以追溯到 1971 年泰弗尔（Tajfel）及其合作者对社会范畴化与群际行为的探索（Tajfel et al.，1971），而第一篇正式介绍社会认同理论的文章则发表于 1972 年（Tajfel，1972）。根据社会心理学的定义，社会认同就是"个体知晓他/她归属于特定的社会群体，而且他/她所获得的群体资格（group membership）会赋予其某种情感和价值意义"。

基于定义可以看出，个体的社会认同由三种因素构成，分别为认知因素（cognitive component）、评价因素（evaluative component）以及情感因素（emotional component）。具体地说，认知因素决定了个体是否能对自身进行分类，以确定自身所属的社会群体，因此，认知因素体现了自我范畴化过程（self-categorisation）；评价因素决定了个体对拥有群体身份所产生的正面或负面的价值内涵，因此，评价因素体现了个体的群体自尊（group self-esteem）；情感因素决定了个体对所在群体的情感关联，隐私情感因素体现了个体对群体的情感承诺（affective commitment）。严格来说，社会认同理论涵盖两部分：一部分是最早的群际理论，用于解释群际冲突和社会变迁，并寻求一种有效

---

① 俱乐部物品（club good）是相对于公共物品（public good）而言形成的。个体对俱乐部物品的捐赠，所得的整体收益只限于在同群体身份的成员间分配；与此对比，个体对公共品的捐赠，所得的整体收益则需要在所有组群体身份成员间分配。

途径用于维持或提升内群对外群的积极特异性，进而使个体形成积极的社会身份（positive social identity）（Tajfel，1972，1981；Tajfel & Turner，1979，1986；Turner，1975）；另一部分是社会范畴化理论，即个体把自身和他人按某个或某些标准归入不同群体。该理论认为，社会认同对个体自我感知和行为具有去个体化的作用（de-personalize），强调个体的行为与同组其他个体行为的同质性，对于解释群体过程行为具有更强的普遍适用性（Turner，1982，1984，1985；Turner et al.，1987，Brown，2000）。基于社会范畴化视角的社会认同理论认为，当个体感知的外部环境发生变化时，个体会根据自身与他人的差异程度重新定义自己所属范畴（Deaux and Martin，2003）。自我范畴化的产生是基于群体特征所引发的情景特质，例如，种族群体、性别群体等，因此，自我范畴化往往由情境线索决定（Postmes et al.，2005a）。这两部分内容的共通之处在于具有相同的理论假设基础，即个体以其所在的社会群体资格（social group memberships）对自我进行定义，因而依群体而划分的自我感知会对个体的心理产生影响，导致社会行为的改变。社会认同理论在社会心理学领域具有长足的发展，其根本原因在于该理论能够解释诸多现实问题，可以扩展到社会心理学的许多领域，如社会范畴化与群体关系、群际冲突与我群中心主义、社会变迁、合作行为、社会刻板印象等，此处不再一一列举。

近年来，社会心理学领域对社会认同理论的研究有一部分围绕如何提升个体对群体的认同展开。研究发现，社会互动、个体对群体的贡献行为以及社会网络或组织中的群体关系均会影响个体对群体的认同感（Postmes et al.，2005a；Rink and Ellemers，2007；Dick，2001）。当个体对群体的共同任务或共同目标产生共识时，社会认同会激发个体对群体的归属感（Wegge and Haslam，2003），因此社会认同也可以理解为"当个体融入群体时，个体会感到自身成为群体的一部分，并对群体身份赋予情感意义"[①]（Ellemers et al.，2004；Hagerty et al.，1992；Rink and Ellemers，2007）。相比个体自我范畴化过程中产生的群体认同，当个体赋予群体情感意义，并融入群体活动时，他/她对群体产生的认同感会更强，且时间更持久（Ashforth et al.，2008；Postmes et al.，2005a）。

事实上，从另一种视角来分析，上文总结的社会认同理论的三个主要研究方向可以归结为两种不同的社会认同路径，即演绎路径和归纳路径。在社会认同的演绎路径下，个体将自身同化为某个社会类别；而在社会认同的归

[①] 原文为："the experience of personal involvement in a group so that persons feel themselves to be an integral part of that group along with the emotional significance of this identity."

纳路径下，个体则将自身划分为某个社会结构（Postmes et al., 2005b）。因此，自我范畴化理论框架下个体社会认同的形成是一种演绎路径，而对于如何提升个体认同感的相关研究，则对应于个体社会认同形成的归纳路径。演绎路径下形成的社会认同其实是一种自上而下的过程。首先，群体内成员依据本群体区别于其他群体所共有的属性形成特定的分类（Postmes et al., 2005b），这种属性可以是性别、种族、肤色，也可以是兴趣爱好等。而后，基于这种共同属性形成的社会分类，会演绎出维系这种分类的群体规则、刻板印象，用以塑造群体身份，这种模式下个体对群体产生的认同即为演绎路径下的社会认同。相比之下，归纳路径下形成的社会认同是一种自下而上的过程，个体成员之间通过社会互动与相互交流实现个体对群体的贡献行为，并由此衍生出个体对群体的认同（Postmes et al., 2005b; Jans et al., 2012）。在这一过程中，个体将共同任务和群体目标纳入自己的意识范畴，以此达到强化成员间共同身份，提升认同的作用（Wegge and Haslam, 2003）。

2.4.1 社会认同理论中的社会比较

社会心理领域中对社会认同问题的研究，有很大一部分是围绕社会比较展开的。研究发现，社会比较的目的不是寻求群体间的一致性，相反，其目的是为了强化群体间的差异性，将内群成员与外群成员的差异无限放大。例如，当群体间具有稳定且相似的地位关系时（Turner, 1978），如果个体认为群体间的地位联系不稳定且不合法时（Turner and Brown, 1978），以及当个体发现与自身相似的外群成员更多时（Turner et al., 1979），则群体成员更愿意进行有利于本群体的社会比较。这些研究均表明，当存在不同群体的外部环境时，群体间相似性的提高会促使群体成员间进行社会比较，其结果是加深群体间的差异性。虽然人们在进行个体间的比较时会考虑到公平与平等，但是个体的内群倾向性（in-group bias）同样存在且会削弱个体在进行社会比较时对公平和平等的关注（Bourhis et al., 1994; Diehl, 1990）。上述研究的结论均是在实验环境下得出的，在实际情形下的研究也得出了相似的结论。例如，学者在对不同的现实生活中的社会身份研究过程中发现，使用不同语言的群体会强化自身的语言风格，目的在于维持自身群体的差异性，并促进自身群体语言及文化的传承（Giles and Johnson, 1987; Sachdev and Bourhis, 1993）。霍姆西和豪格（Homsey and Hogg, 1999, 2000）的研究发现，旨在消除或降低文化差异性的一些措施，往往会加深不同文化群体间的社会比较，实际上则起到了强化文化差异性的作用。

对于个体进行社会比较更深层次的原因，社会认同理论认为，个体形成认同的过程受到两种基本动机的驱动，分别为自我强化动机、自尊动机（self-enhancement motivation、self-esteem）（Sedikides and Strube, 1997）和降低不确定性动机（uncertainty reduction）（Hogg, 2000a）。个体出于这两种动机，通常在群际背景下，且在内群具有优势的度量维度上，将内外群的差异最大化，而这一过程是通过社会比较实现的。通过在内群具有优势的维度上区分内群和外群，内群成员可以获得积极的特异性（positive distinctiveness），因而相比于外群可以获得积极的社会身份，并且能够自我强化、提升自尊并降低自身对客观世界存在认知的不确定性。需要强调的是，社会比较的目的不是寻求群体间的一致性，相反，其目的是为了强化群体间的差异性，将内群成员与外群成员的差异无限放大（Turner, 1975; Hogg, 2000b）。因此，社会比较必然会导致个体社会认同的改变，进而导致内外群成员差别对待行为（discriminatory behaviors）的发生（Cadinu and Reggiori, 2002; Locksley et al., 1980; Tarrant, 2002）。

2.4.2 社会认同理论中的社会互动

社会互动是指人们以相互的或交换的方式对别人采取行动，或者对别人的行动做出回应（波普诺，2009）。社会互动对社会认同的影响可以体现在两个层面：

一方面，社会互动会使群体成员加深对共同任务和目标的认识，从而有利于塑造共有的群体身份。社会互动是促使信息在群体内成员间流动的有效通道，因此，当群体成员为了共同任务而交流时，个体会感到完成任务是所有群体成员共有的责任，因而不会置身事外，这种观念的形成会促使个体形成社会认同三种因素中的认知因素（Ashforth et al., 2008），个体对群体身份认知的提升必然会加深其对群体的社会认同程度。

另一方面，社会互动有利于加深个体与群体之间以及个体与群体成员之间的社会关联（social attachment），这种社会关联体现在以下几个方面：第一，社会互动会使个体对群体更加熟悉，进而增强其对自身所在群体的好感度。扎荣茨（Zajonc, 1968）和米尔格拉姆（Milgram, 1977）均证实了纯粹接触效应（mere exposure effect）的存在，即无论是人或物，个体对其越熟悉，则越有可能对其产生好感。因此，社会互动通过促使群体成员间的接触进而提升个体对群体的社会认同。第二，社会互动是群体成员间建立联系的主要途径（McKenna et al., 2002）。群体内成员间的互动越频繁，则成员间的联系可能越紧密，进而使成员之间形成好感和信任感（Chua and Balkunje, 2013）。

社会认同理论强调个体在对群体身份识别过程中的自我认知，虽然该理论指出当个体间互动（interpersonal interaction）、相似性（similarity）、喜爱（liking）、共同目标（shared goals）等因素不存在时，个体仍然会形成身份认同感（Turner，1984），但是上述社会互动形式却能够促进个体的范畴化分类进而起到影响身份认同的作用（Hogg and Turner，1985；Turner，1984）。

2.4.3 社会认同理论中的群体规则

群体规则（group norm）是指能够反映一个群体特征的群体观念和群体行为。每个群体具有对应的群体身份，同样拥有维系该群体、约束群体行为的群体规则。群体规则能够使不同群体间加以区分，并能够反映不同群体社会经验上的差别。社会认同理论（Tajfel，1982）和自我范畴化理论（Turner et al.，1987）从个体社会认知的视角对群体规则进行分析，并探讨了个体为何要遵从群体规则以及个体行为如何体现群体规则等一系列问题。根据自我范畴化理论，个体在自我认知（self-cognitive）的基础上，会使其自身的行为符合其身份所属群体的群体规则。而基于社会认同理论，个体的行为、特征等之所以要符合群体规则，其原因在于创造一个正面的差异（positive distinctiveness），使得内群的身份与外群有所区别，更重要的是使内群优于外群，从而有利于形成对内群身份的积极认同（Rubin and Hewstone，1998）。个体的身份认同感会使个体忽略内群成员的差异而扩大群体成员的差异，而个体自我认知能力会受到社会环境的影响，因此，两个因素会影响群体规则的形成：内群成员间个体认同动机的差异以及能够提升个体自我范畴化进而形成群体身份的环境因素。大量的研究围绕着影响群体规则的环境因素展开。哈斯拉姆等（Haslam et al.，1996）的研究表明，由于群体极化效应（group polarization effects）的存在，群体成员间通过讨论促使个体观念向群体规则靠拢，且群体极化效应又取决于群体身份是否凸显。类似地，奥克斯等（Oakes et al.，1991）的研究表明，通过强化外群成员身份会提高内群成员采取一致行动成的可能性。除此之外，个体社会认同程度的差异会影响个体身份感的形成，进而改变个体对群体规则的遵从程度。例如，特里和豪格（Terry and Hogg，1996，2001）的研究表明，大学生中只有对学校认同程度强的学生才会遵守学校提出的锻炼规则和防晒规则，使其行为符合学校提出的规范。而对于群体规则的分类问题，群体规则可以分为指令性规则（injunctive norm）和描述性规则（descriptive norm）两类。指令性规则大多侧重道德上的劝告，即告诉人们"应该"做什么；相比之下描述性规则代表了人们的典型行为，即形容人们无论如何都要采取的行为，即告诉人们"是"什么。许多研究表明，这两类规则存在差异，如恰尔迪尼等（Cialdini et al., 1991）和马奎斯等（Marques et al., 1998）。

2.5 小结

本章分别对行为和实验经济学领域及社会心理学领域中社会认同与合作行为的研究进展进行了综述。无论是社会心理学领域还是实验经济学领域，均发现了个体在合作问题上会受到身份因素的影响，表现出更愿意与内群成员合作的内群倾向性。但是，合作行为的群际差异是否普遍存在，目前还未得到一致结论。如果合作行为的群际差异性真实存在，那么，是什么原因导致的这种差异性行为呢？实验经济学领域和社会心理学领域分别给出了答案。行为和实验经济学从社会偏好角度加以解释，而社会心理学领域则试图从身份认同路径和演化路径加以解释。指令性规则和描述性规则均有其理论基础、假设条件和根据，每种理论均有相关的研究证据作为理论支撑，但同时也或多或少存在相反的研究证据。

在行为和实验经济学领域，自阿克洛夫和克兰顿于 2000 年将身份变量引入经济学效用模型后，人们才开始对这一问题展开系统研究。这一新的效用模型既可以用于解释个体行为，又能描述社会认同对个体行为的影响。本书侧重研究社会认同对合作行为的影响，虽然本书的研究证据没有从稳定的个体偏好角度解释社会认同的效应，但是本书的研究思路及结论也同样可以在上述模型框架内加以解释。

近年来，行为和实验经济学对社会认同的研究之所以取得了丰富的进展，归根结底在于其特有的学科优势，如利用行为博弈模型刻画现实活动，利用严谨的实验研究方法将所要研究的问题量化出来，而后用计量分析方法对理论假设的一般性进行检验。本书根据行为和实验经济学对社会认同和合作行为的现有研究成果，以及社会心理学中认同理论的基本原理，通过引入社会比较机制、竞争机制、社会互动机制以及群体规则强化机制，用以形成个体的社会认同，着重度量不同影响机制下的社会认同与合作行为的关系。这种研究思路有一定的理论逻辑。且本书的研究成果能够为行为和实验经济学以及社会心理学的相关研究提供又一例证。

从一方面看，当群际合作差异性确实存在时，旨在提升社会认同的措施有利于提升内群成员的整体福利。但是，从另一个角度看，合作行为的群际差异则会加强群体间的差异性，导致社会隔离、冲突、竞争等情况的发生（Bornstein, 2003; Halevy et al., 2010; Yzerbyt and Demoulin, 2010）。从这个视角看，本书的研究有助于以新的思路对该问题进行思考，检验社会比较机制、竞争机制、社会互动机制以及群体规则强化机制下的内群合作与内外群合作差异，寻求既有利于提升内群合作，又能降低群际合作差异的有效措施。

3 社会认同与合作行为
——社会比较机制的影响

3.1 引言

日常生活中,我们经常遇到如下的事情:刚入学的新生,经过一段时间的班级生活以后,往往自动地将自己贴上"优秀生""普通生"甚至"差学生"的"标签"。而划分不同种类"标签"的依据往往取决于学生的学习成绩、课堂表现、教师的评价等各种因素。在每个学生贴上"标签"之后,我们会观察到一个有意思的现象,即学生更愿意与自己同属一个"标签"的学生展开各种活动。举例来说,课堂内教师布置的小组任务中,"优秀生"更愿意与"优秀生"组成一个小队,而有的"差学生"愿意与"差学生"同组一队。同样地,课堂外的课余活动中也存在上述现象,即学生在交流、玩耍对象的选择上,也会出现"标签"效应。在我们的生活中,类似的"标签"效应还有很多,在此不一一列举。这不禁引发人们对一系列问题的思考:为什么类似的"标签"效应会存在?"标签"效应会如何改变人的行为?人们为何要形成不同的"标签"?针对这些问题,社会认同理论给出了解释。

社会认同理论将上述例子中的"标签"视作身份,将不同类型的"标签"效应统称为对同一身份群体的内群倾向性,指出:人们之所以表现出内群倾向性,其原因在于人们对身份所属群体的认同。社会认同理论将人的自我身份(personal identity)和社会身份(social identity)加以区分,前者强调了一个人作为群体中的个体所具有的独立性,后者则强调个体作为群体成员所赋予对应群体的情感价值意义(Tajfel, 1974)。正是出于维护积极社会身份(positive social identity)的主观动机,才促使个体表现出内群倾向性。值得注意的是,这一过程是通过群体间的社会比较完成的,正如上述例子所示,学生之所以能够给自己贴上不同的身份标签,其先决条件也是首先进行了社会比较,即在不同方面将自己与其他同学对比,而后才能将自己划分为"优秀生""普通生"或"差学生"。因此,可以说,如果没有社会比较,个体就不能"发现"积极的社会身份,也就不能产生对群体身份的认同。

实验经济学很早之前就开始研究社会比较问题(Akerlof,1980),研究表明,社会比较可以改变个体行为,使个体在不同的情景下做出"正确"的行为,而且,判断对错的规则越不明晰,社会比较的作用越强(Buunk and Mussweiler,2001;Suls et al.,2002)。最初,实验经济学家利用实验室实验中的博弈机制检验社会比较对行为的影响,如独裁者博弈(Cason and Mui,1998;Krupka and Weber,2009;Duffy and Kornienko,2010)、最后通牒博弈(Knez and Camerer,1995;Duffy and Feltovich,1999;Bohnet and Zeckhauser,2004;Ho and Su,2009)以及协调博弈(Eckel and Wilson,2007)。而后,随着实验方法的发展,实验经济学家利用实地实验以及互联网研究社会比较的现实作用,结果发现,社会比较的积极作用体现在多个方面,比如,有利于节约能源消费(Allcott,2011;Ferraro and Price,2013;Allcott and Rogers,2014),增加公共品供给(Chen et al.,2010),减少交通违规行为(Chen et al.,2017),等等。实验经济学对社会比较的研究大多集中在检验其对行为决策本身的影响,很少从身份认同的视角解释为何社会比较会影响个体行为以及社会比较如何影响个体行为,因而缺乏理论的完整性。基于社会认同理论,个体之所以要进行社会比较,其原因是为了形成积极的社会身份。行为和实验经济学家在研究社会认同问题时,虽然曾对积极社会身份(positive social identity)、消极社会身份(negative social identity)有所涉及(Mcleish and Oxoby,2007;Eberlein and Walkowitz,2008;Böhm and Rockenbach,2013;Morozova,2015),但也或多或少存在问题,如对积极社会身份与消极社会身份的运用不当,并没有区分社会比较与竞争机制的区别而研究竞争机制下的身份认同,等等。基于目前现有研究的成果及其不足,本章着重分析社会比较机制下的社会认同与合作行为的关系。

本章从社会认同理论的基本原理出发,利用实验经济学的研究方法,对社会比较机制下的社会认同与合作行为的关系展开研究。为了实现本章的研究目的,首先需要解决以下几个问题:

第一,什么样的社会比较才能影响个体的身份认同。社会比较的种类很多,比较的对象、内容、方式方法等也层出不穷,这意味着并不是所有的社会比较均能够改变个体对社会身份的认同。社会认同理论中,社会比较之所以能够强化个体对内群身份的认同,原因在于个体在社会比较中才能保持自身社会身份的积极特性。因此,也就是说只有能够影响个体对自身社会身份积极特性评价的社会比较,才能够影响个体的社会认同。

第二,如何确保社会比较的结果能够改变个体对社会身份的积极评价。

个体的身份包含自我身份（personal identity）和社会身份（social identity）两类，前者强调了一个人作为群体中的个体所具有的独立性，后者则强调个体作为群体成员所赋予对应群体的情感价值意义（Tajfel，1974）。社会认同理论中，社会比较的目的是形成积极的社会身份，而非自我身份。

第三，个体的比较意愿，或者说个体对积极社会身份、消极社会身份的重视程度，是否会影响个体对内群身份的社会认同呢？越愿意进行社会比较的个体，或者说对社会身份的积极、消极属性越看重的个体，对内群身份越认同呢，还是反之，这便是本章的实验设计需要考虑的另外一个问题。

根据研究内容和需要注意的问题，本章展开了相关的实验研究。研究发现，个体对内群成员的倾向性显著存在，且个体更愿意与内群成员合作。此外，社会比较机制作用下，会造成个体与外群成员的合作水平显著提升；社会比较过程中形成的积极社会身份、消极社会身份以及个体自身的比较意愿，均会改变个体与内群、外群成员的合作倾向。

3.2　文献回顾

在行为和实验经济学领域，有许多研究针对社会比较与合作行为展开，如果按社会比较的对象和方式进行划分，可以将这些研究分为两类，其中一类主要研究内群成员间的社会比较对合作行为的影响，另一类主要研究不同群体间的社会比较对合作行为的影响。

3.2.1　第一类相关研究的成果

弗雷和迈耶（Frey and Meier，2004）利用实地实验研究了社会比较对学生慈善捐款行为的作用。实验是在苏黎世大学进行的，学校每学期开学时均会询问每个学生是否愿意对两个慈善基金捐款，对两个基金的捐款额度是固定值，分别为 4.2 美元和 3 美元，学生可以自愿选择是否捐款。实验随机选取了 37 624 名学生中的 2 500 名除大一以外的学生作为研究被试，并将 2 500 名学生中的 500 名学生作为控制组，剩余 2 000 名学生平均分为两个实验组。在实验分组完成后，观测各组被试在当年对慈善基金的捐赠额。具体的实验设计为：告知一个实验组被试过去捐赠额排名在前 64% 的学生的捐赠信息；告知另外一个实验组被试过去捐赠额排名在后 36% 的学生的捐赠信息；控制组被试不被告知去年学生捐赠信息，但要求估计今年对两个慈善基金均捐赠的学生人数比例。研究发现，控制组中被试对学生捐赠比例估计值越高的被试，其自身捐赠额也越高。此外，告知高捐赠额的实验组被试中有 77% 的学生至少捐赠了一个慈善基金，而这一数值在告知低捐赠额实验组中为74.7%，但是，两者相差的数值2.3%并不显著，说明两个实验组在统计上并不存在显著的差异。作者认为，两个实验组不存在显著差别的原因在于一些被试对社会比较的反应存在弹性，过去经常捐赠或从来没有捐赠的学生被试，其捐赠行为不易受到社会比较的影响。

类似地，陈等（Chen et al., 2010）以电影评分网站MovieLens为平台，在实地实验中研究了社会比较和公共品自愿供给行为的关系。MovieLens是一个非商业盈利网站并拥有广大的使用群体，网站内注册的用户可以自愿对电影评分、写影评，也可以邀请自己的亲友成为新用户。MovieLens还有一个功能就是能够根据用户对电影的评价将不同喜好的用户分类，而后为每个用户推荐与其相同喜好的其他用户的电影评价。基于上述功能，用户在MovieLens对电影的评价行为可视作公共品供给，其评价电影的数量、质量会使包括自身在内的所用网站用户获益。具体实验包括两部分内容：第一部分为向实验被试发送电子邮件，邮件内容为所有被试在MovieLens上所做的电影评价以及净收益值；第二部分为在实验干预前和干预后两个时点分别对被试进行在线调查。实验将被试随机分成一个控制组和两个实验组，控制组被试的邮件内容包括被试自己过去在MovieLens上评价的电影主要类型，以及平均评价分数，并要求被试完成四个任务，这四个任务分别为更新MovieLens数据库，邀请新用户加入MovieLens，评价流行电影，评价冷门电影。相比之下，第一个实验组被试收到的邮件内容包括被试自己过去已经评价的电影数，网站内用户使用年限相同的其他网友评价电影数排序的中位数，以及被试相比较该中位数所处的排序位置。第二个实验组被试邮件内容包括被试现有的净收益值，用户使用年限相同的其他网友平均净收益值，以及相比该平均值被试自己的相对排序。除此之外，邮件内容同样要求两个实验组被试完成与控制组被试相同的四个任务。研究结果表明，实验组被试中评价电影数在中位数之下的被试，在收到邮件信息后，其自身电影评价数会提高530%左右；而评价电影数在中位数之上的被试，则在收到邮件信息后，其每月电影评价数会减少62%左右。而第二个实验组被试中净收益值接近均值的被试，更倾向于评价最流行的电影；净收益值超过均值的被试，相比之下则会更倾向于评价冷门电影。

上述两篇文献均探讨了社会比较和公共品自愿供给中合作行为的关系，但是两篇文献的研究重点为社会比较及合作行为本身，即社会比较理论中的上行比较（upward comparison）和下行比较（downward compasion）对合作行为的作用，并未从身份认同视角看待社会比较对合作行为的作用。此外，对社会比较之所以能够改变个体合作行为，文章也仅从社会规则遵守等角度加以简单解释，而对于社会比较机制下社会规则如何改变个体合作行为、社会规则效应大小等问题，并未进行深入研究，因而缺乏理论上的完整性。

事实上，基于社会认同视角，上述两篇文献中所应用的社会比较其实可视作内群成员间的比较（intragroup comparison），社会认同理论中的自我范畴化理论（self-categorization theory）曾对此进行了详细解释。该理论指出，内群成员间的社会比较之所以能够改变个体行为，其原因在于个体出于对群体凝聚力（group cohesiveness）、社会吸引（social attraction）以及群体极化（group polarization）的考虑，会使其行为更加符合群体内原型成员（prototypical members）的标准，从而降低各种不确定性因素（uncertainty reduction）。此外，内群成员间在社会比较时往往上行比较比下行比较更加有效，这是因为上行比较有利于使个体形成自我提升动机（self-improvement motives）（Taylor et al.，1995）。因此，在上述例子中上行比较之所以能够提高个体在公共品供给中的合作行为，在于个体将公共品供给更多的内群成员视作"标杆"，为了提升群体凝聚力而形成自我提升动机，使自身的行为向"标杆"看齐。社会认同视角下社会比较能够改变合作行为的原因，并非简单地基于对社会规则的强化，而是将塑造群体典型人物、个体群体观念提升等因素与社会比较理论的路径相结合。因而在政策措施上，不单单要强调上行比较的作用，还要树立典型人物，并增强群体的凝聚力，这样才能使上行比较真正发挥作用，有效提升个体在公共品供给中的合作水平。

3.2.2　第二类研究的成果

这类研究主要集中于探讨群体间的社会比较机制下社会认同与合作行为的关系。塔恩和博勒（Tan and Bolle，2007）在实验室实验中利用公共品博弈研究了团队比较、竞争对内群成员间合作行为的影响。实验以大学生作为被试，共有 144 名被试参与实验，分为一个控制组和两个实验组。每场实验 12 人参加，3 个人组成一组，共 4 组；实验包含两个阶段，每个阶段重复进行 10 轮博弈，第一个阶段博弈对象为陌生人，第二个阶段博弈对象为固定搭配的其他被试。具体实验设计为：控制组被试完成公共品博弈；第一个实验组被试完成具有信息反馈的公共品博弈，即小组成员完成决策后可获知自己小组的捐赠额高于或者低于其他组；第二个实验组被试完成具有激励机制的公共品博弈，即捐赠额高的小组将获得更高的投资回报率，捐赠额低的小组则投资回报率低。塔恩和博勒利用了两个实验组，分别研究了比较和竞争对公共品自愿供给的影响。研究表明，在陌生人组合的情况下，单纯的社会比较就能够促进合作行为的发生；在博弈对象固定搭配的情况下，竞争机制有利于促进组内合作，且合作会在多期博弈中持续存在。此外，该研究还发现，在竞争机制下胜利组被试的合作水平会下降。

类似地，伯姆和罗肯巴赫（Böhm and Rockenbach, 2013）研究了内群比较、群体间比较和合作行为的关系，该研究指出，群体间比较虽然有利于提高内群成员在公共品博弈中的供给数量，有利于内群成员间的合作，但是会降低整体的效率。鉴于此，为了利用群体间比较所能带来的内群合作优势并避免其所带来的损失，伯姆和罗肯巴赫设计了一个新的激励机制，即将群体间比较和内群比较相结合。具体地说，实验利用了实验室的研究方法，并在公共品博弈的基础上展开。博弈重复进行 20 期，其中一个实验设计为，被试完成每期博弈后，电脑屏幕上显示博弈组对公共品捐赠的平均值；另外一个实验设计为，被试完成每期博弈后，电脑屏幕上不仅显示博弈组对公共品捐赠的平均值，还会显示另外博弈组对公共品捐赠的平均值。因此，第一个实验设计可度量内群比较产生的合作效应，而第二个实验设计可度量内群比较与群体间比较的合作效应。

除此之外，伯姆和罗肯巴赫还改变了公共品博弈环境，生成了另外两个实验设计。其中一个实验环境为 3 名被试组成一个博弈组，投资边际报酬率为 0.7；另一个实验环境为 4 名被试组成一个博弈组，投资边际报酬率为 0.4。因此，总体来看，该实验共生成了 2×2 的实验设计。研究结果表明，在内群比较和群体间比较均存在的情况下，公共品自愿供给额高于仅存在内群比较的情况，表明新的激励机制有利于促进个体的合作行为。此外，在两种不同的公共品博弈环境下，上述合作关系仍然存在，表明了研究结论的稳健性。在分析了整体合作水平后，研究还证明了个体合作的原因受到内群成员合作与群体间比较双重因素的影响，群体间的比较使个体产生了超越对方群体的动机，从而促进了合作行为的发生。

上述两篇文献研究了群体间比较对个体合作行为的影响，虽然研究结果表明群体间比较对个体内群合作存在一定促进作用，但是在实验设计和理论应用方面存在两个问题。第一个问题，内群、外群成员身份不明确。上述研究中，仅将公共品博弈中被试所处的博弈组视作内群，其余博弈组视作外群，且在随机搭配过程中，内群、外群均在变化。因此，被试并未生成明确的身份或内群概念，也就谈不上群体间比较对内群合作产生影响。第二个问题，社会认同理论中群体间的社会比较之所以能够提高个体对内群身份的认同，是因为在比较过程中个体发现了内群相比外群存在的差别，且这种差别是有利于内群的。反观上述研究，群体间比较的内容是对公共品自愿捐赠的数额，群体间捐赠数额相比引发的结果是否会引起个体对内群身份态度的变化,文中并未论证。换句话说,文中并未证明捐赠数额多的组更容易形成积极的社会身份,而捐赠数额少的组则更容易形成消极的社会身份。鉴于上述研究存在的两个问题,可以说其研究结论存在一定的理论漏洞。

个体进行社会比较是为了形成积极的社会身份,但是,从另外一个方面看,群体间的社会比较必然带来两个结果,即积极的社会身份和消极的社会身份同时存在,等价于将两个群体分为优势组和劣势组。行为和实验经济学在研究社会比较机制下的社会认同与合作行为关系时,有部分研究围绕积极社会身份和消极社会身份展开。

麦克利什和奥克索比(Mcleish and Oxoby, 2007)设计了一个实验室实验,总共有三个阶段。首先,将到场的被试随机分为两个小队,每个小队被试包含5至7名成员。随机分组后将两个小队成员分别带到不同的房间内,并要求每个小队在30分钟内以小队为单位完成30道题目,每个小队成员可以根据答对题目的数目获得收益,且答对题目的数量越多每道题奖励的实验币数量越多,以此形式促进团队内合作,用以形成团队身份。其次,进行实验的第二阶段。由于两个小队在第一阶段的题目并不相同,计时结束后,每个小队均可获得另外小队的题目和答案。而后要求每个小队据此对另外小队打分,打分的依据分别为理解力、创造力、语言能力、综合智力等方面。打分完成后,需要双方进行分数互换,目的在于促进组内观念和组外观念的形成。最后,两个小队被试在同一个实验室实验的环境内进行带有惩罚措施的最后通牒博弈。该实验分为三个实验,参与第一个实验设计的被试全部参与上述三个阶段的实验,参与第二个实验设计的被试完成第一和第三个实验阶段,而参与第三个实验设计的被试同样要求完成上述三个实验阶段,但是在第三个阶段并不包括惩罚措施。实验结果发现,个体更愿意与本小队的成员合作,另外小队的负面评价很弱时会促进小队内成员间的合作,然而,当另外小队的负面评价很强时,小队内的合作水平会下降。另外,如果小队内成员不愿合作,内群合作规则不强或并未形成时,小队内成员间的惩罚程度会更大。

埃伯莱因和沃尔科维茨(Eberlein and Walkowitz, 2008)在晋升博弈(promotion game)中研究了团队身份的积极、消极效应。实验将被试分为一个控制组和两个实验组,三组实验设计均不相同。控制组被试需要完成三个阶段实验。第一个阶段要求被试在规定时间内完成一定数量的计算题,每答对一道题均可获得一定数额的收益。第二个阶段为晋升博弈,要求在场的12名被试每人投票选举出5名被试,这5名被试和其余7名被试的不同之处体现在第三阶段的支付方式上。第三阶段实验内容与第一阶段相同,只是第二阶段选举出的5名被试每人将获得现金奖励,且这5人答对题目的总数会给12人中的每个人带来额外收益。在第二阶段投票前,每个人可获得同场被试中其余11人在第一阶段答对题目的数目,但并不能获知自己答对多少。相比之下,第一个实验组的实验设计与控制组不同之处在于,第一阶段将在场的12名被试分为4个小队,且答对题目总数最多的小队,每个成员将获得现金奖励。第二阶段晋升博弈时,每个人获得的信息不仅包括其余11人在第一阶段答对题目的数目,还包括11人的队别信息。第二个实验组的实验设计与控制组不同之处为,在进行第一阶段前,随机分组后的被试以小队为单位要求进行面对面交流,并完成小队共同任务,用以促进形成小队身份,而后的实验阶段则与第二个实验设计相同。文中利用被试对同队成员的投票与其实际答对题目数的排名作为判定个体是否具有积极团队身份的依据。研究结果表明,面对面交流更有利于形成积极的团队身份;且第二个实验设计表明,简单分组下个体在晋升博弈时更倾向于形成消极的团队身份,由此可见,基于共同任务的面对面互动对于形成积极的团队身份不可或缺。

莫洛佐娃(Morozova,2015)在陈和李(Chen and Li,2009)研究的基础上研究了等级身份对社会偏好的影响[①],估计了等级身份对公平、信任、权利与嫉妒间的作用。该研究利用实验室实验的方法展开,并通过两种方法形成了高等级和低等级两种身份。具体实验分为三个阶段:第一个阶段用以生成等级身份,第二阶段为对他分配博弈(other-other allocations),第三阶段为两人序贯博弈(two-person sequential games)。实验设计包含两个,主要差别在于第一阶段等级生成方式的不同,其中一个实验设计下由被试随机抽签决定自己为高等级组还是低等级组;而另一个实验设计下高等级组、低等级组的分配由被试答对题目的数量决定,答对题目多的被试则为高等级组。在分配完等级身份后,实验员通过采用引导被试为高等级组鼓掌喝彩等方式强化高等级组的优势身份。而后,两个实验组在第二、第三阶段的实验设计均相同。文中将依据个体答题正确率生成的等级身份定义为实至名归(deservedness)的等级身份,将随机生成的等级身份定义为任意的(arbitrariness)等级身份。研究结果表明,在对他分配博弈环节,两个实验组被试中高等级组和低等级组均表现出内群倾向性;此外,两个实验组中,高等级组对低等组的区别对待程度相近似,但是,任意组中,低等级被试对高等级被试区别对待程度比实至名归组更强。而在第三阶段的两人序贯博弈中,

---

① 库宁和缪(Kuhnen and Miu,2017)也研究了社会经济地位对金融知识学习的影响,但并未通过实验设计构造经济地位的等级身份,而是采用被试父母收入及学历等因素作为划分依据,因此,难以排除经济地位等级带来的内生性影响。

也发现了类似的证据，即低等级组对高等级组存在区别对待行为，且区别对待的程度在任意组内更强，但是，两个实验组中，高等级组被试对低等级组被试不存在区别对待行为。

上述三篇文献的研究内容均涉及积极的社会身份和消极的社会身份，但三篇文献的侧重不同，麦克利什和奥克索比（Mcleish and Oxoby，2007）研究的为外群成员对个体社会身份的评价，埃伯莱因和沃尔科维茨（Eberlein and Walkowitz，2008）和莫洛佐娃（Morozova，2015）则侧重研究个体在比较后对自身社会身份产生的正面、负面效应。由于本章将研究社会比较机制下的社会认同与合作行为的关系，因此将借鉴埃伯莱因和沃尔科维茨和莫洛佐娃的研究方法，在小组共同任务后进行小组比较，进而研究优势组和劣势组在合作行为上的群际差异。

根据社会认同理论的基本原理，针对行为和实验经济学对身份认同与合作行为的现有研究成果及不足，本章在设计实验时着重解决了以下问题：

首先是如何生成身份。目前可以借鉴的方法，一是利用被试本身固有的社会身份，二是利用实验设计方法人为构造新的身份，如利用最简群体范式，或是利用博弈环境下的博弈组身份。鉴于本章的研究重点、可行性条件以及强化身份的需要，本章在实验室实验中利用最简群体范式的方法生成不同的群体身份。

其次是如何进行社会比较。社会比较的对象包括内群比较以及群际间比较，由于本章的研究重点为群体身份认同对合作行为的影响，因此，将选择群体间比较作为研究重点。

最后是选择何种比较形式形成积极社会身份和消极社会身份。根据现有研究成果，本章利用小组答题的方法，通过比较不同小组答题正确总数强化比较，用以形成积极的社会身份和消极的社会身份。

3.3 实验设计

本章的实验于 2017 年 6 月在华南师范大学展开，共有 156 名学生被试参与了此次实验，参与实验的学生被试通过互联网及教学楼的招募公告获知实验相关信息，并由实验员根据报名被试的基本信息随机分配到各个实验场地。学生被试的所有操作均在计算机上完成，相应的实验设计则通过 Ztree 软件编写的程序实现（Fischbacher，2007）。实验全程保证匿名性，被试之间不允许相互交流，每场实验有 12 名被试参与，持续时间大约为 45 分钟。整个实验采用真实的现金激励，并在实验结束后对被试即时支付，参与实验的被试均可获得10元出场费，每个人在实验中可获得的总收益由出场费和进行实验决策带来的实验收益两部分共同决定。实验分为四个阶段，每个阶段均有对应的实验说明。第一阶段的实验说明不仅包括实验1的内容，而且包括整个实验的注意事项、实验收益计算方式以及实验币汇率。其中，被试在每个阶段所做的决策均能给其带来实验币收益，按照每个实验币等于0.5元的汇率对被试进行支付。实验说明由实验员在各部分实验正式开始前发放到被试手中，目的是避免被试提前了解后续实验内容，从而干扰被试的正常决策。实验设计由一个控制组和两个实验组构成，下文将对各个实验阶段和实验设计进行详细介绍。

3.3.1 实验的总体设计

3.3.1.1 第一阶段：实验1

被试进入实验室后，首先由被试随机抽取实验说明，并按照实验说明上的编号找到对应的计算机台就座。实验1正式开始之前，实验员要求被试保持安静并仔细阅读实验说明中的注意事项及实验1的相关内容。实验1分为两个部分，第一部分为将在场的12名学生被试随机分为两个小队，分别为红队和蓝队[①]，这一过程由计算机完成，分队结果将显示在每名被试的计算机屏幕上。这部分实验的目的是依据最简群体范式的方法生成两个群体身份，但是并不在分组后进行小队共同任务、互动等活动，其原因在于避免上述因素与社会比较之间相互干扰，准确地分离出社会比较产生的身份认同效应。第二部分要求被试在5分钟内完成30道计算题，每道计算题要求被试求解5个两位数连续相加之和，例如"35+23+50+82+19=　　"，被试每答对1道题均可获得0.6个实验币的收益。实验1结束后，计算机屏幕上不会显示被试在该阶段答对题目的总数及所获得的收益，被试在实验1获得的收益将在实验结束后显示。

3.3.1.2 第二阶段：实验2

在实验2中，在场被试中每3个人组成一组，需要每个人在规定的时间内完成5轮不同情境下的对他分配博弈（other-other allocation），其目的为度量个体对内群成员的偏爱程度，且能够利用该方法强化个体对内群身份的认同。实验2的具体形式与陈和李（Chen and Li, 2009）的实验设计类似。每

[①] 行为和实验经济学领域研究身份问题时，经常利用不同颜色将不同的博弈组加以区分，用以强调群体身份的差异（Eckel and Grossman, 2005; Lankau et al., 2012; Drouvelis and Nosenzo, 2013; Guala et al., 2013; Chowdhury et al., 2016; Guala and Filippin, 2017）。在社会心理学领域，这种仅以颜色区分，但不需要被试参与任何团队共建活动的分组方式称为"近似最简群体范式"（near minimal group paradigm）（Tajfel and Turner, 1979）。

3 社会认同与合作行为——社会比较机制的影响

种情境下被试将拥有一定数量的实验币，需要被试在以下三种组合下将实验币在另外两个人之间进行分配：

（1）另外两个人和自己同属一个小队；

（2）另外两个人均和自己不是一个小队；

（3）另外两个人中，有一个人与自己同属一个小队，另外一个人与自己不是一个小队。

在每轮实验中，被试均需要将实验币在上述三种情形下进行分配，且分配的实验币个数可以保留小数点后一位。实验 2 中，每名被试的收益决定规则如下：首先将在场的被试以 3 人为单位随机组成一组，待所有人完成实验 2 后，计算机会生成随机数，在 5 轮不同情境中选取其中 1 轮进行支付。每个人的收益取决于与其随机组成一组的另外两名成员的决策，并按照 1 实验币 = 0.5 元的汇率换算。举例说明，假设被试来自蓝队，另外两名成员甲和乙分别来自红队和蓝队，且计算机随机抽取第 1 轮进行支付。对于成员甲来说，由于甲来自红队，被试和成员乙均来自蓝队，与甲不同队，故按照成员甲在第 1 轮中的第 2 种情况对被试支付（即上述三种组合中的情况2）。在这种情况下，被试从甲处获得的收益取决于甲在第 2 种情况下填写的两个数值中的一个，具体哪一个取决于计算机的随机选择。对于成员乙来说，由于乙来自蓝队，被试与乙均来自蓝队，成员甲来自红队，与乙不同队，故应该按照成员乙在第 1 轮中的第 3 种情况对被试支付（即上述三种组合中的情况3）。最终，被试的收益由甲在第 1 轮中第 2 种情况下的决策和乙在第 1 轮中第 3 种情况下的决策共同决定。因此，被试在本部分实验中的决策与其自身的收益无关，每个人的决策会影响到他人的收益，同时自己的收益取决于其他人的决策。

假设另外两个人分别为 A 和 B。实验 2 中的 5 轮情境以及每轮情境下的三种不同情况如下所示，且实验 2 结束后，不会显示被试在这部分实验中获得的收益，被试在实验 2 中获得的收益将所有实验结束后显示。

第 1 轮

	A 与您同队		B 与您同队	
1	（ ）	+	（ ）	= 4 实验币

	A 来自另外小队		B 来自另外小队	
2	（ ）	+	（ ）	= 4 实验币

	A 与您同队		B 来自另外小队	
3	（ ）	+	（ ）	= 4 实验币

61

第 2 轮

	A 与您同队		B 与您同队	
1	( )	+	( )	= 8 实验币

	A 来自另外小队		B 来自另外小队	
2	( )	+	( )	= 8 实验币

	A 与您同队		B 来自另外小队	
3	( )	+	( )	= 8 实验币

第 3 轮

	A 与您同队		B 与您同队	
1	( )	+	( )	= 12 实验币

	A 来自另外小队		B 来自另外小队	
2	( )	+	( )	= 12 实验币

	A 与您同队		B 来自另外小队	
3	( )	+	( )	= 12 实验币

第 4 轮

	A 与您同队		B 与您同队	
1	( )	+	( )	= 16 实验币

	A 来自另外小队		B 来自另外小队	
2	( )	+	( )	= 16 实验币

	A 与您同队		B 来自另外小队	
3	( )	+	( )	= 16 实验币

第 5 轮

	A 与您同队		B 与您同队	
1	( )	+	( )	= 20 实验币

	A 来自另外小队		B 来自另外小队	
2	( )	+	( )	= 20 实验币

	A 与您同队		B 来自另外小队		
3	( )	+	( )		= 20 实验币

3.3.1.3 第三阶段：实验3

在这部分实验中，每名被试将和另外一个同学随机组成一组参与公共品博弈，在博弈决策过程中，另外一名同学的队别信息将在计算机屏幕上显示。博弈开始时，每个人分别获得10个实验币，需要两个人共同对某一个公共项目进行投资。对公共项目进行投资后，无论是否有投资，无论投资多少，均会从公共项目中获得相同的投资回报，回报额度为0.7×（双方投资实验币总额）。被试可以选择投资0到10个实验币（必须为整数），如果被试选择投资X个实验币，对方选择投资Y个实验币，则被试可获得的决策收益为$10-X+0.7\times(X+Y)$，对方决策收益为$10-Y+0.7\times(X+Y)$。除此之外，需要每名被试对博弈组内另一名成员的投资额度进行估计，如果估计额是正确的，那么被试将从实验当中收到额外的3个实验币作为决策估计收益。如果估计额和正确的结果差1个点，那么被试将会获得额外的2个实验币作为决策估计收益。而如果估计额和正确结果相差2个点，那么被试会获得额外的1个实验币作为决策估计收益。而如果差额大于3个点或者以上，被试将不能获得额外的实验币，即决策估计收益为0。该估计额只有每个人自己知道，对方无法获悉。因此本部分实验被试可能获得的总收益为决策收益+决策估计收益，实验结束后将按1实验币=0.5元的汇率对被试进行支付。

此外，实验3将重复进行2期，且第1期每名被试将与自己同队的成员组成一组，第2期与被试组成一组的同学则来自另外一个小队。计算机将会随机选择2期中的1期，以此计算每名被试在实验3中的最终收益。实验3结束后，不会显示被试在这部分实验中获得的收益，被试在实验3中获得的收益将在所有实验结束后显示。

3.3.1.4 第四阶段：实验4

在这部分实验中，每名被试将和另外一个同学随机组成一组参与囚徒困境博弈，在博弈决策过程中，另外一名同学的队别信息将在计算机屏幕上显示。现有两个投资方案，分别为方案1和方案2，需要被试和对方在两个方案中进行选择。实验4中每名被试的收益决定规则如下：当小组内两名成员都选择方案1时，两人均可获得10个实验币收益；当小组内两名成员都选择方案2时，两名被试均可获得5个实验币收益；当小组内两名被试中有一人选择方案1，另一人选择方案2时，选择方案1的被试将获得0个实验币收益，选择方案2的被试将获得15个实验币收益。此外，实验4将重复进行2期，且第 1 期每名被试将与自己同队的成员组成一组,第 2 期与被试组成一组的同学则来自另外一个小队。计算机将会随机选择 2 期中的 1 期,以此计算每名被试在实验 4 中的最终收益。实验 4 结束后,不会显示被试在这部分实验中获得的收益,被试在实验 4 中获得的收益将在所有实验结束后显示。

3.3.2 实验组的实验设计

以上便是实验主体的内容,待所有人均完成四个阶段的实验后,将进入问卷环节,问卷的内容包含询问被试基本信息以及测度个体对本小队的认同度。本章的实验设计由一个控制组和两个实验组构成,控制组被试依次完成上述四个实验过程,两个实验组的实验设计在此基础上有所不同,下面将详细介绍。

3.3.2.1 实验组 1:社会比较实验组

社会比较实验组与控制组的差别在于第一阶段实验 1,其余各实验阶段均与控制组相同。实验 1 中,社会比较实验组被试在正式参与实验之前,将被告知完成计算题后,计算机将统计每个小队被试答对题目的数量之和。在计时结束后,计算机屏幕上将显示每个被试所在小队答对题目的总数,对方小队答对题目的总数,以及自己所在小队与另外小队相比是否获胜的信息。被试获知上述信息之后,便准备正式进入实验阶段。这部分实验设计的目的在于,利用群体答对题目总数相比较的方法形成胜利组和失败组,并由此形成积极的社会身份和消极的社会身份。值得注意的是,获胜的小队并不能获得现金收益,目的是将社会比较与竞争相区分。此外,计算机屏幕上只显示被试所在小队答对题目的总数,而不显示每个被试答对题目的数目,目的是加强被试的群体身份感,排除个人答对题目数量对被试自身行为决策可能造成的影响。由于实验组 1 利用两个小队答对题目的总数作为比较内容,以此促进小队成员对本小队身份的认同,且小队间的比较结果直接呈现在每个被试计算机屏幕上,因此,本章将实验组 1 称为社会比较实验组。

3.3.2.2 实验组 2:比较意愿实验组

比较意愿实验组是在社会比较实验组的基础上变化而来的,比较意愿实验组与社会比较实验组的差别在于第一阶段的实验 1,其余的实验阶段均与控制组和社会比较实验组相同。实验 1 中,比较意愿实验组中当被试完成计算题后,同样地计算机将统计每个小队的被试答对题目的数量之和。不同之处在于,在被试进入正式作答环节之前可以自主选择是否查看所在小队答对题目的总数,对方小队答对题目的总数,以及自己所在小队与另外小队相比是否获胜的信息。如果选择查看,那么在计时结束后,计算机屏幕上将显示上述信息；如果选择不查看，那么在计时结束后，计算机将直接跳转到等待界面。实验组2的目的是为了研究被试主观比较意愿对身份认同的影响，因此，本章将实验组2称为比较意愿实验组。

3.3.3 实验设计的注意事项

在现有研究的基础上，本章结合社会认同理论的基本原理进行了相关实验设计，下面对本章实验设计的相关内容、原因及实际操作过程中的注意事项做出进一步说明。

第一，出于对被试社会在场的考虑，本章将每场实验的人数控制在12人，并分为两个小队。这样设计的好处在于避免多个小队的社会在场干扰被试对内群身份的社会认同，而且两个小队的情况更有利于形成群体间的比较，突出比较的效果。另外，由于每个小队包含6名被试，因此，每名被试答对题目的数目对小队是否获胜相对重要，有利于实现社会比较机制下的身份认同。

第二，在本章的一个控制组和两个实验组的实验设计中，被试在公共品博弈阶段和囚徒困境博弈阶段均可获知博弈搭配对象的身份信息。这样设计的好处有两点：一是可以近似模拟现实环境，因为在现实生活中被试在进行合作决策时可以获知对方的社会身份信息；二是通过实验组与控制组的对比，可以准确地分离出社会比较效应。

第三，本章选择利用计算题的方式作为小组共同任务，并以小组答题正确数目作为衡量比较的依据。其好处在于该方法不仅仅是对被试自身能力的度量，还能体现被试的努力程度，而且类似简单的数学测试题目在正确率上不存在性别差异（Niederle and Vesterlund，2007）。事实上，实验经济学中有不少相关研究利用数学计算题的形式形成群体身份认同（Niederle and Vesterlund，2007；Eberlein and Walkowitz，2008；Brookins et al.，2014）。

第四，本章实验利用实验3中的公共品博弈和实验4中的囚徒困境博弈对被试合作行为进行度量，且实验3中被试对搭配对象捐赠额的估计额可以反映其自身的合作信念。在这两部分实验中，博弈组均由两人组成，且每个人均在同队搭配、不同队搭配两种情况下做出决策。如此设计的好处在于：将博弈组调整到两个人的最简形式，有利于排除多人博弈时不同身份可能带来的干扰。此外，这两部分均采用被试内设计，考察同一个被试在同队搭配和不同队搭配时的决策，这有利于排除不同实验组被试异质性的干扰。基于上述两种实验设计方案，实验3和实验4能够准确地度量被试在合作行为上的身份认同差异。需要说明的一点是，公共品博弈和囚徒困境博弈均用于度量被试的合作行为，两者既有联系又有差别。两种博弈的联系之处为，囚徒困境博弈可以视作公共品博弈的一种特殊情况，如果将公共品博弈中被试的选择抽象为两种，即全部投资或搭便车，那么则可将公共品博弈转化为囚徒困境博弈。而两种博弈的差别为，公共品博弈中被试对具体收益未知，但被试在搭便车时至少可以获得初始禀赋对应货币的收益，而被试在囚徒困境博弈的收益为几个确定值，且被试的决策可能给自身带来的潜在损失较大。本章采用两种博弈对被试合作行为进行度量，目的是在不同的博弈环境下研究同一问题。而基于本章中公共品博弈和囚徒困境博弈的博弈结构差异，两种度量合作行为的侧重不同，相比公共品博弈，本章的囚徒困境博弈创造了更不易合作的博弈环境①。

第五，本章中每场实验均有12名被试参与，控制组共展开4场实验共计48名被试参与，社会比较实验组共展开4场共计48名被试参与，比较意愿实验组共展开5场共计60名被试参与。为了避免实验过程中可能出现的顺序效应（order effect），本章在设计实验时采取了以下措施：

首先，在实验2对他分配博弈中每轮情境下三种情况的顺序进行变换。实验2每轮情境下的决策分别为：①另外两个人和自己同属一个小队；②另外两个人均和自己不是一个小队；③另外两个人中，有一个人与自己同属一个小队，另外一个人与自己不是一个小队，变换后每个实验组中有1/3的被试按照①②③顺序进行实验2，另外1/3的被试按照②①③的顺序进行，剩下1/3的被试则按照③①②的顺序进行。

其次，本章实验控制了第三阶段公共品博弈实验和第四阶段囚徒困境博弈实验的顺序，在一个控制组和两个实验组的所有场次中，有一半的场次按照先公共品博弈后囚徒困境博弈的顺序展开，另一半场次则按照相反的顺序。

最后，由于在度量合作行为的群际差异时采取了被试内的实验设计，本章控制了第三阶段公共品博弈实验和第四阶段囚徒困境博弈实验中被试搭配的顺序。经过调整，控制组和实验组的所有场次中，被试在进行公共品博弈和囚徒困境博弈时，有一半被试在第一期与同队成员搭配，在第二期与另外小队成员搭配；另一半被试则反之，即在第一期与另外小队成员搭配，第二期与同队成员搭配。

---

① 可以从两方面看出本章中的囚徒困境博弈比公共品博弈构造了更困难的博弈环境：第一，激励方式。囚徒困境中欺骗决策为帕累托最优，如果被试选择合作决策但对方选择了欺骗决策，那么选择合作的被试在这部分的收益将为0，这对选择欺骗行为具有很强的激励作用。第二，根据格策（Goetze，1994）提出的研究方法，本章公共品博弈中投资的边际个体回报值为0.7，这意味着搭便车行为的激励为0.3；根据文中总结的转换方法，本章囚徒困境博弈中合作行为的边际个体回报值为0.67，等价于欺骗行为的激励为0.33。因此，基于格策的研究方法也可以看出，本章被试在囚徒困境博弈中更难做出合作决策。

以上便是本章的实验设计和具体实施细节。可以发现，通过对比控制组和实验组内被试在面对内群成员、外群成员时的合作行为，能够检验在不同实验环境下被试的社会认同与合作行为间的关系；通过将社会比较实验组与控制组对比，可以发现社会比较影响下身份认同对合作行为的影响，而将比较意愿实验组与控制组对比，则可以发现不同比较意愿的个体其身份认同与合作行为的关系。更进一步，本章的实验设计有助于探讨社会比较所形成的优势群体、劣势群体在对待内群成员与外群成员时合作行为的差异。

3.4 实验结果分析

本节按照对他分配博弈、公共品博弈和囚徒困境博弈的顺序，对控制组和实验组的实验结果进行分析。分析主要围绕两方面进行：一是利用非参检验的方法分别对不同实验组的结果进行样本层面分析，二是利用计量经济学的回归估计方法分析被试个体行为。

3.4.1 对他分配博弈

本章实验的第二部分展开对他分配博弈，目的在于强化被试的队别身份，并度量被试在分配行为上的群际差异。对他分配博弈分为 5 轮，每轮均有三种情况，本章在此报告三种情况中的一种，即分配对象一人与被试同属一个小队，另外一人来自另外一个小队，因为被试在这种情况下的决策更能体现其对自身小队身份的认同程度。表 3-1 至表 3-3 分别为控制组、社会比较实验组、比较意愿实验组被试对他分配博弈中主要变量的描述性统计，以及对内群成员、外群成员分配额分布差异的检验结果。其中，内群分配 1 和外群分配 1 分别代表 5 轮情境中的第 1 轮情境下被试对内群成员的分配额和对外群成员的分配额，依此类推，内群分配 2 和外群分配 2，内群分配 3 和外群分配 3，内群分配 4 和外群分配 4，内群分配 5 和外群分配 5 分别为第 2、3、4、5 轮情境对应情况的分配额。根据表 3-1 至表 3-3 中各变量的描述性统计值可以看出，无论控制组还是社会比较实验组、比较意愿实验组，从均值上看，被试对内群成员的分配额均高于对外群成员的分配额，且这种差异性在 5 轮情境下均成立。再来看两类变量间在统计检验上是否存在差异。鉴于对内群成员分配额与对外群成员分配额均来自同一个被试，本章在此运用 Wilcoxon 符号秩检验，以检测配对样本分布上的差异。由表 3-1 至表 3-3 中的分布差异检验结果可知，无论控制组还是社会比较实验组、比较意愿实验组，且无论 5 轮情境中的哪一种，被试对内群成员的分配额均与对外群成员的分配额存在显著差异。由此可见，在对他分配博弈中被试表现出内群倾向性，且这种群际差异行为是显著的、稳健的，无论哪种分配情境、无论是否有比较结果激励、比较意愿激励，这种内群倾向性均存在，表明个体对内群身份具有明显的认同程度。这一结论与陈和李（Chen and Li, 2009）的研究结论类似，且大多数社会心理学文献中认同理论的研究也得出了相近的结论。

表 3-1　控制组被试对他分配博弈主要变量描述性统计及分布差异检验

变量	观察值	均值	标准差	分布差异检验
内群分配 1	48	2.821	0.761	5.235
外群分配 1	48	1.179	0.761	(0.000)
内群分配 2	48	5.633	1.618	5.068
外群分配 2	48	2.367	1.618	(0.000)
内群分配 3	48	8.031	2.713	4.274
外群分配 3	48	3.969	2.713	(0.000)
内群分配 4	48	11.058	3.517	4.728
外群分配 4	48	4.942	3.517	(0.000)
内群分配 5	48	13.567	4.188	4.440
外群分配 5	48	6.433	4.188	(0.000)

注：分布差异检验采用双边 Wilcoxon 符号秩检验，经该检验可得 z 统计量值，z 值下方括号内为对应的 p 值。

表 3-2　社会比较实验组被试对他分配博弈主要变量描述性统计及分布差异检验

变量	观察值	均值	标准差	分布差异检验
内群分配 1	48	2.783	0.848	4.859
外群分配 1	48	1.217	0.848	(0.000)
内群分配 2	48	5.394	1.691	4.566
外群分配 2	48	2.606	1.691	(0.000)
内群分配 3	48	8.067	2.617	4.621
外群分配 3	48	3.933	2.617	(0.000)
内群分配 4	48	10.367	3.762	3.850
外群分配 4	48	5.633	3.762	(0.000)

续表

变量	观察值	均值	标准差	分布差异检验
内群分配 5	48	13.565	4.211	4.852
外群分配 5	48	6.435	4.211	(0.000)

注：分布差异检验采用双边 Wilcoxon 符号秩检验，经该检验可得 z 统计量值，z 值下方括号内为对应的 p 值。

表 3-3　比较意愿实验组被试对他分配博弈主要变量描述性统计及分布差异检验

变量	观察值	均值	标准差	分布差异检验
内群分配 1	60	2.920	0.733	6.201
外群分配 1	60	1.080	0.733	(0.000)
内群分配 2	60	5.752	1.629	5.748
外群分配 2	60	2.248	1.629	(0.000)
内群分配 3	60	8.372	2.617	5.478
外群分配 3	60	3.628	2.617	(0.000)
内群分配 4	60	10.983	3.391	5.326
外群分配 4	60	5.017	3.391	(0.000)
内群分配 5	60	13.773	4.350	5.267
外群分配 5	60	6.227	4.350	(0.000)

注：分布差异检验采用双边 Wilcoxon 符号秩检验，经该检验可得 z 统计量值，z 值下方括号内为对应的 p 值。

图 3-1 至图 3-3 分别展示了控制组被试、社会比较实验组被试和比较意愿实验组被试在 5 轮不同情境下对内群成员、外群成员的分配额，从这些图形可以直观地看出个体分配行为的群际差异。

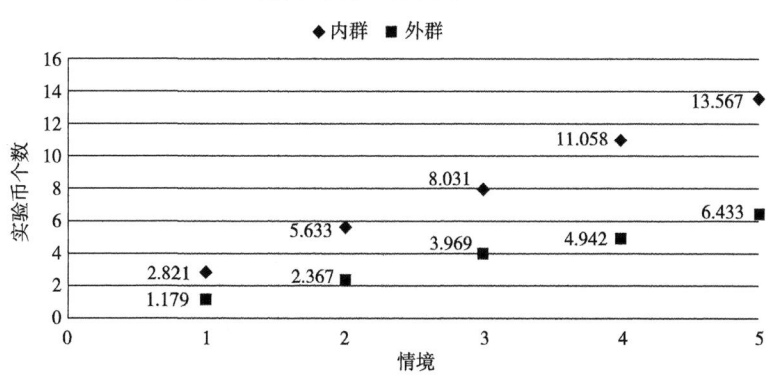

图 3-1　控制组被试对他分配结果

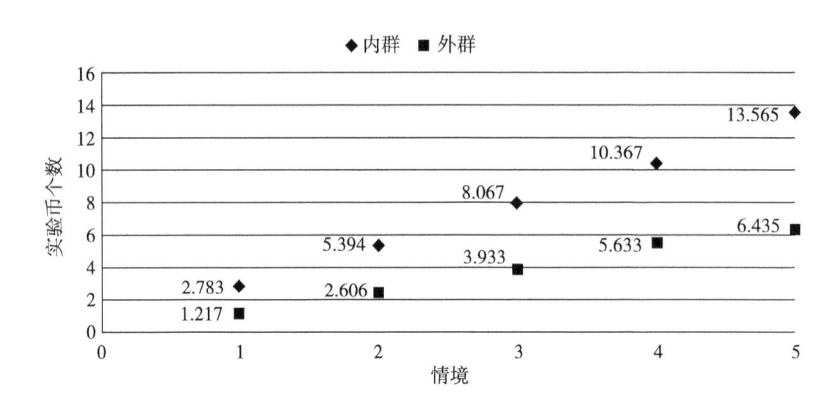

图 3-2　社会比较实验组被试对他分配博弈实验结果

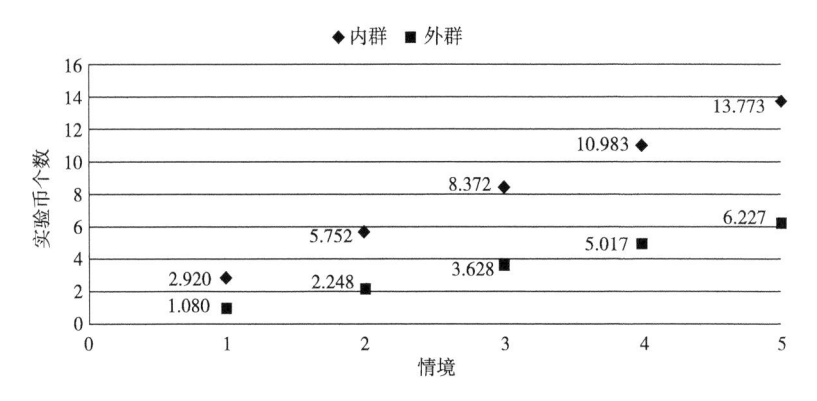

图 3-3　比较意愿实验组被试对他分配博弈实验结果

3.4.2 公共品博弈

公共品博弈用以研究个体在公共品自愿供给中的合作行为。个体对内群成员、外群成员的合作行为是否具有差异，社会比较以及个体比较意愿又是否会改变个体对内群成员、外群成员的合作行为，下述研究结果将给出答案。

3.4.2.1 描述性统计及样本分布差异

无论控制组，还是社会比较实验组、比较意愿实验组，在公共品博弈中被试均在两种情况下做出决策，两种情况分别为内群成员搭配与外群成员搭配。表 3-4 中分别列举了控制组被试、社会比较实验组被试以及比较意愿实验组被试在公共品博弈中捐赠额、估计额的描述性统计信息。其中，内群捐赠、外群捐赠、内群估计、外群估计四个变量分别指公共品博弈中被试与内群成员搭配时的捐赠额、与外群成员搭配时的捐赠额、对内群成员捐赠额的估计额、对外群成员捐赠额的估计额。由表 3-4 可知，从均值上看，无论控制组（4.479>2.813）、社会比较实验组（5.021>4.125）还是比较意愿实验组（5.450>4.600），被试在与内群成员搭配时的公共品自愿供给额均高于与外群成员搭配时的情形。估计额的描述性统计信息表明了相似的结果，即从均值上看，无论控制组（5.188>3.833）、社会比较实验组（5.250>4.208）还是比较意愿实验组（6.100>4.783），被试对内群成员捐赠额的估计额均高于对外群成员捐赠额的估计额。再从统计检验上看两者是否存在差异，由于需要检验同一个被试在两种不同搭配组合上的差异是否存在，这里利用Wilcoxon符号秩检验。由表3-4中的分布差异检验结果可知，无论控制组（z=3.950，p-value=0.000），还是社会比较实验组（z=2.169，p-value=0.030）、比较意愿实验组（z=2.796，p-value=0.005），被试在与内群成员搭配、外群成员搭配时其对公共品的捐赠额均存在显著差异。估计额的分布具有类似的差异，即控制组（z=3.707，p-value=0.000）、社会比较实验组（z=3.244，p-value=0.001）以及比较意愿实验组（z=3.756，p-value=0.000）三组被试，均表现出对内群成员捐赠额的估计额高于对外群成员捐赠额的估计额。由此可见，在公共品博弈中，被试与内群成员搭配时相比外群成员搭配捐赠额更高，即被试更愿意与内群成员合作。此外，这种合作行为的内群倾向性在社会比较实验组和比较意愿实验组中均存在，表明在公共品博弈中，被试在合作行为上的内群倾向具有稳健性。从估计额上看，被试对内群成员捐赠额的估计额也显著高于外群成员，且这种估计额的群际差异在社会比较实验组、比较意愿实验组中同样存在，表明个体在合作信念上的群际差异同样具有稳健性。

表3-4 控制组和实验组被试公共品博弈主要变量描述性统计及分布差异检验

组别	变量	观察值	均值	标准差	分布差异检验
控制组	内群捐赠	48	4.479	3.202	3.950 (0.000)
	外群捐赠	48	2.813	2.447	
	内群估计	48	5.188	2.549	3.707 (0.000)
	外群估计	48	3.833	2.234	
社会比较实验组	内群捐赠	48	5.021	3.186	2.169 (0.030)
	外群捐赠	48	4.125	3.233	
	内群估计	48	5.250	2.401	3.244 (0.001)
	外群估计	48	4.208	2.240	
比较意愿实验组	内群捐赠	60	5.450	3.539	2.796 (0.005)
	外群捐赠	60	4.600	3.264	

续表

组别	变量	观察值	均值	标准差	分布差异检验
比较意愿实验组	内群估计	60	6.100	2.516	3.756 (0.000)
	外群估计	60	4.783	2.768	

注：分布差异检验采用双边 Wilcoxon 符号秩检验，经该检验可得 z 统计量值，z 值下方括号内为对应的 p 值。

公共品博弈中，控制组、社会比较实验组和比较意愿实验组被试与内群成员、外群成员搭配时捐赠额的均值，对内群成员、外群成员捐赠额估计额的均值如图 3-4 所示，从图中可以直观地看出被试对待内群成员与外群成员的差异。

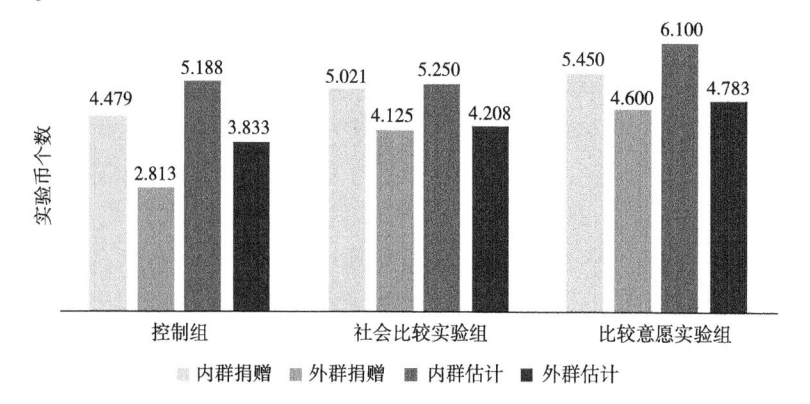

图 3-4 公共品博弈中控制组、实验组被试的捐赠额和估计额

社会比较组被试通过参与小队间比较，可以将红、蓝两个小队分为胜利组和失败组，由此便可形成积极的社会身份和消极的社会身份。比较意愿实验组被试通过被试主观选择是否参与比较，可以将被试分为参与比较组和不参与比较组，由此可以度量被试比较意愿的强弱所能产生的实验效应。表 3-5 中分别列举了社会比较胜利组被试、社会比较失败组被试在公共品博弈中捐赠额、估计额的描述性统计信息。由表 3-5 可知，社会比较胜利组中虽然被试与内群成员搭配时对公共品捐赠额更高（4.833>3.833），但是在 Wilcoxon 符号秩检验下两者并不存在显著差异（$z=1.459$，p-value$=0.145$）；同样地，社会比较失败组中虽然被试与内群成员搭配时对公共品捐赠额更高（5.208>4.417），但是在 Wilcoxon 符号秩检验下两者也不存在显著差异（$z=1.598$，p-value$=0.110$）。因此，无论社会比较胜利组还是社会比较失败组，公共品博弈中合作行为的群际差异均不存在，即在合作行为上，胜利组被试和失败组被试对待内群成员、外群成员的区分度不存在显著差异。但是，表 3-4 中

所示社会比较实验组被试合作行为的群际差异显著存在（z=2.169，p-value=0.030）。基于上述两方面证据，可以做出推测：社会比较机制下胜利组、失败组形成的积极社会身份、消极社会身份会改变个体对待内群成员的社会认同和外群偏爱（out-group favorism）①，进而降低个体合作行为的群际差异。而对于该推测的检验，以及胜利组积极社会身份效应、失败组消极社会身份效应两者是否真实存在，后文中报告的分析结果将给出答案。相比之下，表3-5中社会比较胜利组被试（5.250>4.083）和社会比较失败组被试（5.250>4.333）对内群成员捐赠额的估计额均高于外群成员，且在Wilcoxon符号秩检验下两者在分布上存在显著差异（z=2.508，p-value=0.012；z=2.092，p-value=0.036），因此，社会比较胜利组和社会比较失败组被试在对内群成员、外群成员的合作信念上同样存在群际差异。

表 3-5 社会比较胜利组、失败组被试公共品博弈主要变量描述性统计及分布差异检验

组别	变量	观察值	均值	标准差	分布差异检验
社会比较胜利组	内群捐赠	24	4.833	3.559	1.459 (0.145)
	外群捐赠	24	3.833	3.345	
	内群估计	24	5.250	2.923	2.508 (0.012)
	外群估计	24	4.083	2.620	
社会比较失败组	内群捐赠	24	5.208	2.828	1.598 (0.110)
	外群捐赠	24	4.417	3.161	
	内群估计	24	5.250	1.800	2.092 (0.036)
	外群估计	24	4.333	1.834	

注：分布差异检验采用双边Wilcoxon符号秩检验，经该检验可得z统计量值，z值下方括号内为对应的p值。

再来看比较意愿实验组中参与比较组被试以及不参与比较组被试在公共品博弈中的捐赠额、估计额，表3-6中分别列举了两者的描述性统计信息。无论参与比较组（5.063>4.000）还是不参与比较组（5.893>5.286），被试在与内群成员搭配时其对公共品的捐赠额均高于与外群成员搭配时的情形，且从分布上看，二者也存在显著差异（z=1.923，p-value=0.055；z=2.003，

---

① 社会认同理论指出，在一定条件下，个体对待外群成员可能会产生外群偏爱，其原因出于对群际流动性等因素的考虑，本章结论部分会对这一问题进行详细阐述。根据定义，社会认同是指个体对待内群成员时表现出的情感价值意义，因此，个体对待外群成员时不会产生社会认同，但是可能具备一定程度的外群偏爱。

p-value = 0.045)。类似地，参与比较组（6.188＞4.375）和不参与比较组（6.000＞5.250）被试对内群成员捐赠额的估计额也高于外群成员，且两者间在分布上也存在显著差异（z = 3.496，p-value = 0.000；z = 1.880，p-value = 0.060）。因此，基于表3-6报告的结果可知，比较意愿实验组中愿意参与比较的被试与不愿意参与比较的被试，在合作行为和合作信念上均存在内群倾向性，即两组被试均与内群成员的合作水平更高，且更愿意与内群成员合作。

表3-6 参与比较组、不参与组被试公共品博弈主要变量描述性统计及分布差异检验

组别	变量	观察值	均值	标准差	分布差异检验
参与比较组	内群捐赠	32	5.063	3.793	1.923 (0.055)
	外群捐赠	32	4.000	3.321	
	内群估计	32	6.188	2.416	3.496 (0.000)
	外群估计	32	4.375	2.612	
不参与比较组	内群捐赠	28	5.893	3.236	2.003 (0.045)
	外群捐赠	28	5.286	3.113	
	内群估计	28	6.000	2.667	1.880 (0.060)
	外群估计	28	5.250	2.914	

注：表格中数据为双边 Wilcoxon 秩和（Mann-Whitney）检验的 z 统计量，z 值下方括号内为对应的 p 值。

图3-5分别展示了社会比较胜利组、社会比较失败组、参与比较组与不参与比较组，四组被试在公共品博弈中的捐赠额和估计额，从图中可以直观地看出不同实验组被试在合作行为与合作信念上的差异。

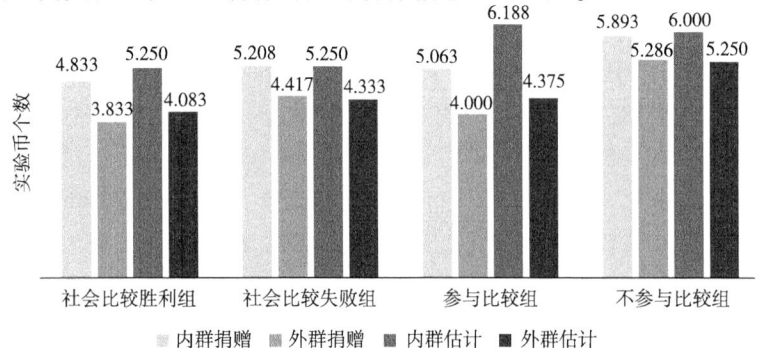

图3-5 公共品博弈中社会比较胜利组与失败组，参与比较组与不参与比较组的捐赠额和估计额

上文基于被试内的实验设计，分析了控制组、社会比较实验组及对应的社会比较胜利组、社会比较失败组，比较意愿实验组及对应的参与比较组、不参与比较组在合作行为和合作信念上的群际差异。结果表明，个体在合作行为和合作信念上表现出社会认同，即更愿意与内群成员合作，且与内群成员合作水平更高。但是，社会比较胜利组和社会比较失败组在合作行为上的群际差异并不显著，意味着比较结果带来的胜负效应会改变个体的社会认同与对待外群的态度。那么，问题来了，这种比较胜负效应是否真实存在呢？另外，比较意愿实验组中参与比较组与不参与比较组虽然都表现出合作行为的群际差异，但合作行为群际差异的存在不代表个体社会认同与外群偏爱不产生变化，那么，比较意愿是否也会改变个体与内群成员、外群成员的合作行为呢？为了解释上述问题，本章接下来对比实验组和控制组的实验结果，检验实验效应（treatment effect）是否存在。

首先来看社会比较实验组以及比较后产生的胜利组、失败组的实验效应。表 3-7 中列举了社会比较实验组、社会比较胜利组与社会比较失败组各主要变量与控制组相比的检验结果。根据检验结果的显著性以及表 3-4 中的描述性统计信息，可以判断社会比较效应、积极社会身份效应以及消极社会身份效应产生的影响。为了检验实验组与控制组的差异，在此利用 Wilcoxon 秩和（Mann-Whitney）检验。检验结果表明，社会比较实验组被试与外群成员搭配时的捐赠额高于控制组被试（4.125>2.813），且两者的分布在 5% 的显著水平上存在差异（$z=2.118$，$p\text{-value}=0.034$）；其余各主要变量中，虽然相比控制组被试，社会比较实验组被试在与内群成员搭配时捐赠额更高（5.021>4.479；$z=0.968$，$p\text{-value}=0.3333$），对内群成员捐赠额的估计额（5.250>5.188；$z=0.325$，$p\text{-value}=0.746$）以及对外群成员捐赠额的估计额（4.208>3.833；$z=0.717$，$p\text{-value}=0.474$）均更高，但是两者的差异并不显著。

表 3-7　公共品博弈中社会比较实验组实验效应统计检验

捐赠与估计	社会比较实验组 vs 控制组	社会比较胜利组 vs 控制组	社会比较失败组 vs 控制组
内群捐赠	0.968 (0.333)	0.606 (0.545)	0.976 (0.329)
外群捐赠	2.118 (0.034)	1.272 (0.204)	2.191 (0.029)
内群估计	0.298 (0.766)	0.164 (0.869)	0.325 (0.746)

续表

捐赠与估计	社会比较实验组 vs 控制组	社会比较胜利组 vs 控制组	社会比较失败组 vs 控制组
外群估计	0.403 (0.687)	-0.055 (0.956)	0.717 (0.474)

注：表中数据为双边 Wilcoxon 秩和（Mann-Whitney）检验的 z 统计量，z 值下方括号内为对应的 p 值。

上述研究结果表明，社会比较机制下个体会提高外群偏爱水平，相应地增加与外群成员的合作水平。这种外群偏爱从何而来，是否与比较后产生的胜利效应与失败效应有关呢？表 3-7 中报告的结果给出了答案。结合表 3-4、表 3-5 中的描述性统计信息将社会比较胜利组与社会比较失败组各主要变量与控制组对比发现，社会比较失败组被试与外群成员搭配时其捐赠额在 5% 的显著水平上高于控制组被试（4.417>2.813；z=2.191，p-value=0.029），社会比较胜利组与失败组其余各主要变量与控制组相比则不存在显著差异。根据上述分析结果，可以得出结论：社会比较机制下被试会提高对外群成员身份的偏爱，表现出与外群成员更高的合作水平。而导致这种外群偏爱出现的原因来自比较失败组，因为比较胜利组的外群合作水平并未发生显著变化。图 3-6 以公共品博弈中各主要变量为分类标准，展示了控制组、社会比较实验组、社会比较胜利组与社会比较失败组相互间的差异。从图 3-6 中可以直观地看出，相比控制组被试，社会比较失败组被试与外群成员搭配时捐赠额有明显提升。这个研究结论恰能回答上文中发现的问题，即社会比较胜利组

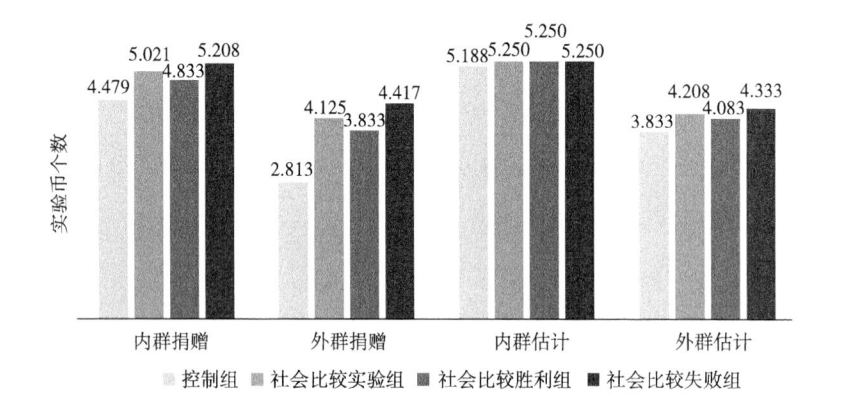

图 3-6 公共品博弈中控制组、社会比较实验组
及其中的胜利组、失败组的捐赠额和估计额

和失败组被试在合作行为上为什么不存在显著的群际差异。对此的解释是，社会比较下失败组产生的消极的社会身份，会提升个体的外群偏爱，促使与外群成员合作水平的提升，因此，会使合作行为的群际差异弱化。而社会比较胜利组被试相比控制组，虽然在内群合作水平与外群合作水平上不存在显著变化，但从图3-6中可知，从绝对量上看，社会比较胜利组被试与内群成员（4.833>4.479）、外群成员（3.833>2.813）合作水平均有所上升，且与外群成员合作的水平上升更高，因此，胜利组效应弱化了合作行为的群际差异。基于上述分析，社会比较以及由此产生的积极社会身份、消极社会身份会对个体的合作行为产生一定影响。

再来看比较意愿实验组以及根据被试自主选择是否参与比较后生成的参与比较组、不参与比较组的实验效应。表3-8中列举了比较意愿实验组、参与比较组与不参与比较组各主要变量与控制组相比的检验结果，根据检验结果的显著性，可以判断比较意愿效应、参与比较效应以及不参与比较效应产生的影响。为了检验实验组与控制组的差异，在此利用 Wilcoxon 秩和（Mann-Whitney）检验。结合表3-4、表3-6中的描述性统计信息检验结果表明，相比控制组，比较意愿实验组被试与外群成员搭配时捐赠额更高（4.600>2.813），且两者的分布在1%的显著水平下存在差异（$z=3.046$, p-value$=0.002$）；比较意愿实验组被试对内群成员捐赠额的估计额也高于控制组被试（6.100>5.188），且两者的分布在5%的显著水平下存在差异（$z=2.048$, p-value$=0.041$）；对于其余两个变量，虽然比较意愿实验组被试相比控制组被试，与内群成员搭配时捐赠额更高（5.450>4.479；$z=1.548$, p-value$=0.122$），对外群成员捐赠额的估计额也更高（4.783>3.833；$z=1.591$, p-value$=0.112$），但这种差异并不存在显著性。比较意愿实验组被试相比控制组被试表现出的与外群成员合作水平提升、与内群成员合作信念的提升是否与比较意愿实验组被试的比较意愿有关，或者说参与比较实验组与不参与比较实验组是否会表现出类似的差异性呢？表3-8中报告的分析结果给出了答案。将参与比较组与不参与比较组的各主要变量与控制组对比发现，参与比较组被试与外群成员搭配时其捐赠额在10%的显著水平上高于控制组被试（4.000>2.813；$z=1.693$, p-value$=0.090$），且在10%的显著水平上参与比较组被试对内群成员捐赠额的估计额高于控制组被试（6.188>5.188；$z=1.751$, p-value$=0.080$）。相比之下，对于不参与比较组被试来说，当与内群成员搭配时，其捐赠额在10%的显著水平上高于控制组被试（5.893>4.479；$z=1.838$, p-value$=0.066$），当与外群成员搭配时，其捐赠额在1%的显著水平上高于控制组被试（5.286>2.813；$z=3.466$, p-value$=0.001$）。

此外，不参与比较组在估计额上也表现出与控制组被试的差异性，即不参与比较组被试对内群成员捐赠额的估计额在10%的显著水平上高于控制组被试（6.000>5.188；z=1.652，p-value=0.099），对外群成员捐赠额的估计额在5%的显著水平上也高于控制组被试（5.250>3.833；z=2.152，p-value=0.031）。

表3-8 公共品博弈中比较意愿实验组实验效应统计检验

捐赠与估计	比较意愿实验组 vs 控制组	参与比较组 vs 控制组	不参与比较组 vs 控制组
内群捐赠	1.548 (0.122)	0.787 (0.431)	1.838 (0.066)
外群捐赠	3.046 (0.002)	1.693 (0.090)	3.466 (0.001)
内群估计	2.048 (0.041)	1.751 (0.080)	1.652 (0.099)
外群估计	1.591 (0.112)	0.574 (0.566)	2.152 (0.031)

注：表中数据为双边Wilcoxon秩和（Mann-Whitney）检验的z统计量，z值下方括号内为对应的p值。

根据上述分析结果，可以得出结论：比较选择机制下被试会提高对外群成员身份的偏爱，从而与外群成员的合作水平更高；而被试对内群成员捐赠额的估计额更高，表明比较选择机制下被试对内群成员具有更高的合作信念。根据比较意愿实验组被试的比较意愿，将被试分为参与比较组和不参与比较组，对这两个组分析可知，比较意愿实验组表现出合作行为的外群偏爱与合作信念上的社会认同与被试的主观比较意愿有关：参与比较组被试表现出与比较意愿实验组被试同样的特征，即更愿意与外群成员合作，并对内群成员的合作信念更强；不参与比较组被试不仅表现出与比较意愿实验组被试相同的特征，还对内群成员表现出更高的合作水平、对外群成员表现出更高的合作信念。从图3-7可以直观地看出比较意愿实验组以及参与比较组和不参与比较组各主要变量相比控制组的变化。如图3-7各实验组所示，不参与比较组表现出了很强的特性，其对内群成员与外群成员的合作水平、与内群成员及外群成员的合作信念均显著高于控制组。此外，不参与实验组被试对内群成员、外群成员的合作信念与其自身的合作行为相一致，即对内群成员（外群成员）捐赠额的估计额越高，相应地其与内群成员（外群成员）搭配时对公共品捐赠额也越高。从均值上看，不参与比较实验组对内群成员、外群成员捐赠水平，与外群成员的合作信念均高于参与比较组，与内群成员的合作信念也与参与比较组近似相等，由此可以看出，被试的主观比较意愿确实能够改变被试的社会认同与外群偏爱，进而引起合作行为的改变。

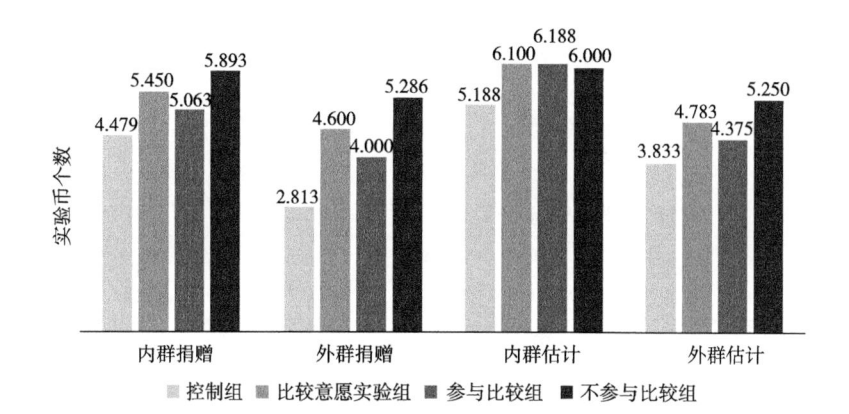

图 3-7 公共品博弈中控制组、比较意愿实验组及其中的参与
比较组、不参与比较组的捐赠额和估计额

3.4.2.2 计量模型及回归分析

以上便是以控制组及不同实验组为单位，通过同组内被试对比与不同组之间对比所得的研究结论。下面本章利用计量模型进行回归分析，从个体层面检验个体合作行为的群际差异、社会比较机制的实验效应，以及比较选择机制的实验效应是否真实存在。此外，通过计量模型的构建，也可以对社会比较机制下的胜利效应、失败效应，以及比较选择机制下的参与比较效应、不参与比较效应进行量化分析。

为了研究个体在与内群成员、外群成员搭配时，其自身合作行为和合作信念的差异，本章进行以下计量分析。在表 3-9 中，变量捐赠额和变量估计额分别指公共品博弈中被试对公共品的捐赠额和对博弈搭配对象捐赠额的估计额；内群为虚拟变量，当被试与同属一个小队的成员搭配时，内群的值为 1，当被试与另外一个小队的成员搭配时，内群的值为 0；控制变量包括被试的性别信息以及专业信息[①]。鉴于公共品博弈将重复进行两期，每期决策相互

[①] 其中性别变量为虚拟变量，当其值为 1 时，代表男性；其值为 0 时，代表女性。专业变量为数值型变量，其取值为 1 至 13，分别对应经济学、管理学、法学、哲学、教育学、历史学、理学、工学、农学、医学、新闻学、文学及其他专业。本章后续计量模型及第 4 章、第 5 章模型中控制变量的含义均与此相同，后文不再赘述。

独立，且捐赠额和估计额两个变量的值均在 0~10 之间变化，本章将利用面板数据随机效应 Tobit 模型，依据控制组、社会比较实验组和比较意愿实验组的实验结果分别进行估计。回归结果如表 3-9 所示。

表 3-9 控制组、社会比较实验组、比较意愿实验组被试面板 Tobit 回归方程

解释变量	被解释变量					
	控制组		社会比较实验组		比较意愿实验组	
	捐赠额	估计额	捐赠额	估计额	捐赠额	估计额
内群	0.935***	1.054***	0.522**	0.792***	0.376**	0.895***
	(0.248)	(0.305)	(0.210)	(0.218)	(0.159)	(0.277)
性别	-0.680	-0.708	-0.675	0.143	-0.115	0.225
	(0.447)	(0.474)	(0.448)	(0.522)	(0.389)	(0.419)
专业	-0.025	0.072	0.055	0.131**	-0.025	0.012
	(0.061)	(0.064)	(0.052)	(0.058)	(0.048)	(0.052)
观察值	96	96	96	96	120	120
瓦尔德卡方	19.02	15.07	10.08	19.01	6.69	11.07
对数似然	-204.162	-210.598	-210.966	-195.570	-263.085	-273.818
左/右归并观察值	25/6	12/5	18/10	9/4	20/20	7/16

注：①每个系数对应着两行数据，第一行数据为平均边际效应值，根据回归模型中各解释变量估计值计算所得；第二行括号内数值表示聚类到两人博弈小组层面的稳健标准误。

②*，**，*** 分别表示变量估计值在 10%，5% 和 1% 的显著性水平显著。

由回归结果可知，无论控制组、社会比较实验组还是比较意愿实验组，个体与内群成员搭配时对公共品的捐赠额均显著高于与外群成员搭配时的情形；同样地，控制组、社会比较实验组和比较意愿实验组三组被试，其对内群成员捐赠额的估计额也显著高于对外群成员捐赠额的估计额。上述回归结果表明：被试在合作行为与合作信念上均存在群际差异，被试与内群成员的合作水平更高，且与内群成员的合作信念更强；此外，从整体上看，在社会比较机制与比较选择机制作用下，被试仍然会表现出上述特性。表 3-9 模型的回归结果所得结论与表 3-4 所反映的结论相同，表明这种合作行为、合作信念的群际差异性不仅体现在群体层面，也反映在个体决策层面。从表 3-9 中还可以观测出另外一个现象：社会比较实验组和比较意愿实验组的回归结果中，内群变量系数的估计值均小于控制组（0.522<0.935；0.376<0.935）。这个结果表明，社会比较实验组、比较意愿实验组被试对公共品捐赠额的内、外群差异均小于控制组被试。这意味着虽然合作行为的群际差异在社会比较

机制、比较选择机制下存在，但社会比较机制、比较选择机制会弱化这种差异。前文中，来自表3-5的证据也表明，社会比较机制下胜利组和失败组被试在合作行为上均不存在群际差异；表3-7、表3-8的证据也表明，从群体层面上看，社会比较及其对应的胜利效应、失败效应，比较意愿及其对应的参与比较效应、不参与比较效应会改变被试的内群认同与外群偏爱，进而会引起与内群成员、外群成员合作行为的变化。

为了从个体层面进一步研究社会比较和比较意愿的实验效应，本章将构造新的计量模型，通过将实验组数据与控制组数据对比实现研究目的。

为了研究社会比较以及比较引发的胜负效应，本章展开以下计量分析。在表3-10和表3-11中，被解释变量内群捐赠是指被试在公共品博弈中与本小队成员搭配时对公共品的捐赠额。社会比较实验组是虚拟变量，当其值为1时，表明被试来自社会比较实验组；当其值为0时，表明被试来自控制组。获胜也为虚拟变量，当其值为1时，表明被试在比较游戏中获胜，即代表社会比较实验组中的胜利组被试；当其值为0时，表明被试在比较游戏中失败，或没有参与比较游戏，即代表社会比较实验组中的失败组和控制组被试。控制变量包括被试的性别信息以及专业信息。因此，在表3-10中对社会比较实验组变量的估计值可以用于量化社会比较效应对被试合作行为的影响；相比之下，在表3-11中对社会比较实验组变量的估计值则可以用于量化社会比较失败组效应对被试合作行为的影响，而对社会比较实验组变量和获胜变量的估计值相加之和可用于估计社会比较胜利组被试的合作效应，获胜变量的估计值可用于计量社会比较胜利组和失败组被试在合作行为上的差异。对于被试的外群合作行为，以及内、外群合作信念的计量分析模型，只是将被解释变量分别替换为外群捐赠额、内群估计额、外群估计额，在此不做赘述。鉴于在公共品博弈中，被试对公共品捐赠额以及对搭配对象捐赠额的估计额均在0~10的范围内，本章利用Tobit模型对上述模型进行估计。

表3-10 公共品博弈中社会比较效应回归分析

解释变量	被解释变量			
	内群捐赠	外群捐赠	内群估计	外群估计
社会比较实验组	0.209 (0.406)	0.704* (0.373)	−0.386 (0.427)	0.184 (0.415)
性别	−0.486 (0.401)	−0.930*** (0.350)	0.070 (0.461)	−0.641 (0.464)
专业	0.038 (0.046)	0.015 (0.042)	0.131*** (0.048)	0.070 (0.047)

续表

解释变量	被解释变量			
	内群捐赠	外群捐赠	内群估计	外群估计
观察值	96	96	96	96
伪 R^2	0.007	0.026	0.015	0.013
伪对数似然	−225.939	−209.079	−216.824	−208.628
左/右归并观察值	15/13	28/3	8/7	13/2

注：①每个系数对应着两行数据，第一行数据为平均边际效应值，根据回归模型中各解释变量估计值计算所得，第二行括号内数值表示聚类到两人博弈小组层面的稳健标准误。

② *，**，***分别表示变量估计值在10%，5%和1%的显著性水平显著。

表 3-11　公共品博弈中社会比较实验组胜负效应回归分析

解释变量	被解释变量			
	内群捐赠	外群捐赠	内群估计	外群估计
社会比较实验组	0.315 (0.453)	0.896** (0.438)	−0.412 (0.462)	0.282 (0.440)
获胜	−0.210 (0.407)	−0.374 (0.533)	0.052 (0.419)	−0.194 (0.554)
性别	−0.495 (0.402)	−0.950*** (0.338)	0.072 (0.458)	−0.651 (0.463)
专业	0.038 (0.046)	0.014 (0.042)	0.131*** (0.048)	0.070 (0.047)
观察值	96	96	96	96
伪 R^2	0.008	0.027	0.015	0.013
伪对数似然	−225.844	−208.766	−216.819	−208.561
左/右归并观察值	15/13	28/3	8/7	13/2
胜利组实验效应	0.105 (0.06) 0.815	0.522 (1.12) 0.293	−0.36 (0.52) 0.474	0.088 (0.03) 0.874

注：①每个系数对应着两行数据，第一行数据为平均边际效应值，根据回归模型中各解释变量估计值计算所得，第二行括号内数值表示聚类到两人博弈小组层面的稳健标准误。

②胜利组实验效应中三个数分别为效应大小、F 值以及 P 值。

③ *，**，***分别表示变量估计值在10%，5%和1%的显著性水平显著。

3 社会认同与合作行为——社会比较机制的影响

表 3-10 和表 3-11 分别报告了社会比较实验组的实验效应,以及比较结果所产生的胜利组效应和失败组效应。表 3-10 中的回归结果表明,相比于控制组,社会比较实验组被试在与另外小队成员搭配时对公共品的捐赠额会增加 0.704 个实验币,且这一估计值在 10% 水平上显著,说明社会比较的实验效应会提升被试对外群成员的偏爱,表现出与外群成员更高的合作水平。这一结论与表 3-7 中样本间对比的结果相一致,说明无论从群体层面还是从个体层面看,社会比较效应均能够提升个体的外群合作水平。至于社会比较所产生的胜负效应,表 3-11 中报告的回归结果表明,比较结果产生的失败效应对于被试的外群合作行为具有影响:当被试与另外小队成员搭配时,失败组被试对公共品捐赠额比控制被试多 0.896 个实验币,且这一差异在 5% 的水平上显著;相比之下,比较胜利组被试在与外群成员搭配时,虽然比控制组多捐赠 0.522 个实验币,但是这一差异并不显著(p-value=0.293)。表 3-11 中比较失败组产生的外群合作效应与表 3-7 中报告的结果相同,无论是基于实验组与控制组的对比,还是基于个体分析,均表明比较失败效应会提高个体外群偏爱,进而促使被试提高与外群成员的合作水平。基于上文分析结果,可以得出结论:社会比较机制之所以能促进个体外群合作,原因在于社会比较失败组效应。本章的研究发现,社会比较失败组所产生的消极的社会身份,会提高被试的外群偏爱,增加外群合作行为。

更进一步,为了研究比较意愿以及是否参与比较的实验效应,本章进行以下计量分析。在表 3-12 和表 3-13 中,被解释变量内群捐赠是指被试在公共品博弈中与同小队成员搭配时对公共品的捐赠额。比较意愿实验组是虚拟变量,当其值为 1 时,表明被试来自比较意愿实验组;当其值为 0 时,表明被试来自控制组。获取胜负信息也为虚拟变量,当其值为 1 时,表明被试在比较意愿实验组中选择获取小队间比较胜负结果的信息,即代表比较意愿实验中的参与比较组被试;当其值为 0 时,表明被试在比较意愿实验组中选择不获取小队间比较胜负结果的信息,或没有参与比较游戏,即代表比较意愿实验组中的不参与比较组和控制组被试。控制变量包括被试的性别信息以及专业信息。因此,表 3-12 对比较意愿实验组变量的估计值可以用于量化比较意愿实验效应对被试合作行为的影响;相比之下,表 3-13 对比较意愿实验组变量的估计值则可以用于量化比较意愿中不参与比较组效应对被试合作行为的影响,而对比较意愿实验组变量和获取胜负信息变量估计值相加之和则可用于估计比较意愿实验组中参与比较组被试的合作效应,获取胜负信息变量的估计值可用于计量参与比较组和不参与比较组被试在合作行为上的差异。对于被试与外群成员的合作行为,以及对内群成员、外群成员合作信念的计量分析模型,只是将被解释变量分别替换为外群捐赠、内群估计、外群估计,在此不做赘述。鉴于在公共品博弈中,被试对公共品捐赠额以及对搭配对象捐赠额的估计额均在 0~10 的范围内,本章利用 Tobit 模型对上述模型进行估计。

表3-12 公共品博弈中比较意愿效应回归分析

解释变量	被解释变量			
	内群捐赠	外群捐赠	内群估计	外群估计
比较意愿实验组	0.426 (0.309)	1.060*** (0.278)	0.631* (0.371)	0.730** (0.305)
性别	-0.100 (0.365)	-0.606 (0.400)	0.290 (0.505)	-0.668 (0.445)
专业	-0.018 (0.034)	-0.025 (0.035)	0.040 (0.037)	0.035 (0.038)
观察值	108	108	108	108
伪 R^2	0.005	0.026	0.010	0.015
伪对数似然	-250.524	-242.835	-245.129	-246.298
左/右归并观察值	19/20	26/6	6/16	13/5

注:①每个系数对应着两行数据,第一行数据为平均边际效应值,根据回归模型中各解释变量估计值计算所得,第二行括号内数值表示聚类到两人博弈小组层面的稳健标准误。

② *,**,*** 分别表示变量估计值在 10%,5% 和 1% 的显著性水平显著。

表3-13 公共品博弈中比较意愿实验组是否参与比较效应回归分析

解释变量	被解释变量			
	内群捐赠	外群捐赠	内群估计	外群估计
比较意愿实验组	0.665* (0.351)	1.512*** (0.411)	0.522 (0.467)	1.129** (0.476)
获取胜负信息	-0.450 (0.429)	-0.828* (0.498)	0.205 (0.474)	-0.742 (0.576)
性别	-0.144 (0.377)	-0.696* (0.398)	0.309 (0.499)	-0.743* (0.444)
专业	-0.016 (0.034)	-0.023 (0.034)	0.039 (0.037)	0.038 (0.038)
观察值	108	108	108	108
伪 R^2	0.007	0.034	0.010	0.019
伪对数似然	-249.879	-241.012	-245.041	-245.141

续表

解释变量	被解释变量			
	内群捐赠	外群捐赠	内群估计	外群估计
左/右归并观察值	19/20	26/6	6/16	13/5
参与比较实验效应	0.215 (0.30) 0.587	0.684* (3.53) 0.063	0.727* (2.94) 0.089	0.387 (1.01) 0.316

注：①参与比较组实验效应中三个数分别为效应大小、F 值以及 p 值。

②每个系数对应着两行数据，第一行数据为平均边际效应值，根据回归模型中各解释变量估计值计算所得，第二行括号内数值表示聚类到两人博弈小组层面的稳健标准误。

③ *，**，*** 分别表示变量估计值在 10%、5% 和 1% 的显著性水平显著。

表 3-12 和表 3-13 分别报告了比较意愿实验组的实验效应，以及根据被试比较意愿分组后所产生的参与比较组效应和不参与组效应。表 3-12 中的回归结果表明：相比于控制组，比较意愿实验组被试在与另外小队成员搭配时对公共品的捐赠额会增加 1.060 个实验币，且这一估计值在 1% 水平上显著；对内群成员捐赠额的估计额相比控制组增加 0.631 个实验币，且两者差异在 10% 水平上显著；对外群成员捐赠额的估计额相比控制组增加 0.730 个实验币，且两者差异在 5% 水平上显著。表 3-12 中的结果说明比较意愿的实验效应会提升被试对外群成员的偏爱，表现出与外群成员更高的合作水平；同样地，比较意愿的实验效应也会提升个体与内群成员、外群成员的合作信念。相比表 3-8 中样本间对比所得结果，表 3-12 中的研究证据表明，无论从群体层面还是从个体层面看，比较意愿效应均能够提升个体的外群合作水平，并提升个体对内群成员的合作信念；除此之外，表 3-12 中基于个体的分析结果还表明比较意愿效应会使被试提高对外群成员的合作信念，这一点是相比表 3-8 而发现的新结论。再来看比较意愿所产生的是否参与比较的实验效应，表 3-13 中报告的回归结果表明：参与比较组被试与外群成员搭配时对公共品的捐赠额相比控制组多 0.684 个实验币，且这一估计值在 10% 水平上显著；此外，参与比较组被试对内群成员捐赠额的估计额相比控制组多 0.727 个实验币，两者的差异同样在 10% 的水平上显著。相比之下，不参与比较组被试无论与内群成员（比较意愿实验组变量估计值为 0.665，p-value<10%）还是外群成员搭配（比较意愿实验组变量估计值为 1.512，p-value<1%），其对公共品的捐赠额均显著高于控制组被试，而且不参与比较组被试与外群成员搭配时的捐赠额与参与比较组之间存在显著差异（获取胜负信息变量估计值为 -0.828，p-value<10%）；对外群成员捐赠额的估计值也高于控制组 1.129 个

实验币，且这一数值在5%的水平上显著。表3-13中回归结果显示的参与比较效应与表3-8相同，无论基于实验组与控制组的对比，还是基于个体分析，均表明参与比较效应会提高个体外群偏爱，进而促使被试提高与外群成员的合作水平；同样地，参与比较效应也会提高被试对内群成员的合作信念。表3-13中回归结果显示的不参与比较效应除了内群估计变量的估计值外，均与表3-8相同，表明不参与比较效应会提高个体社会认同与外群偏爱，进而促使被试提高与内群成员、外群成员的合作水平，且不参与比较效应也会提高被试对外群成员的合作信念。此外，根据模型系数估计值可知，不参与比较组的实验效应对提升外群成员合作水平的作用高于参与比较组（1.512>0.684）。基于表3-13报告的回归结果，从个体层面的分析结果表明，不参与比较效应不会促使被试产生内群合作信念，这与表3-8中根据实验组与控制组间的对比所得出的结论相矛盾，因此，依据表3-8总结出的不参与比较组被试对内群成员合作信念较高的结论不具有稳健性。

基于上文分析结果，可以得出结论：比较选择机制之所以能促进个体外群合作，原因在于参与比较效应和不参与比较效应的双重作用，且不参与比较效应大于参与比较效应；比较选择机制之所以能够提高被试对内群成员与外群成员的合作信念，其原因分别在于参与比较效应与不参与比较效应。

3.4.3 囚徒困境博弈

囚徒困境博弈用以研究个体在社会困境中，对合作策略及欺骗策略的选择问题。在公共品博弈中，如果将被试策略的选择集限定为搭便车和全部投资公共品两种，则公共品博弈可以转化为囚徒困境博弈，因此，囚徒困境博弈可视作是公共品博弈的特殊形式。本节通过调整囚徒困境博弈的支付矩阵，构造了一个相比公共品博弈更难合作的博弈环境，用以研究被试在社会比较机制下的身份认同与合作行为的关系。

3.4.3.1 描述性统计及样本分布差异

无论控制组还是社会比较实验组、比较意愿实验组，在囚徒困境博弈中，被试均在两种情况下做出决策，两种情况分别为与内群成员搭配、与外群成员搭配。表3-14中分别列举了控制组被试、社会比较实验组被试以及比较意愿实验组被试在囚徒困境博弈中策略选择的描述性统计信息。其中变量内群合作和变量外群合作分别指囚徒困境博弈中被试与内群成员、外群成员搭配时的策略选择，两个变量均为虚拟变量，当其值为1时，表明被试的选择为方案1（合作策略）；当其值为0时，表明被试的选择为方案2（欺骗策略）。由表3-14可知，从均值上看，无论控制组（0.354>0.083）、社会比较实验组

(0.458>0.125）还是比较意愿实验组（0.500>0.150），被试在与内群成员搭配时其选择合作策略的概率均高于与外群成员搭配时的情形。再从统计检验上看两者是否存在差异，由于被试的选择只有 1（合作策略）和 0（欺骗策略）两种，本节在此利用卡方检验。由表 3-14 中的卡方检验结果可知，无论控制组（chi^2 = 10.301，p-value = 0.001）还是社会比较实验组（chi^2 = 12.908，p-value = 0.000）、比较意愿实验组（chi^2 = 16.752，p-value = 0.000），被试在与内群成员搭配、外群成员搭配时其对合作策略和欺骗策略的选择存在显著差异。由此可见，在囚徒困境博弈中，被试与内群成员搭配时相比外群成员搭配选择合作策略的概率更高，即被试更愿意与内群成员合作。此外，这种合作行为的内群倾向性在社会比较实验组和比较意愿实验组中均存在，表明囚徒困境博弈中，被试在合作行为上的内群倾向具有稳健性。囚徒困境博弈中，控制组、社会比较实验组和比较意愿实验组被试与内群成员、外群成员搭配时选择合作策略的概率如图 3-8 所示，从图中可以直观地看出被试对待内群成员与外群成员的差异。

表 3-14　控制组和实验组被试囚徒困境博弈主要变量描述性统计及分布差异检验

组别	变量	观察值	均值	标准差	分布差异检验
控制组	内群合作	48	0.354	0.483	10.301 (0.001)
	外群合作	48	0.083	0.279	
社会比较实验组	内群合作	48	0.458	0.504	12.908 (0.000)
	外群合作	48	0.125	0.334	
比较意愿实验组	内群合作	60	0.500	0.504	16.752 (0.000)
	外群合作	60	0.150	0.360	

注：分布差异检验采用 Pearson 卡方检验，经该检验可得 chi^2 统计量值，chi^2 值下方括号内为对应的 p 值。

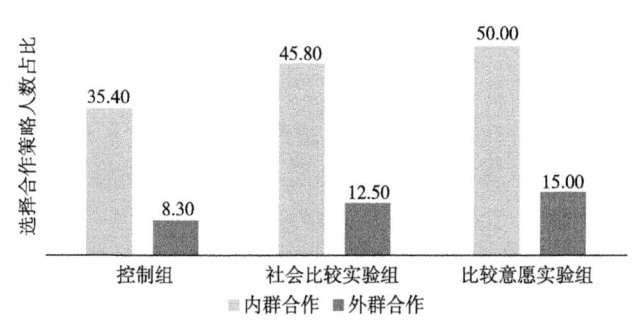

图 3-8　囚徒困境博弈中控制组、实验组被试选择合作策略人数占比（%）

再来看社会比较机制下胜利组和失败组，以及比较选择机制下参与比较组和不参与比较组在囚徒困境中的决策。表3-15中分别列举了社会比较胜利组被试、社会比较失败组被试在囚徒困境博弈中策略选择的描述性统计信息。由表3-15可知，社会比较胜利组被试（0.458>0.167）与社会比较失败组被试（0.458>0.083）在与内群成员搭配时其选择合作策略的概率均高于与外群成员搭配时的情形，且在卡方检验下两者均存在显著差异（$chi^2=4.752$，p-value=0.029；$chi^2=8.545$，p-value=0.003）。因此，无论社会比较胜利组还是社会比较失败组，囚徒困境博弈中合作行为的群际差异均是存在的，即在合作行为上胜利组被试和失败组被试对待内群成员、外群成员的区分度存在显著差异。

表3-15 社会比较胜利组、失败组被试囚徒困境博弈主要变量描述性统计及分布差异检验

组别	变量	观察值	均值	标准差	分布差异检验
社会比较胜利组	内群合作	24	0.458	0.509	4.752 (0.029)
	外群合作	24	0.167	0.381	
社会比较失败组	内群合作	24	0.458	0.509	8.545 (0.003)
	外群合作	24	0.083	0.282	

注：分布差异检验采用Pearson卡方检验，经该检验可得chi^2统计量值，chi^2值下括号内为对应的p值。

对于比较意愿实验组中参与比较组被试以及不参与比较组被试在囚徒困境博弈中对合作策略和欺骗策略的选择，表3-16中分别列举了相关变量的描述性统计信息。无论参与比较组（0.500>0.156）还是不参与比较组（0.500>0.143），被试在与内群成员搭配时其对选择合作策略的概率均高于与外群成员搭配时的情形，且从分布上看二者也存在显著差异（$chi^2=8.576$，p-value=0.003；$chi^2=8.187$，p-value=0.004）。因此，基于表3-16报告的结果可知，比较意愿实验组中愿意参与比较的被试与不愿意参与比较的被试，在合作行为上均存在内群倾向性，即两组被试均与内群成员的合作水平更高，在囚徒困境中选择合作策略的可能性更大。图3-9分别展示了社会比较胜利组、社会比较失败组、参与比较组与不参与比较组，四组被试在囚徒困境博弈中选择合作策略被试人数的百分比，从图中可以直观地看出不同实验组被试在合作策略选择上的差异。

表 3-16 比较意愿实验组中参与组、不参与组被试囚徒困境博弈
主要变量描述性统计及分布差异检验

	变量	观察值	均值	标准差	分布差异检验
参与比较组	内群合作	32	0.500	0.508	8.576
	外群合作	32	0.156	0.369	(0.003)
不参与比较组	内群合作	28	0.500	0.509	8.187
	外群合作	28	0.143	0.356	(0.004)

注：表格中数据为 Pearson 卡方检验的 chi^2 统计量，chi^2 值下括号内为对应的 p 值。

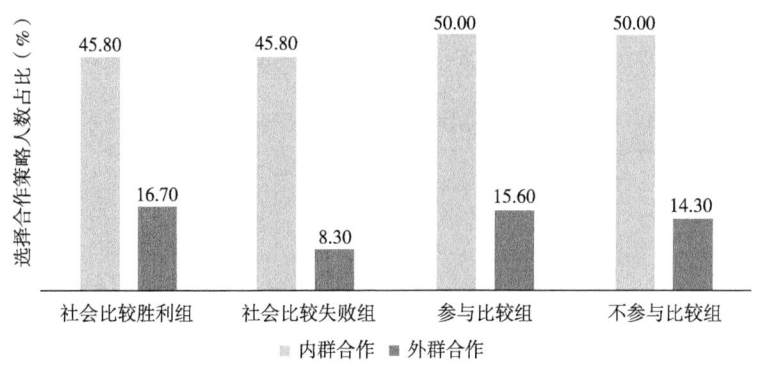

图 3-9 囚徒困境博弈中社会比较胜利组与失败组，比较意愿实验组中
参与比较组与不参与比较组被试选择合作策略人数占比 (%)

上文根据被试内设计的实验结果，分析了控制组和各实验组在囚徒困境博弈中合作行为上的群际差异。结果表明，个体在合作行为上表现出社会认同，与内群成员合作水平更高。为了进一步检验社会比较机制、比较选择机制以及两者对应的胜负效应、比较意愿效应对个体合作行为的影响，本节接下来对比实验组和控制组的实验结果，检验实验效应（treatment effect）是否存在。

首先来看社会比较实验组以及比较后产生的胜利组、失败组的实验效应。表 3-17 中列举了社会比较实验组、社会比较胜利组与社会比较失败组各主要变量与控制组相比的检验结果，根据检验结果的显著性，可以判断比较效应、积极社会身份效应以及消极社会身份效应产生的影响。卡方检验以及表 3-14 的描述性统计信息表明，社会比较实验组被试虽然与内群成员搭配（0.458 > 0.354）、外群成员搭配时（0.125 > 0.083），其选择合作策略的概率均高于控制组被试，但是两者的差异并不显著（chi^2 = 1.080，p-value = 0.299；chi^2 = 0.447，p-value = 0.504）。至于比较后的胜负效应是否会对被试合作行为产生

影响，根据表3-17中社会比较胜利组与社会比较失败组各主要变量与控制组对比发现，比较胜利组被试（$chi^2=0.731$，p-value=0.393；$chi^2=1.125$，p-value=0.289）与比较失败组被试（$chi^2=0.731$，p-value=0.393；$chi^2=0.000$，p-value=1.000）在与内群成员、外群成员搭配时，选择合作策略的概率均与控制组被试不存在显著差异。图3-10展示了囚徒困境中被试与内群成员、外群成员搭配时，控制组与不同实验组被试选择合作策略人数所占百分比，从图3-10中可以直观地观测到比较效应对被试合作行为的影响。由社会比较实验组及其对应的胜利组、失败组与控制组对比研究发现，社会比较效应及胜利组效应、失败组效应均不能改变被试与内群成员、外群成员搭配时的合作行为。因此，相比公共品博弈的研究证据，在更不易合作的环境下囚徒困境博弈中社会比较效应对个体社会认同不会产生任何作用。

表3-17 囚徒困境博弈中社会比较实验组实验效应统计检验

合作类型	社会比较实验组 vs 控制组	社会比较胜利组 vs 控制组	社会比较失败组 vs 控制组
内群合作	1.080 (0.299)	0.731 (0.393)	0.731 (0.393)
外群合作	0.447 (0.504)	1.125 (0.289)	0.000 (1.000)

注：表格中数据为Pearson卡方检验的chi^2统计量，chi^2值下括号内为对应的p值。

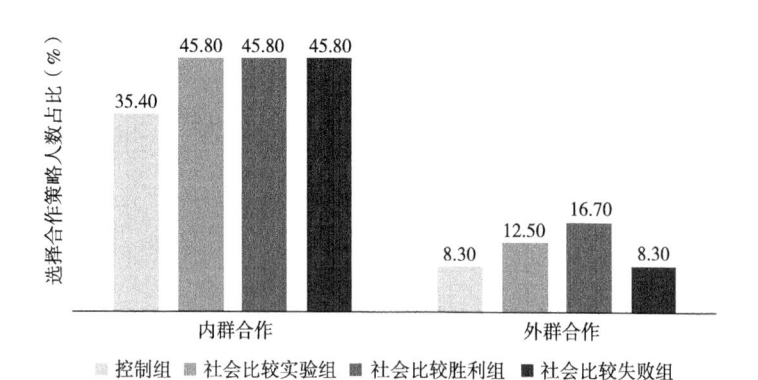

图3-10 囚徒困境博弈中控制组、社会比较实验组及其中的胜利组、失败组被试选择合作策略人数占比（%）

再来看比较意愿实验组以及根据被试自主选择是否参与比较后生成的参与比较组、不参与比较组的实验效应。表3-18中列举了比较意愿实验组、参与比较组与不参与比较组各主要变量与控制组相比的检验结果，根据检验结果的显著性可以判断比较意愿效应、参与比较效应以及不参与比较效应产生的影响。由检验结果以及表3-14的描述性统计信息可知，比较意愿实验组被试虽然与内群成员搭配（0.500>0.354）、外群成员搭配时（0.150>0.083），其选择合作策略的概率均高于控制组被试，但是两者的差异并不显著（chi^2 = 2.307，p-value = 0.129；chi^2 = 1.119，p-value = 0.290）。至于被试的主观比较意愿是否会对被试合作行为产生影响，根据表3-17中参与比较组与不参与比较组各主要变量与控制组对比发现，参与比较组被试（chi^2 = 1.685，p-value = 0.194；chi^2 = 1.022，p-value = 0.312）与不参与比较组被试（chi^2 = 1.557，p-value = 0.212；chi^2 = 0.665，p-value = 0.415）在与内群成员、外群成员搭配时选择合作策略的概率均与控制组被试不存在显著差异。

表3-18 囚徒困境博弈中比较意愿实验组实验效应统计检验

合作类型	比较意愿实验组 vs 控制组	参与比较组 vs 控制组	不参与比较组 vs 控制组
内群合作	2.307 (0.129)	1.685 (0.194)	1.557 (0.212)
外群合作	1.119 (0.290)	1.022 (0.312)	0.665 (0.415)

注：表格中数据为Pearson卡方检验的chi^2统计量，chi^2值下括号内为对应的p值。

图3-11展示了囚徒困境中被试与内群成员、外群成员搭配时，控制组与不同实验组被试选择合作策略人数所占百分比，从图3-11中可以直观地观测到主观比较意愿效应对被试合作行为的影响。由比较意愿实验组及其对应的参与比较组、不参与比较组与控制组对比研究发现，比较意愿实验效应及参与比较组效应、不参与比较组效应均不能改变被试与内群成员、外群成员搭配时的合作行为。因此，相比公共品博弈的研究证据，在更不易合作环境下的囚徒困境博弈中，比较意愿实验效应对个体社会认同不会产生任何作用。

3.4.3.2 计量模型及回归分析

以上便是以控制组及不同实验组为单位，通过同组被试内对比与不同组之间对比所得的研究结论。下面，本节利用计量模型进行回归分析，从个体

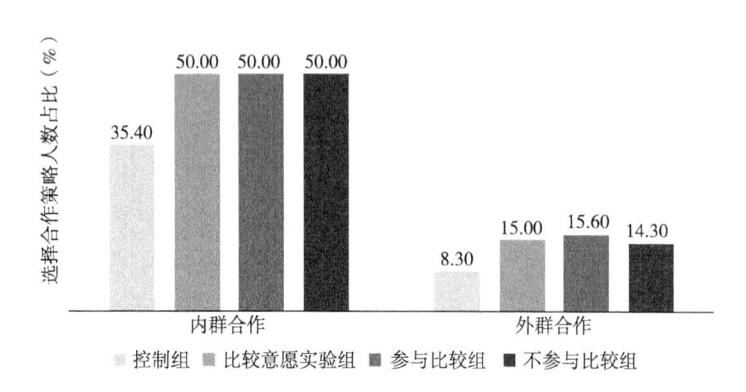

图 3-11　囚徒困境博弈中控制组、比较意愿实验组及其中的参与
比较组、不参与比较组被试选择合作策略人数占比

层面检验个体合作行为的群际差异、社会比较机制的实验效应，以及比较选择机制的实验效应是否真实存在。此外，通过计量模型的构建，也可以对社会比较机制下的胜利效应、失败效应，以及比较选择机制下的参与比较效应、不参与比较效应进行量化分析。

为了研究个体在与内群成员、外群成员搭配时其自身合作行为的差异，本节构建了计量模型。在表 3-19 中，变量合作策略为虚拟变量，是指囚徒困境博弈中被试的策略选择，当被试选择合作策略时值为 1，当被试选择欺骗策略时值为 0。内群为虚拟变量，当被试与同属一个小队的成员搭配时，内群的值为 1；当被试与另外一个小队的成员搭配时，内群的值为 0。控制变量包括被试的性别信息以及专业信息。由于囚徒困境博弈将重复进行两期，每期决策相互独立，且变量合作策略的值为 1 或 0 两者中的一个，因此，本节利用面板数据随机效应 Logit 模型，依据控制组、社会比较实验组和比较意愿实验组的实验结果分别进行估计。回归结果见表 3-19。由回归结果可知，无论控制组、社会比较实验组还是比较意愿实验组，个体与内群成员搭配时选择合作策略的概率均显著高于与外群成员搭配时的情形。上述回归结果表明，被试在合作行为上存在群际差异，被试与内群成员的合作水平更高；此外，从整体上看，社会比较机制与比较选择机制作用下，被试仍然会表现出上述特性。表 3-19 中的模型其回归结果所得结论与表 3-14 所反映的结论相同，表明这种合作行为的群际差异性不仅体现在群体层面，也反映在个体决策层面。为了从个体层面进一步研究社会比较和比较意愿的实验效应，本节构造新的计量模型，通过将实验组数据与控制组数据对比实现研究目的。

表 3-19　控制组、社会比较实验组、比较意愿实验组被试面板 Logit 回归方程

解释变量	被解释变量		
	控制组	社会比较实验组	比较意愿实验组
	合作策略	合作策略	合作策略
内群	0.281***	0.326***	0.375***
	(0.087)	(0.071)	(0.067)
性别	−0.002	−0.065	−0.214**
	(0.092)	(0.091)	(0.099)
专业	0.004	0.031***	0.013
	(0.012)	(0.009)	(0.012)
观察值	96	96	120
瓦尔德卡方	7.18	10.41	11.56
对数似然	−44.728	−46.030	−62.845

注：① 每个系数对应着两行数据，第一行数据为平均边际效应值，根据回归模型中各解释变量估计值计算所得，第二行括号内数值表示标准误。

② *，**，*** 分别表示变量估计值在 10%，5% 和 1% 的显著性水平显著。

首先，为了研究社会比较以及比较引发的胜负效应，本节构建计量模型。在表 3-20 中，被解释变量内群合作为虚拟变量，是指被试在囚徒困境博弈中与本小队成员搭配时的策略选择，当被试选择合作策略时，内群合作值为 1；当被试选择欺骗策略时内，内群合作值为 0。社会比较实验组是虚拟变量，当其值为 1 时，表明被试来自社会比较实验组；当其值为 0 时，表明被试来自控制组。获胜也为虚拟变量，当其值为 1 时，表明被试在比较游戏中获胜，即代表社会比较实验组中的胜利组被试；当其值为 0 时，表明被试在比较游戏中失败，或未参与比较游戏，即代表社会比较实验组中的失败组和控制组被试。控制变量包括被试的性别信息以及专业信息。因此，表 3-20 中第一列和第三列对变量社会比较实验组的估计值可以用于量化社会比较效应对被试合作行为的影响；相比之下，第二列和第四列对变量社会比较实验组的估计值则可以用于量化社会比较失败组效应对被试合作行为的影响，而对变量社会比较实验组和变量获胜的估计值相加之和可用于估计社会比较胜利组被试的合作效应，变量获胜的估计值可用于计量社会比较胜利组和失败组被试在合作行为上的差异。对于被试外群合作行为的计量分析模型，只是将被解释变量替换为外群合作，本章在此不做赘述。由于囚徒困境博弈中变量内群合作的值为 1 或 0 两者中的一个，因此，本节利用 Logit 模型进行估计。

表 3-20　囚徒困境博弈中社会比较及胜负效应回归分析

解释变量	被解释变量			
	内群合作	内群合作	外群合作	外群合作
社会比较实验组	0.020 (0.110)	0.014 (0.127)	0.017 (0.053)	-0.025 (0.080)
获胜		0.010 (0.130)		0.070 (0.089)
性别	0.001 (0.102)	0.002 (0.103)	-0.083 (0.078)	-0.079 (0.078)
专业	0.028** (0.011)	0.028** (0.011)	0.009 (0.006)	0.009* (0.005)
观察值	96	96	96	96
伪 R^2	0.050	0.050	0.051	0.062
伪对数似然	-61.635	-61.632	-30.449	-30.080
胜利组实验效应		0.024 (0.04) 0.849		0.045 (0.54) 0.464

注：①每个系数对应着两行数据，第一行数据为平均边际效应值，根据回归模型中各解释变量估计值计算所得，第二行括号内数值表示聚类到两人博弈小组层面的稳健标准误。

②胜利组实验效应中三个数分别为效应大小、chi² 值以及 p 值。

③ *，**，*** 分别表示变量估计值在10%，5%和1%的显著性水平显著。

表 3-20 报告了社会比较实验组的实验效应，以及比较结果所产生的胜利组效应和失败组效应。由回归结果可知，无论被试与内群成员搭配（社会比较实验组变量的估计值为 0.020，p-value>10%）还是与外群成员搭配（社会比较实验组变量的估计值为 0.017，p-value>10%），社会比较的实验效应均不显著。此外，社会比较机制下的胜利组效应与失败组效应也不会对被试内群合作行为、外群合作行为产生影响。因此，基于被试个体决策的回归分析结论与表 3-17 中样本间对比所得结论相同，即在相比于公共品博弈更难于合作的囚徒困境博弈环境中，社会比较机制及其对应的胜负效应均不会改变个体的社会认同，对应地个体与内群成员、外群成员的合作行为也不受上述因素影响。

更进一步，为了研究比较意愿以及是否参与比较所能产生的实验效应，本节构建计量模型。在表 3-21 中，被解释变量内群合作为虚拟变量，是指被试在囚徒困境博弈中与本小队成员搭配时的策略选择,当被试选择合作策略时内群合作值为1;当被试选择欺骗策略时,内群合作值为0。比较意愿实验组是虚拟变量,当其值为1时,表明被试来自比较意愿实验组;当其值为0时,表明被试来自控制组。获取胜负信息也为虚拟变量,当其值为1时,表明被试在比较意愿实验组中选择获取小队间比较胜负结果的信息,即代表比较意愿实验组中的参与比较组被试;当其值为0时,表明被试在比较意愿实验组中选择不获取小队间比较胜负结果的信息,或未参与比较游戏,即代表比较意愿实验组中的不参与比较组和控制组被试。控制变量包括被试的性别信息以及专业信息。因此,表3-21中第一列和第三列对变量比较意愿实验组的估计值可以用于量化比较意愿实验效应对被试合作行为的影响;相比之下,第二列和第四列对变量比较意愿实验组的估计值则可以用于量化比较意愿实验组中不参与比较组效应对被试合作行为的影响,而对变量比较意愿实验组和变量获取胜负信息的估计值相加之和可用于估计比较意愿实验组中参与比较组被试的合作效应,变量获取胜负信息的估计值可用于计量参与比较组和不参与比较组被试在合作行为上的差异。对于被试外群合作行为的计量分析模型,只是将被解释变量替换为外群合作,在此不做赘述。由于囚徒困境博弈中变量内群合作的值为1或0两者中的一个,因此,本节利用Logit模型进行估计。

表3-21 囚徒困境博弈中比较意愿及是否参与比较效应回归分析

解释变量	被解释变量			
	内群合作	内群合作	外群合作	外群合作
比较意愿实验组	0.133 (0.094)	0.147 (0.111)	0.071 (0.062)	0.070 (0.077)
获取胜负信息		-0.027 (0.130)		0.002 (0.074)
性别	-0.145 (0.102)	-0.147 (0.104)	-0.065 (0.074)	-0.065 (0.075)
专业	0.018 (0.012)	0.018 (0.012)	-0.001 (0.009)	-0.001 (0.009)
观察值	96	96	96	96
伪 R^2	0.040	0.041	0.026	0.026
伪对数似然	-70.962	-70.939	-38.663	-38.663

续表

解释变量	被解释变量			
	内群合作	内群合作	外群合作	外群合作
参与比较实验效应		0.12 (1.03) 0.311		0.072 (1.09) 0.297

注：①每个系数对应着两行数据，第一行数据为平均边际效应值，根据回归模型中各解释变量估计值计算所得，第二行括号内数值表示聚类到两人博弈小组层面的稳健标准误。

②参与比较组实验效应中三个数分别为效应大小、chi^2 值以及 p 值。

③ *，* *，* * *分别表示变量估计值在 10%，5% 和 1% 的显著性水平显著。

表 3-21 报告了比较意愿实验组的实验效应，以及被试在比较选择机制下自主选择所产生的参与比较组效应和不参与比较组效应。由回归结果可知，无论被试与内群成员搭配（比较意愿实验组变量的估计值为 = 0.133，p-value>10%）还是与外群成员搭配（比较意愿实验组变量的估计值为 = 0.071，p-value>10%），比较意愿实验组的实验效应均不显著。此外，比较选择机制下的参与比较组效应与不参与比较组效应也不会对被试内群合作行为、外群合作行为产生影响。因此，基于被试个体决策的回归分析结论与表 3-18 中样本间对比所得结论相同，即在相比于公共品博弈更难于合作的囚徒困境博弈环境中，比较选择机制及其对应的比较意愿效应均不会改变个体的社会认同，对应地，个体与内群成员、外群成员的合作行为也不受上述因素影响。

3.5 小结与讨论

本章利用公共品博弈和囚徒困境博弈，通过被试内和被试间的实验设计，研究了社会比较机制、比较选择机制下社会认同与合作行为的关系。通过利用样本层面的对比分析以及个体层面的回归分析，得出了以下几点结论。

首先，无论公共品博弈还是囚徒困境博弈，控制组被试、社会比较实验组被试以及比较意愿实验组被试在合作行为上均表现出群际差异，即相比外群成员，与内群成员合作的可能性更大。这同时也意味着，无论是更容易合作的公共品博弈还是更难于合作的囚徒困境博弈，个体在合作行为上的群际差异是稳健的，不受博弈环境的影响。这个结论与社会认同理论中的主流观点相一致，即个体均有内群倾向性，且这种内群倾向性会导致群际差异行为的发生。

其次，在公共品博弈中，相比于控制组被试，社会比较机制产生的实验效应会提升个体的外群偏爱，使个体与外群成员合作的可能性增加。通过将社会比较实验组进一步划分为比较胜利组和比较失败组，本章发现，社会比较之所以会提升个体的外群偏爱，其原因在于比较失败组产生的消极社会身份效应，这个结论符合社会认同理论的预期。社会认同理论指出，个体表现出内群倾向性的原因在于形成积极的社会身份，且这一过程是在社会比较过程中完成的。比较过程必然会导致优势群体和劣势群体的产生，对于优势群体来说，出于同样的积极身份认同动机，会表现出内群倾向性，但是对于劣势群体来说，存在内群偏爱（in-group favoritism）和外群偏爱（out-group favoritism）两种可能。有研究表明，劣势群体相比优势群体表现出更强的内群倾向性（Mummendey et al., 1992; Otten et al., 1996），但是，同样也有研究表明，劣势群体更倾向于外群胜于内群（Boldry and Kashy, 1999）。社会认同理论认为，劣势群体表现出这种差异的原因在于内群偏爱和外群偏爱之间存在缓冲因素（moderators）（Bettencourt et al., 2001），在缓冲因素的共同作用下，劣势群体才既可能表现出内群倾向，又可能表现出外群倾向。这些缓冲因素包括三个，分别为身份地位的稳定性、合法性以及群体间的可渗透性（Tajfel and Turner, 1979, 1986）。举例来说，当个体认为身份是不稳定的时，出于维系群体身份并争取优势群体身份的动机，劣势群体会表现出内群倾向性（Turner and Brown, 1978）。本章利用公共品博弈实验发现，比较失败组被试在合作行为上的群际差异并不存在，且相比控制组来说，比较失败组被试与外群成员搭配时的合作水平有显著提升，这个结论符合社会认同理论的预期。值得一提的是，表3-4和表3-5中的样本间对比结果表明，社会比较实验组被试在合作行为上表现出群际差异，但是，比较胜利组被试和比较失败组被试均未表现出合作行为的群体差异。本章对此的解释是，对于胜利组来说，积极的社会身份效应较弱①；对于失败组来说，则存在内群偏爱、外群偏爱的共同作用，因此，二者均未体现出合作行为的群际差异。但是将两组样本合并后，从社会比较实验组整体上看，积极的社会身份效应足以使个体表现出群际差异。

---

① 表3-5中，Wilcoxon符号秩检验下，社会比较胜利组被试与内群成员、外群成员搭配时对公共品的捐赠额不存在显著差异（$z=1.459$, $p\text{-value}=0.145$），这说明二者在分布上的关系。但是，从均值上看，样本内配对的双边t检验结果表明两者差异在10%水平下显著（$t=1.7227$, $p\text{-value}=0.0984$），因此，社会比较胜利组被试在合作行为上的群际差异有存在的可能性。在使用t检验前，本章对比较胜利组中变量内群捐赠和变量外群捐赠的正态性和方差齐性进行了检验。其中，Shapiro-Wilk检验不能拒绝变量内群捐赠（$z=-0.772$, $p\text{-value}=0.765$）和变量外群捐赠（$z=0.828$, $p\text{-value}=0.204$）的正态性假设，而二者的方差也不存在显著差异（$f=1.132$, $p\text{-value}=0.769$），因此，本章对比较胜利组被试内群搭配、外群搭配捐赠额进行样本内配对t检验的结果具有可信性。

相比之下，在公共品博弈中，比较选择机制也会提高个体对外群成员的偏爱，表现在：相比控制组被试，比较意愿实验组被试与外群成员的合作水平显著提升，且这种外群合作水平的提升伴随着更高的外群合作信念。相比之下，比较选择机制虽然提高了被试与内群成员的合作信念，但不会提高个体与内群成员的合作水平。而根据被试的自主选择，将比较意愿实验组划分为参与比较组和不参与比较组后，本章发现，比较选择机制下个体与外群成员合作水平提升的原因在于参与比较组和不参与比较组的双重作用，且不参与比较组的实验效应大于参与比较组。此外，不参与比较组被试与内群成员的合作水平也同样具有显著提升。对于参与比较组被试相比控制组被试具有更高的外群合作水平，本章的解释是，参与比较组被试更加注重群体间比较所产生的积极社会身份和消极社会身份，因此，比较后产生的胜负效应使被试提高了对外群的偏爱，进而增加了外群合作行为，这与文中社会比较实验组的研究结论相同[①]。对于不参与比较组被试相比控制组被试具有更高的内群合作水平与外群合作水平，本章的解释是，不参与比较组具有不在乎比较结果的特征，而且在对待内群成员的社会认同与对待外群成员的偏爱两个方面均表现出增强效应，这也意味着内群和外群对不参与比较组来说不具备明显差异性[②]。因此，在比较选择机制的作用下不参与比较组被试表现出相比控制组被试更高的内群合作水平与外群合作水平。

最后，在囚徒困境博弈中，虽然控制组、社会比较实验组、比较意愿实验组，以及两者对应的比较胜利组和比较失败组，参与比较组和不参与比较组均表现出合作行为的群际差异，但是社会比较实验效应与比较意愿效应对被试内群合作行为与外群合作行为的影响均不存在，且比较胜负效应与比较意愿也均不会对被试的合作行为产生影响。由这个结论可以看出，被试合作行为的群际差异具有稳健性，无论博弈环境是否易于合作，控制组被试和各

[①] 本章实验中，比较实验组共有60名被试参与，其中32名被试选择参与小队间比较，另外28名被试选择不参与。这32名参与比较的被试中，有14人属于比较胜利组，剩余18人属于比较失败组。基于社会比较实验组的研究结论，胜利组被试会产生积极的社会身份，而失败组被试既有可能产生积极的社会身份，也可能产生外群偏爱，胜负效应的双重作用下显示比较组被试相比控制组有更高的外群合作水平。

[②] 表3-6中，Wilcoxon符号秩检验下，不参与比较组被试与内群成员、外群成员搭配时对公共品的捐赠额存在显著差异（$z=2.003$, $p\text{-value}=0.045$），这说明二者在分布上的关系。但是从均值上看，样本内配对的双边t检验结果表明两者差异不存在显著差异（$t=1.249$, $p\text{-value}=0.222$），因此，比较选择机制下不参与比较组被试在合作行为上的群际差异可能并不存在。在使用t检验前，本章对不参与比较组中变量内群捐赠和变量外群捐赠的正态性和方差齐性进行了检验。其中，Shapiro-Wilk检验不能拒绝变量内群捐赠（$z=-0.694$, $p\text{-value}=0.756$）和变量外群捐赠（$z=-1.951$, $p\text{-value}=0.974$）的正态性假设，而二者的方差也不存在显著差异（$f=1.080$, $p\text{-value}=0.843$），因此，本章对不参与比较组被试内群搭配、外群搭配捐赠额进行样本内配对t检验的结果具有可信性。

实验组被试均表现出合作行为的内群倾向性。但是，社会比较机制、比较选择机制以及二者对应的比较胜负效应及比较意愿效应能够影响社会认同，改变被试合作行为是有条件的。在相对于公共品博弈更难合作的囚徒困境博弈中，上述实验效应则并不存在。

4 社会认同与合作行为——竞争机制的影响

4.1 引言

上一章讨论了社会比较机制下的社会认同与合作行为的关系，本章继续沿着上一章的研究思路，对该问题进行扩展研究。上一章的研究发现，单纯的社会比较会起到改变个体社会认同、外群偏爱的作用，进而影响个体与内群成员、外群成员的合作行为，且在社会比较影响身份认同的过程中，比较结果产生的胜利组效应与失败组效应起了关键作用。那么，更进一步，如果将社会比较的结果与实验组中被试的真实收益相挂钩，即比较胜利组将获得一定的现金收益，这种机制下，个体在面对内群成员、外群成员时，其合作决策是否会受到影响？被试是否还会表现出合作行为的群际差异，合作行为的内群倾向性又是否存在呢？同样地，从胜利组和失败组两个层面观测，这两组被试在群际合作行为上是否同样存在差异呢？本章的研究将着重解决上述问题，并围绕竞争机制下社会认同与合作行为的关系设计相关实验。

目前，对于群体间竞争与合作行为关系的研究，存在两种不同的理论解释。

第一种理论基于策略激励（strategy incentives）视角展开，该理论指出，群体间的竞争会提高内群合作水平，其原因在于竞争会改变群体间的支付结构，竞争胜利组将会获得更多的现金收益或资源，因此，为了获胜，竞争机制会导致内群合作水平的提升。这部分的研究已经证实群体间竞争会减少个体的搭便车行为（Bornstein et al., 1990; Bornstein and Erev, 1994; Erev et al., 1993），促使个体间的相互协作（Bornstein et al., 2002），此外，也有研究表明，相比其他激励机制，群体间的竞争机制更能有效提高并维持生产效率（Nalbantian and Schotter, 1997）。

第二种理论基于心理激励（psychological incentives）视角展开，其主要观点源自社会认同理论。社会认同理论的相关研究表明，简单的分组便可使被试表现出内群倾向性行为（Tajfel et al., 1971; Horowitz and Rabbie, 1982），个体对社会身份的认同会使其更加关注群体利益，并在一定程度上放弃个体自身的收益。群体间的竞争相比简单的分组更能够强化不同群体间的差异性，并引起群体间的冲突（group conflict），因此，社会认同理论指出，竞争起到强化群体界限（group boundary）和外群存在性的作用，进而促使个体对内群身份的认同，表现出更多的内群合作行为。相关研究表明，外群的社会在场和竞争机制均能够强化个体身份认同感（Hogg and Turner, 1985; Postmes et al., 2001）。

在阿克洛夫和克兰顿（Akerlof and Kranton, 2000）将身份变量引入个体效用模型后，行为和实验经济学开始着重研究身份对经济行为的影响，其中，有一部分研究利用竞争机制强化群体身份。例如，在实验室实验中，埃克尔和格罗斯曼（Eckel and Grossman, 2005）利用包含竞争等在内的多种方式形成群体身份，研究了身份对公共品供给中合作行为的影响；塔恩和博勒（Tan and Bolle, 2007）利用公共品博弈研究了团队比较、竞争对内群成员间公共品自愿供给数额的影响；埃伯莱因和沃尔科维茨（Eberlein and Walkowitz, 2008）利用群体竞争机制，在晋升博弈（promotion game）中研究了团队身份的积极、消极效应。同样地，在实地实验中，也有学者利用竞争机制强化个体身份认同，以增强研究结论的现实可行性。例如，任等（Ren et al., 2012）在网络虚拟社区中，利用强化身份手段提高个体对社区身份的归属感（identity-based attachment），其中用于强化身份的手段之一就是群体间的竞争。又如，陈等（Chen et al., 2015a）利用小额借贷网站研究了群体间竞争与亲社会行为的关系；陈等（Chen et al., 2015b）研究了竞价拍卖中，同校成员搭配与不同学校成员搭配之间的差异。

基于上述研究的成果和不足，本章将研究竞争机制下身份认同与合作行为的关系。

区别于以往的研究，本章的实验设计采用被试内设计的方法探讨个体在竞争机制下合作行为的群际差异；另外，本章利用被试间设计的方法探讨竞争机制对合作行为所能产生的实验效应。在如何形成群体间竞争的问题上，本章的实验设计把竞争内容与后续博弈内容相分离，目的是排除策略激励可能对合作行为的干扰，因而，基于本章的实验设计，可以得到竞争机制下社会认同与合作行为的关系。为了研究竞争后产生的胜利组效应和失败组效应，本章分样本研究相关问题，从竞争结果胜负产生的积极社会身份和消极社会身份两方面，探讨竞争对被试群体间合作行为的影响。最后，本章利用公共品博弈模型和囚徒困境博弈模型，构造一种易于合作和一种不易于合作两种不同的博弈环境，用以检验竞争机制在影响社会认同与合作时是否受到博弈环境的作用。

根据研究内容和需要注意的问题，本章展开了相关的实验研究。结果表明，竞争机制下个体对内群成员的倾向性显著存在，且个体更愿意与内群成员合作。此外，从整体上看，竞争机制本身不会提高被试的内群合作水平的作用。只有竞争失败组被试在公共品博弈中表现出内群合作水平的提升，在囚徒困境博弈中表现出更高的外群合作倾向，因此，竞争机制真正影响社会认同的原因在于竞争后引发的失败组效应。

4.2　文献回顾

行为和实验经济学对竞争机制下社会认同的研究，如果按竞争机制的内容和方式来划分，可以分为两类，其中一类研究主要将群体间竞争的内容与后续博弈模型相结合，即群体在竞争机制中是否获胜取决于每个被试在博弈中的决策；另一类研究中，群体间竞争的内容和方式与后续博弈无关，实验设计中有专门的部分用于创造竞争环境。

首先来看第一类相关研究的成果，塔恩和博勒（Tan and Bolle，2007）在实验室实验中利用公共品博弈研究了群体间比较、竞争对内群成员间合作行为的影响。实验以大学生作为被试，共144名被试参与实验，分为一个控制组和两个实验组。每场实验12人参加，3个人组成一组，共四组；实验包含两个阶段，每个阶段重复进行10轮博弈。第一个阶段，被试在公共品博弈中的搭配对象为陌生人；第二阶段，博弈对象为固定搭配的其他被试。具体实验设计为：控制组被试完成公共品博弈，第一个实验组被试完成具有信息反馈的公共品博弈，即小组成员完成决策后可获知自己小组的捐赠额高于或者低于其他组；第二个实验组被试完成具有激励机制的公共品博弈，即捐赠额高的小组将获得更高的投资回报率，捐赠额低的小组则投资回报率低。因此，塔恩和博勒利用了两个实验组，分别研究了被试在社会比较机制和竞争机制下的公共品自愿供给行为。研究表明：在陌生人组合的情况下，单纯的社会比较就能够促进合作行为的发生；在博弈对象固定搭配的情况下，竞争机制有利于促进组内合作，且合作会在多期博弈中持续存在。此外，该研究还发现，在竞争机制下，胜利组被试的合作水平会下降。

埃克尔和格罗斯曼（Eckel and Grossman，2005）研究了团队生产过程中成员的团队身份能否解决搭便车和逃避工作的问题。实验通过多种方法构造团队身份，其中之一为与竞争相联系的锦标赛机制。研究结果表明，短期内锦标赛机制能够有效促进合作，但是，随着锦标赛机制的消失，个体合作行为则会下降。

这类研究虽然利用群体间的竞争机制强化群体身份，并探讨了群体竞争与内群合作的关系，但是在实验设计和理论应用方面存在两个问题。首先，内群、外群成员身份不明确。上述研究中，仅将公共品博弈中被试所处的博弈组视作内群，其余博弈组视作外群，且在随机搭配过程中内群、外群均在变化。因此，被试并未生成明确的身份或内群概念，也就谈不上群体间比较对内群合作产生影响。其次，社会认同理论中群体间的竞争之所以能够提高个体对内群身份的认同，是因为竞争机制会强化群体间的差异性，起到强化群体界限和外群存在性的作用，反观上述研究，群体间竞争的内容是对公共品自愿捐赠的数额，而被试在群体间竞争中是否可以获得收益同样取决于其在公共品博弈中的决策，群体间捐赠数额相比引发的结果是否会引起个体对内群身份态度的变化，文章并未论证。换句话说，文中并未证明捐赠数额多的组更容易形成积极的社会身份，而捐赠数额少的组则更容易形成消极的社会身份。因此，可以说被试在群体间竞争中之所以会提高内群合作水平，其原因很可能在于为了获得竞争胜利对应的现金奖励，而并非出于社会认同原因。

再来看第二类研究，这类研究竞争与群体身份认同的文献中，群体间竞争的内容和方式与后续博弈无关，实验设计中，有专门的部分用于创造竞争环境。埃伯莱因和沃尔科维茨（Eberlein and Walkowitz, 2008）在晋升博弈（promotion game）中研究了团队身份的积极、消极效应，而形成积极身份和消极身份的手段之一则为群体间的竞争机制。实验将被试分为一个控制组和两个实验组，分别对应三种实验设计。控制组被试需要完成三个阶段实验，第一个阶段要求被试在规定时间内完成一定数量计算题，每答对一道题均可获得一定数量的收益。第二个阶段为晋升博弈，要求在场的 12 名被试每人投票选举出 5 名被试，这 5 名被试和其余 7 名被试的不同之处体现在第三阶段的支付方式上。第三阶段实验内容与第一阶段相同，只是第二阶段选举出的 5 名被试每人将获得现金奖励，且这 5 人答对题目的总数会给 12 人中的每个人带来额外收益。

在第二阶段投票前，每个人可获得同场被试中其余 11 人在第一阶段答对题目的数目，但并不能获知自己答对多少。相比之下，第一个实验组的实验设计与控制组的不同之处在于，第一阶段将在场的 12 名被试分为 4 个小队，且答对题目总数最多的小队每个成员将获得现金奖励，因此第一个实验组实质上是利用竞争机制强化被试对内群身份的认同。第二阶段晋升博弈时，每个人获得的信息不仅包括其余 11 人在第一阶段答对题目的数目，还包括 11

人的队别信息。第二个实验组的实验设计与控制组的不同之处为，在进行第一阶段前，随机分组后的被试以小队为单位要求进行面对面交流，并完成小队共同任务，用以促进形成小队身份，而后的实验阶段则与第二个实验设计相同。该文献利用被试对同队成员的投票与其实际答对题目总数排名作为判定个体是否具有积极团队身份的依据，研究结果表明，面对面交流相比竞争机制更有利于形成积极的团队身份，且第二个实验设计的结果表明，简单分组下，个体在晋升博弈时更倾向于形成消极的团队身份，由此可见，基于共同任务的面对面互动对于形成积极的团队身份不可或缺。

莫洛佐娃（Morozova，2015）研究了等级身份对社会偏好的影响，估计了等级身份对公平、信任、权利与嫉妒间的作用。该研究利用实验室实验的方法展开，并通过两种方法形成了高等级和低等级两种身份，这两种方法中的一种即是在小组任务中通过引入群体间竞争的方式展开。具体实验分为三个阶段，第一个阶段用以生成等级身份，第二阶段为对他分配博弈，第三阶段为两人序贯博弈。实验设计包含两个，主要差别在于第一阶段等级生成方式的不同，其中一个实验设计下由被试随机抽签决定自己为高等级组还是低等级组，而另一个实验设计下高等级组、低等级组的分配由被试答对题目的数量决定，答对题目多的被试则为高等级组。在分配完等级身份后，实验员通过采用引导被试为高等级组鼓掌喝彩等方式强化高等级组的优势身份。而后，两个实验组在第二、第三阶段的实验设计均相同。该文献将依据个体答题正确率生成的等级身份定义为实至名归的等级身份，反之将随机生成的等级身份定义为任意的等级身份。研究结果表明，在对他分配博弈环节，两个实验组被试中高等级组和低等级组均表现出内群倾向性。此外，两个实验组中高等级组对低等级组的区别对待程度相近似，但是任意组中低等级被试对高等级被试区别对待程度比实至名归组更强。

上述两篇文献均利用特定的实验方法促使群体间竞争，第一篇文献侧重研究身份认同形成后被试对内群身份的积极评价与消极评价，第二篇文献则侧重研究优势身份、劣势身份获得方式对身份认同的影响。两篇文献的实验设计均基于社会认同理论展开。本章借鉴其研究方法，利用竞争机制强化身份认同并在后续实验设计中观测其对被试内群、外群合作行为的影响。

除了上述实验室研究之外，近年来，行为和实验经济学家开始利用实地实验的方法研究竞争机制下的个体社会认同问题。与陈等（Chen et al.，2010）的研究相同，任等（Ren et al.，2012）也利用了电影评分网站 MovieLens 作为实地实验的研究平台。文章基于社会心理学的理论，采用两种方法用以提高网站用户对虚拟社区的归属感（member attachment），其中一种方法通过强化网站用户的社会身份认同实现研究目的，因此称为基于身份认同路径的归属感（identity-based attachment）；另一种方法着重强化网站用户间的关联纽带，因此称为基于纽带路径的归属感（bond-based attachment）。为了通过身份认同路径提高被试对虚拟社区的归属感，文献采用的方法分别为在网页上给用户显示其所在小组的相关信息（所在小组名称、小组标志、小组为单位对电影的评价等等），小组间竞争后的排名信息，以及为小组提供组内聊天工具。为了通过纽带路径提高被试对虚拟社区的归属感，文献在网页上主要给用户显示其他用户的个人信息，用户之间的相似性，以及为用户被试提供用户间的聊天工具。实地实验持续了六个月时间，研究结果发现，两种实验方法均能够提高用户对MovieLens网站的访问频率，并且，两个实验组在邮件问卷中均反馈了对自身所在小组更高的归属感。此外，研究还发现，基于身份认同路径提高被试归属感的方法比基于纽带路径的方法有更好的实验效果。另外，在身份认同路径方法中，经常在网页中查看小组信息且经常参与小组活动的被试，其访问网站的频率也更高。

同样利用实地实验的研究方法，陈等（Chen et al., 2015a）在小额借贷网站Kiva上研究了群体间竞争对信贷供给的影响。该研究分为两个部分，第一部分为实证研究，文章通过分析网站Kiva的历史数据发现，贷款人加入小组后其参与借贷活动的积极性会增加。在利用工具变量回归分析后，文章还发现小组形式下的借贷活动并非仅能吸引积极的借款人参与其中，事实上参与小组活动的贷款人比不参与的贷款人具有更高的贷款额度。该研究的第二部分为实地实验研究，文章通过借助网站的公示信息功能设计了两种实验方法。其中，一个实验组被试获得的信息与小组目标、排名有关，用以强化小组间的竞争；另一个实验组被试获得的信息与降低小组内交易成本有关，用以强化小组内的协作。研究结果发现，相比控制组，两个实验组被试的贷款供给额均有显著提升。相比之下，仅给被试提供借款者的信息并不能提升贷款活动参与率，这说明网站为了提高用户参与率，需要给用户提供具体的行动目标和参照。此外，研究还发现，竞争机制对于不积极参与贷款活动的小组产生的实验效果最大，即最能有效提高这些小组贷款活动的参与率。

这两篇文章均是在实地实验中利用群体间的竞争达到强化个体社会认同的目的，虽然两篇文章中竞争的内容与被试后续参与的实验内容相关，但是竞争的形式为群体排名，这意味着竞争的结果不会导致被试收益的改变，因此，这两篇文章所研究出的竞争导致行为差异性的结论，可以归结为社会认同效应，排除了上文中所述的策略激励因素的干扰。

基于目前的研究成果和不足，本章在实验室实验中研究竞争机制下的社会认同与合作行为的关系。本章的实验设计注重以下几点：第一，本章以社会认同理论基本原理为指导，通过竞争机制强化群体间的差异以及竞争结果产生的积极身份认同和消极身份认同，进而研究其对个体群际合作差异的影响。因此，本章在实验开始时利用独立的实验阶段引入群体间竞争，并在后续合作博弈阶段利用公共品博弈模型和囚徒困境博弈模型研究被试合作行为。第二，区别于以往研究，本章的实验采用被试内设计和被试间设计相结合的研究方法，这既有利于分析被试合作行为的群际差异，又能够检验竞争机制产生的社会认同和外群偏爱的实验效应。

4.3 实验设计

本章的实验于 2017 年 6 月在华南师范大学展开，共有 96 名学生被试参与了此次实验，参与实验的学生被试是通过互联网及教学楼的招募公告获知实验相关信息的，并由实验员根据报名被试的基本信息随机分配到各个实验场地。学生被试的所有操作均在计算机上完成，相应的实验则通过 Ztree 软件编写的程序实现（Fischbacher, 2007）设计。实验全程保证匿名性，被试之间不允许相互交流，每场实验有 12 名被试参与，持续时间大约为 45 分钟。整个实验采用真实的现金激励，并在实验结束后对被试及时支付，参与实验的被试均可获得 10 元出场费，每个人在实验中可获得的总体收益由出场费和进行实验决策带来的实验收益两部分共同决定。实验分为四个阶段，每个阶段均有对应的实验说明，第一阶段的实验说明不仅包括实验 1 的内容，而且包括整个实验的注意事项，实验收益计算方式以及实验币汇率。其中，被试在每个阶段所做的决策均能给其带来实验币收益，按照每个实验币等于 0.5 元的汇率对被试进行支付。实验说明由实验员在各部分实验正式开始前发放到被试手中，目的是避免被试提前了解后续实验内容，从而干扰被试正常决策。实验设计由一个控制组和一个实验组构成，下文将对各个实验阶段和实验设计进行详细介绍。

第一阶段为实验 1，对被试进行随机分组并要求被试在 5 分钟内完成 30 道计算题。第二阶段为实验 2，要求被试完成 5 轮不同情境下的对他分配博弈。第三阶段为实验 3，要求被试完成两人一组的公共品博弈实验。第四阶段为实验 4，要求被试完成两人一组的囚徒困境博弈。由于实验 1、实验 2、实验 3 以及实验 4 的内容已经在第三章进行了详细的介绍，故在此不做赘述。以上便是实验的主体内容，待所有人均完成四个阶段的实验后，将进入问卷环节，问卷的内容包含询问被试基本信息以及测度个体对本小队的认同度。

本章的实验设计由一个控制组和一个实验组构成，控制组被试依次完成上述四个实验过程，实验组的实验设计在此基础上有所不同，下面将详细介绍。

实验组 1：竞争实验组。竞争实验组与控制组的差别在于第一阶段实验 1，其余各实验阶段均与控制组相同。实验 1 中，竞争实验组被试在正式参与实验之前，将被告知完成计算题后，计算机将统计每个小队被试答对题目的数量之和，而且两个小队之间需要进行竞赛，答对题目总数多的小队为胜利组，此外获胜小队内每个成员将会获得 10 个实验币的奖励。在计时结束后，计算机屏幕上将显示每个被试所在小队答对题目的总数，对方小队答对题目的总数，自己所在小队与另外小队相比是否获胜，以及是否获得实验币奖励的信息。被试获知上述信息之后，便准备正式进入实验阶段。这部分实验设计的目的在于，利用群体答对题目总数相比较和收益激励相结合的方法形成竞争机制，且实验 1 的内容与后续实验内容独立，避免了竞争机制可能产生的策略激励干扰。此外，计算机屏幕上只显示被试所在小队答对题目的总数，而不显示每个被试答对题目的数目，目的是加强被试的群体身份感，排除个人答对题目数量对被试自身造成的影响。由于实验组 1 利用收益激励下两个小队答对题目的总数作为比较内容，以此促进小队成员对本小队身份的认同，且小队间的比较差异客观呈现在被试计算机屏幕上，因此本章将实验组 1 称为竞争实验组。

本章中每场实验均有 12 名被试参与，控制组与竞争实验组两者均累计展开 4 个实验场次，分别共计 48 名被试参与。为了避免实验过程中可能出现的顺序效应（order effect），本章在设计实验时调整了实验 2、实验 3、实验 4 中相关内容对应的顺序和被试搭配顺序，具体措施与第三章相同，在此不做赘述。

以上便是本章的实验设计和具体实施细节，可以看出，通过对比控制组和实验组内被试在面对内群成员、外群成员时的合作行为，能够检验在不同实验环境下被试的社会认同与合作行为间的关系；通过将竞争实验组与控制组对比，可以分离出竞争机制影响下身份认同对合作行为的影响。更进一步，本章的实验设计有助于探讨竞争机制所形成的优势群体、劣势群体在对待内群成员与外群成员时合作行为的差异。

4.4 实验结果分析

本节按照对他分配博弈、公共品博弈和囚徒困境博弈的顺序，对控制组和实验组的实验结果进行分析。分析主要围绕两方面进行：一是利用非参检验的方法分别对不同实验组的结果进行样本层面分析，二是利用计量经济学的回归估计方法分析被试个体行为。

4.4.1 对他分配博弈

本章实验第二部分的对他分配博弈，其目的在于强化被试的队别身份认同，并验证被试分配行为上的群际差异是否存在。对他分配博弈分为 5 轮，每轮均有三种情况，本章在此报告三种情况中的一种，即分配对象一人与被试同属一个小队，另外一人来自另外一个小队，因为被试在这种情况下的决策最能体现被试的内群倾向性。表 4-1、表 4-2 分别为控制组和竞争实验组被试对他分配博弈中主要变量的描述性统计，以及对内群成员、外群成员分配额分布差异的检验结果。其中，内群分配 1 和外群分配 1 分别代表 5 轮情境中的第 1 轮情境下被试对内群成员的分配额和对外群成员的分配额，其余 4 轮情境依此类推，在此不做赘述。根据表 4-1 和表 4-2 中各变量的描述性统计值，可以看出，无论控制组还是竞争实验组，从均值上看，被试对内群成员的分配额均高于对外群成员的分配额，且这种差异性在 5 轮情境下均成立。更进一步，由表 4-1 和表 4-2 中的分布差异检验结果可知，在 Wilcoxon 符号秩检验下，无论控制组还是竞争实验组，且无论 5 轮情境中的哪一种，被试对内群成员的分配额均与对外群成员的分配额存在显著差异。由此可见，在对他分配博弈中，被试表现出内群倾向性，且这种群际差异行为是显著的、稳健的，无论哪种分配情境，无论是否有竞争机制的激励，这种内群倾向性均存在，表明个体对内群身份具有明显的认同程度。这一结论与陈和李（Chen and Li，2009）的研究结论类似，且社会心理学对认同理论的大多数研究也得出了相近结论。

表 4-1　控制组被试对他分配博弈主要变量描述性统计及分布差异检验

变量	观察值	均值	标准差	分布差异检验
内群分配 1	48	2.821	0.761	5.235
外群分配 1	48	1.179	0.761	(0.000)
内群分配 2	48	5.633	1.618	5.068
外群分配 2	48	2.367	1.618	(0.000)
内群分配 3	48	8.031	2.713	4.274
外群分配 3	48	3.969	2.713	(0.000)
内群分配 4	48	11.058	3.517	4.728
外群分配 4	48	4.942	3.517	(0.000)

续表

变量	观察值	均值	标准差	分布差异检验
内群分配 5	48	13.567	4.188	4.440
外群分配 5	48	6.433	4.188	(0.000)

注：分布差异检验采用双边 Wilcoxon 符号秩检验，经该检验可得 z 统计量值，z 值下方括号内为对应的 p 值。

表 4-2　竞争实验组被试对他分配博弈主要变量描述性统计及分布差异检验

变量	观察值	均值	标准差	分布差异检验
内群分配 1	48	2.810	0.810	4.978
外群分配 1	48	1.190	0.810	(0.000)
内群分配 2	48	5.644	1.655	5.030
外群分配 2	48	2.356	1.655	(0.000)
内群分配 3	48	8.417	2.789	4.641
外群分配 3	48	3.583	2.789	(0.000)
内群分配 4	48	10.613	3.853	4.164
外群分配 4	48	5.388	3.853	(0.000)
内群分配 5	48	14.217	4.216	5.118
外群分配 5	48	5.783	4.216	(0.000)

注：分布差异检验采用双边 Wilcoxon 符号秩检验，经该检验可得 z 统计量值，z 值下方括号内为对应的 p 值。

图 4-1 和图 4-2 以图形的形式分别展示了控制组被试、竞争实验组被试在 5 轮不同情境下对内群成员、外群成员的分配额，从图形上可以直观看出个体分配行为的群际差异。此外，通过对比图 4-1 和图 4-2，还可以发现另外一个现象，即在竞争机制下，被试分配行为的群际差异相比控制组具有扩大的趋势，这表现在竞争实验组被试在对他分配博弈中对内群成员分配额更多，对外群成员分配额更少。由此可以推测，竞争机制可能会增加被试的社会认同并降低外群偏爱。但事实是否真的如此呢？本节后文提供的研究证据将给出答案。

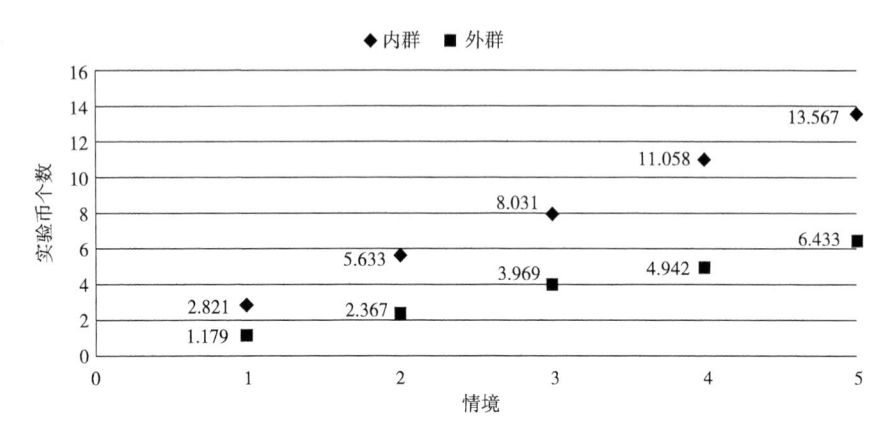

图 4-1 控制组被试对他分配结果

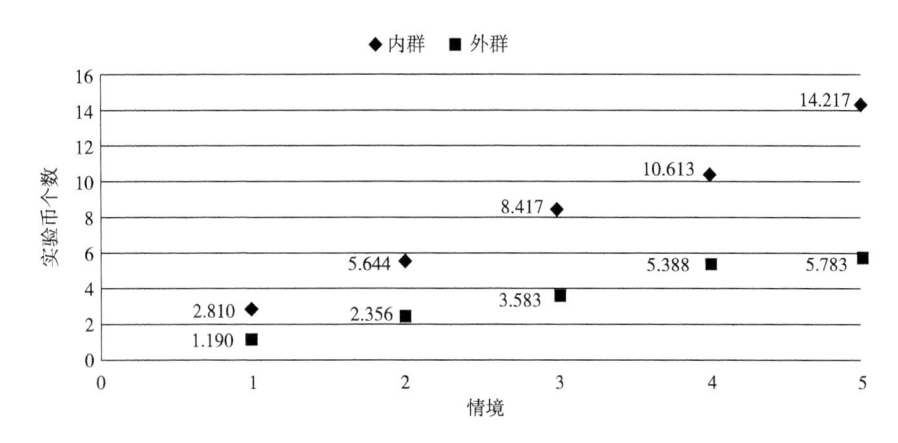

图 4-2 竞争实验组被试对他分配结果

4.4.2 公共品博弈

公共品博弈通过研究个体对公共品的自愿供给额度,以此作为度量个体合作行为的依据。公共品博弈中,个体对内群成员、外群成员的合作行为是否具有差异,竞争机制又是否会改变个体对内群成员、外群成员的合作行为呢?下文的研究结果将给出答案。

4.4.2.1 描述性统计及样本分布差异

无论控制组还是竞争实验组,在公共品博弈中,被试均需要在两种情况下做出决策,分别为内群成员搭配与外群成员搭配。表 4-3 中分别列举了控制组被试、竞争实验组被试在公共品博弈中捐赠额、估计额的描述性统计信息。其中，内群捐赠、外群捐赠、内群估计、外群估计四个变量分别指公共品博弈中被试与内群成员搭配时的捐赠额、与外群成员搭配时的捐赠额、对内群成员捐赠额的估计额、对外群成员捐赠额的估计额。由表 4-3 可知，从均值上看，无论是控制组（4.479>2.813）还是竞争实验组（5.708>3.000），被试在与内群成员搭配时其公共品自愿供给额均高于与外群成员搭配时的情形。估计额的描述性统计信息表明了相似的结果，即从均值上看，无论是控制组（5.188>3.833）还是竞争实验组（6.333>4.021），被试对内群成员捐赠额的估计额均高于对外群成员捐赠额的估计额。

表 4-3 控制组和竞争实验组被试公共品博弈主要变量描述性统计及分布差异检验

组别	变量	观察值	均值	标准差	分布差异检验
控制组	内群捐赠	48	4.479	3.202	3.950 (0.000)
	外群捐赠	48	2.813	2.447	
	内群估计	48	5.188	2.549	3.707 (0.000)
	外群估计	48	3.833	2.234	
竞争实验组	内群捐赠	48	5.708	4.257	4.335 (0.000)
	外群捐赠	48	3.000	3.513	
	内群估计	48	6.333	3.041	5.156 (0.000)
	外群估计	48	4.021	2.597	

注：分布差异检验采用双边 Wilcoxon 符号秩检验，经该检验可得 z 统计量值，z 值下方括号内为对应的 p 值。

再来从统计检验上看两者是否存在差异，表 4-3 中的 Wilcoxon 符号秩检验显示，从分布上看，无论是控制组（z=3.950，p-value=0.000）还是竞争实验组（z=4.335，p-value=0.000），被试在与内群成员搭配、外群成员搭配时，其对公共品的捐赠额均存在显著差异。估计额的分布具有类似的差异，即控制组（z=3.707，p-value=0.000）以及竞争实验组（z=5.156，p-value=0.000）的被试，均表现出对内群成员捐赠额的估计额高于对外群成员捐赠额的估计额。由此可见，在公共品博弈中，被试与内群成员搭配时相比外群成员搭配捐赠额更高，即被试更愿意与内群成员合作。此外，这种合作行为的内群倾向性在竞争实验组中同样存在，表明公共品博弈中被试合作行为的内群倾向具有稳健性。从估计额上看，被试对内群成员捐赠额的估计额也显著高于外群成员，且这种估计额的群际差异同样在竞争实验组中存在，表明个体在合作信念上的群际差异同样稳健。

表 4-4 竞争胜利组与竞争失败组被试公共品博弈
主要变量描述性统计及分布差异检验

组别	变量	观察值	均值	标准差	分布差异检验
竞争胜利组	内群捐赠	24	4.583	4.500	2.533 (0.011)
	外群捐赠	24	2.375	3.268	
	内群估计	24	6.250	3.300	3.650 (0.000)
	外群估计	24	3.583	2.569	
竞争失败组	内群捐赠	24	6.833	3.761	3.540 (0.000)
	外群捐赠	24	3.625	3.704	
	内群估计	24	6.417	2.827	3.651 (0.000)
	外群估计	24	4.458	2.604	

注：分布差异检验采用双边 Wilcoxon 符号秩检验，经该检验可得 z 统计量值，z 值下方括号内为对应的 p 值。

公共品博弈中，控制组和竞争实验组被试与内群成员、外群成员搭配时捐赠额的均值，对内群成员、外群成员捐赠额的估计额均值如图 4-3 所示，从图中可以直观地看出，被试对待内群成员与外群成员的差异。此外，通过将图 4-3 中控制组被试的群际合作差异与竞争实验组相对比，可以发现，竞争机制下这种差异性有扩大的趋势（5.708-3.000>4.479-2.813），这与图 4-2 中对他分配博弈所展现的规律相似，表明竞争机制可能会增加被试的社会认同并降低外群偏爱。

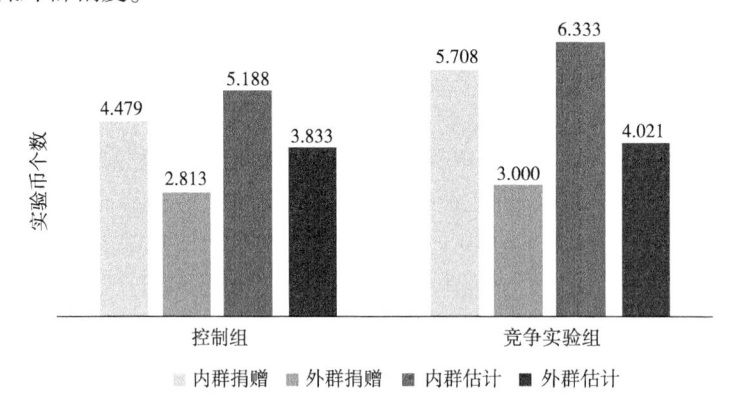

图 4-3 公共品博弈中控制组、实验组被试的捐赠额和估计额

在上一章中，社会比较实验组被试通过参与小队间比较，可以将被试分为胜利组和失败组，进而形成积极和消极的社会身份。本章通过将社会比较

的结果与被试现金收益相挂钩，形成竞争机制，用以强化身份认同的差异性以及对应的积极社会身份和消极社会身份。表4-4中分别列举了竞争胜利组被试、竞争失败组被试在公共品博弈中捐赠额、估计额的描述性统计信息。由表4-4可知，无论竞争胜利组（4.583>2.375）还是竞争失败组（6.833>3.625），被试在与内群成员搭配时其对公共品的捐赠额均高于与外群成员搭配时的情形，且从分布上看，二者也存在显著差异（$z=2.533$，p-value= 0.011；$z=3.540$，p-value=0.000）。类似地，竞争胜利组（6.250>3.583）和竞争失败组（6.417>4.458）被试对内群成员捐赠额的估计额也高于外群成员，且两者间在分布上也存在显著差异（$z=3.650$，p-value=0.000；$z= 3.651$，p-value=0.000）。因此，基于表4-4报告的结果可知，竞争实验组中胜利组被试与失败组被试，在合作行为和合作信念上均存在内群倾向性，即两组被试均与内群成员的合作水平更高，且更愿意与内群成员合作。

图4-4分别展示了竞争胜利组和竞争失败组被试在公共品博弈中的捐赠额和估计额，从图中可以直观地看出不同实验组被试在合作行为与合作信念上的差异。此外，通过将图4-3与图4-4中控制组、竞争胜利组以及竞争失败组被试的群际合作差异相对比，可以发现这种差异性在竞争失败组中表现最突出（6.833-3.625>4.583-2.375>4.479-2.813），且竞争失败组被试与内群成员搭配时捐赠额也最多，由此可以推测，竞争失败组产生的消极社会身份反而会促进内群成员间合作行为的发生。这种竞争失败效应是否真实存在？后文中样本间实验效应的检验结果和回归分析将进一步给出答案。

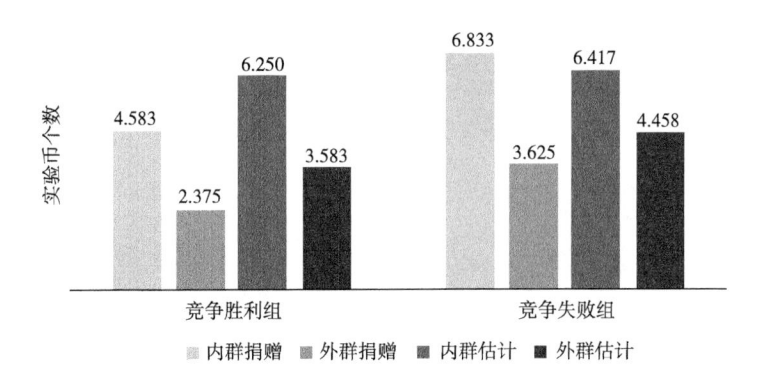

图4-4 公共品博弈中竞争胜利组与竞争失败组的捐赠额和估计额

上文基于被试内的实验设计，分析了控制组、竞争实验组及对应的竞争胜利组和竞争失败组在合作行为和合作信念上的群际差异。结果表明，无论控制组还是实验组，个体在合作行为和合作信念上均表现出社会认同，即更愿意与内群成员合作，且与内群成员合作水平更高。此外，根据控制组和实验组数据所表现出的特征，可以推测，竞争效应尤其是竞争结果产生的失败组效应会强化个体社会认同并降低个体的外群偏爱，使合作行为的群际差异增大。为了进一步检验竞争机制以及竞争胜利组和竞争失败组产生的实验效应（treatment effect），本节接下来在实验组与控制组之间的对比分析中寻找问题的答案。

首先来看竞争实验组以及竞争后产生的胜利组、失败组的实验效应。表4-5中列举了竞争实验组、竞争胜利组与竞争失败组各主要变量与控制组相比的检验结果，根据检验结果的显著性，可以判断竞争效应、积极社会身份效应以及消极社会身份效应产生的影响。为了检验实验组与控制组的差异，在此利用 Wilcoxon 秩和（Mann-Whitney）检验。由检验结果以及表4-3的描述性统计信息可知，竞争实验组被试对内群成员捐赠额的估计额高于控制组被试（6.333>5.188），且两者的分布在5%的显著水平上存在差异（$z=-2.122$，p-value=0.034）；其余各主要变量中，虽然竞争实验组被试在与内群成员搭配时的捐赠额（5.708>4.479；$z=-1.535$，p-value=0.125），与外群成员搭配时的捐赠额（3.000>2.813；$z=0.243$，p-value=0.808）以及对外群成员捐赠额的估计额（4.021>3.833；$z=-0.201$，p-value=0.840）均高于控制组，但是两者的差异并不显著。

表4-5 公共品博弈中竞争实验组实验效应统计检验

捐赠与估计	竞争实验组 vs 控制组	竞争胜利组 vs 控制组	竞争失败组 vs 控制组
内群捐赠	-1.535 (0.125)	0.079 (0.937)	-2.574 (0.010)
外群捐赠	0.243 (0.808)	0.932 (0.351)	-0.527 (0.598)
内群估计	-2.122 (0.034)	-1.478 (0.139)	-1.995 (0.046)
外群估计	-0.201 (0.840)	0.569 (0.570)	-0.896 (0.370)

注：表格中数据为双边 Wilcoxon 秩和（Mann-Whitney）检验的 z 统计量，z 值下方括号内为对应的 p 值。

上述研究结果表明，竞争机制下个体会提高对内群成员的合作信念，但并不一定可以增加内群成员间的合作行为。这种内群合作信念上的提升从何而来，是否与竞争产生的胜负效应有关呢？表4-5中报告的结果给出了答案。结合表4-3、表4-4中的描述性统计信息，将竞争胜利组与竞争失败组各主要变量与控制组对比发现，竞争失败组被试与内群成员搭配时其捐赠额在5%的显著水平上高于控制组被试（6.833>4.479；z=-2.574，p-value=0.010），且对内群成员捐赠额的估计额在5%的显著水平上也高于控制组（6.417>5.188；z=-1.995，p-value=0.046），竞争胜利组与失败组其余各主要变量与控制组相比则不存在显著差异。根据上述分析结果可以得出结论，即竞争机制下被试与内群成员合作信念提高的原因在于竞争失败组。竞争失败效应会提高劣势群体对内群身份的社会认同，表现出与内群成员更高的合作水平，且劣势群体对内群成员表现出的高合作行为伴随着对内群成员更高的合作信念。相比之下，竞争胜利组被试相比控制组与内群成员、外群成员搭配时其合作水平不会发生显著变化。这个结论基于样本间的分析回答了上文中提出的问题，即竞争机制下的失败组效应会导致合作行为群际差异增大，具体表现在失败组内群合作水平的显著提升。

图4-5以公共品博弈中各主要变量为分类标准，展示了控制组、竞争实验组、竞争胜利组与竞争失败组相互间的差异。从图4-5中可以直观地看出，相比控制组被试，竞争失败组被试与内群成员搭配时，捐赠额有明显提升。

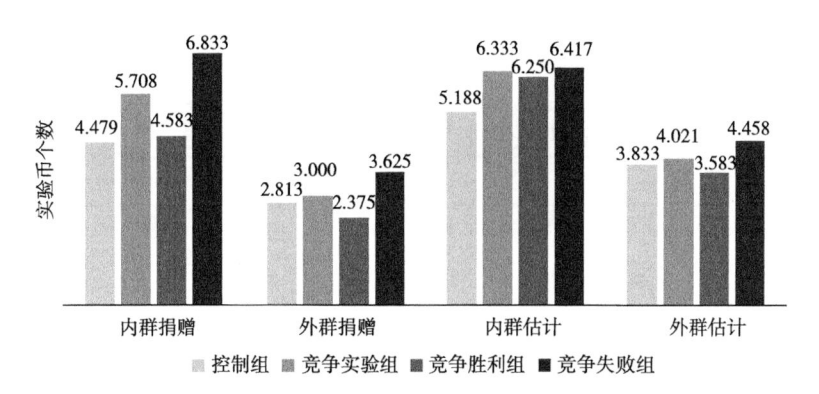

图4-5 公共品博弈中控制组、竞争实验组及其中的胜利组、失败组的捐赠额和估计额

以上便是以控制组及不同实验组为单位，通过同组被试内对比与不同组之间对比所得的研究结论。下面再来看看竞争机制的实验效应是否真实存在，并看看如何进行相关的量化分析。具体来说，本节将利用计量模型进行回归分析，从个体层面检验个体合作行为的群际差异以及竞争机制的实验效应是否真实存在；此外，通过计量模型的构建，对竞争机制下的胜利组效应、失败组效应进行量化分析。

为了研究个体在与内群成员、外群成员搭配时，其自身合作行为和合作信念的差异，本节进行计量分析。在表 4-6 中，变量捐赠额和变量估计额分别是指公共品博弈中被试对公共品的捐赠额和对博弈搭配对象捐赠额的估计额。内群为虚拟变量，当被试与同属一个小队的成员搭配时，内群的值为 1；当被试与另外一个小队的成员搭配时，内群的值为 0。控制变量包括被试的性别信息以及专业信息。由于公共品博弈将重复进行两期，每期决策相互独立，且捐赠额和估计额两个变量的值均在 0~10 之间变化，因此，本节利用面板数据随机效应 Tobit 模型，依据控制组和竞争实验组的实验结果进行估计。回归结果如表 4-6 所示。由回归结果可知，无论控制组（变量内群的估计值为 0.935，p-value<0.01）还是竞争实验组（变量内群的估计值为 0.661，p-value<0.01），个体与内群成员搭配时对公共品的捐赠额均显著高于与外群成员搭配时的情形；同样地，控制组（变量内群的估计值为 1.054，p-value<0.01）和竞争实验组（变量内群的估计值为 1.461，p-value<0.01）被试对内群成员捐赠额的估计额也显著高于对外群成员捐赠额的估计额。上述回归结果表明，被试在合作行为与合作信念上均存在群际差异，被试与内群成员的合作水平更高，且与内群成员的合作信念更强。此外，从整体上看，竞争机制作用下被试仍然会表现出上述特性。表 4-6 中的模型回归结果所得结论与表 4-3 所反映的结论相同，表明这种合作行为、合作信念的群际差异性不仅体现在群体层面，也反映在个体决策层面。本节下文将构造新的计量模型，通过将实验组数据与控制组数据进行对比，进一步研究竞争机制产生的实验效应。

表 4-6 控制组、竞争实验组被试面板 Tobit 回归方程

解释变量	被解释变量			
	控制组		竞争实验组	
	捐赠额	估计额	捐赠额	估计额
内群	0.935*** (0.248)	1.054*** (0.305)	0.661*** (0.190)	1.461*** (0.297)
性别	-0.680 (0.447)	-0.708 (0.474)	-0.295 (0.275)	-0.395 (0.445)
专业	-0.025 (0.061)	0.072 (0.064)	0.003 (0.035)	0.053 (0.058)
观察值	96	96	96	96
瓦尔德卡方	19.02	15.07	21.40	27.91

续表

解释变量	被解释变量			
	控制组		竞争实验组	
	捐赠额	估计额	捐赠额	估计额
对数似然	−204.162	−210.598	−178.705	−217.787
左/右归并观察值	25/6	12/5	35/22	9/13

注：①每个系数对应着两行数据，第一行数据为平均边际效应值，根据回归模型中各解释变量估计值计算所得；第二行括号内数值表示标准误。

②*，＊＊，＊＊＊分别表示变量估计值在10%、5%和1%的显著性水平显著。

4.4.2.2 计量模型回归分析

为了研究竞争机制以及其引发的胜负效应，本节构建计量模型。在表4-7和表4-8中，被解释变量内群捐赠是指被试在公共品博弈中与本小队成员搭配时对公共品的捐赠额。竞争实验组是虚拟变量，当其值为1时，表明被试来自竞争实验组；当其值为0时，表明被试来自控制组。获胜也为虚拟变量，当其值为1时，表明被试在小队竞争中获胜，即代表竞争实验组中的胜利组被试；当其值为0时，表明被试在小队竞争中失败，或没有参与竞争游戏，即代表竞争实验组中的失败组和控制组被试。控制变量包括被试的性别信息以及专业信息。表4-7中对变量竞争实验组的估计值可以用于量化竞争效应对被试合作行为的影响；相比之下，表4-8中对变量竞争实验组的估计值则可以用于量化竞争失败组效应对被试合作行为的影响，而将变量竞争实验组和变量获胜的估计值相加之和可用于估计竞争胜利组被试的合作效应，变量获胜的估计值可用于计量竞争胜利组和失败组被试在合作行为上的差异。至于被试外群合作行为，以及内群、外群合作信念的计量分析模型，只是将被解释变量分别替换为外群捐赠、内群估计、外群估计，在此不做赘述。由于在公共品博弈中，被试对公共品捐赠额以及对搭配对象捐赠额的估计额均在0~10的范围内，所以，本节利用Tobit模型对上述模型进行估计。表4-7和表4-8分别报告了竞争实验组的实验效应，以及小队竞争所产生的胜利组效应和失败组效应。

表4-7 公共品博弈中竞争效应回归分析

解释变量	被解释变量			
	内群捐赠	外群捐赠	内群估计	外群估计
竞争实验组	0.406	−0.008	0.706**	0.153
	(0.273)	(0.312)	(0.345)	(0.380)

续表

解释变量	被解释变量			
	内群捐赠	外群捐赠	内群估计	外群估计
性别	-0.160 (0.289)	-0.775** (0.349)	0.133 (0.487)	-1.280*** (0.459)
专业	-0.025 (0.029)	0.030 (0.038)	0.042 (0.043)	0.085* (0.048)
观察值	96	96	96	96
伪 R^2	0.007	0.015	0.011	0.028
伪对数似然	-209.995	-196.043	-221.700	-209.763
左/右归并观察值	22/24	38/4	6/17	15/1

注：①每个系数对应着两行数据，第一行数据为平均边际效应值，根据回归模型中各解释变量估计值计算所得，第二行括号内数值表示聚类到两人博弈小组层面的稳健标准误。

②*，**，***分别表示变量估计值在10%，5%和1%的显著性水平显著。

表4-7中的回归结果表明，相比于控制组，竞争实验组被试对本小队成员公共品捐赠额的估计额会增加0.706个实验币，且这一估计值在5%水平上显著，说明竞争机制的实验效应会提升被试与内群成员的合作信念。这一结论与表4-5中样本间对比的结果相一致，说明无论从群体层面还是从个体层面看，群体竞争效应均能够提升个体的内群合作信念。再来看竞争机制产生的胜负效应，表4-8中报告的回归结果表明竞争结果产生的失败效应对于被试的内群合作行为具有影响，当被试与本小队成员搭配时，失败组被试对公共捐赠额比控制被试多0.854个实验币，且这一差异在5%的水平上显著；相比之下，竞争胜利组被试在与内群成员搭配时比控制组少捐赠0.017个实验币，但是这一差异并不显著（p-value=0.959）。表4-8中的回归结果还表明，竞争失败组被试对内群成员还表现出更高的合作信念，表现在对内群成员捐赠额的估计额相比控制组增加0.737个实验币，且这一差异在10%水平上显著。最后，表4-8中的结果显示竞争失败组被试相比胜利组被试与内群成员搭配时对公共品的捐赠额会增加0.871个实验币，且该估计值在10%水平上显著，这说明，竞争失败组被试对内群成员的合作水平不仅显著高于控制组，还同样地显著高于竞争胜利组。表4-8中竞争失败组产生的外群合作效应与表4-5中报告的结果相同，无论基于实验组与控制组的对比，还是基于个体分析，均表明竞争失败效应会提高个体的社会认同，进而促使被试提高与内

群成员的合作水平。此外，从表4-8中回归结果所表明的竞争失败组与胜利组在合作行为上的差异性，则更能够确切证明竞争失败效应的存在。因此，基于上述研究结果可以得出结论，即竞争失败组所产生的消极社会身份，反而会提高被试的社会认同程度，促进内群合作行为的发生。

表4-8 公共品博弈中竞争实验组胜负效应回归分析

解释变量	被解释变量			
	内群捐赠	外群捐赠	内群估计	外群估计
竞争实验组	0.854** (0.382)	0.251 (0.392)	0.737* (0.394)	0.305 (0.458)
获胜	-0.871* (0.457)	-0.537 (0.474)	-0.062 (0.478)	-0.307 (0.490)
性别	-0.055 (0.320)	-0.729** (0.353)	0.140 (0.490)	-1.246*** (0.455)
专业	-0.034 (0.031)	0.026 (0.037)	0.041 (0.043)	0.083* (0.047)
观察值	96	96	96	96
伪R^2	0.020	0.019	0.011	0.029
伪对数似然	-207.401	-195.305	-221.693	-209.595
左/右归并观察值	22/24	38/4	6/17	15/1
胜利组实验效应	-0.017 (0.000) 0.959	-0.286 (0.53) 0.470	0.675 (2.31) 0.132	-0.002 (0.00) 0.997

注：①每个系数对应着两行数据，第一行数据为平均边际效应值，根据回归模型中各解释变量估计值计算所得，第二行括号内数值表示聚类到两人博弈小组层面的稳健标准误。
②胜利组实验效应中三个数分别为效应大小、F值以及p值。
③*，* *，* * *分别表示变量估计值在10%，5%和1%的显著性水平显著。

4.4.3 囚徒困境博弈

囚徒困境博弈用以研究个体在社会困境中对合作策略及欺骗策略的选择。在公共品博弈中，如果将被试策略的选择集限定为搭便车和全部投资公共品两种，则公共品博弈可以转化为囚徒困境博弈，因此，囚徒困境博弈可视作是公共品博弈的特殊形式。本节通过调整囚徒困境博弈的支付矩阵，构造了一个相比公共品博弈更难于合作的博弈环境，用以研究被试在竞争机制下的社会认同与合作行为的关系。

4.4.3.1 描述性统计及样本分布差异

无论控制组还是竞争实验组，在囚徒困境博弈中被试均需要在与内群成员搭配、外群成员搭配两种情况下做出决策。表4-9分别列举了控制组被试和竞争实验组被试在囚徒困境博弈中策略选择的描述性统计信息。其中，变量内群合作和变量外群合作分别指囚徒困境博弈中被试与内群成员、外群成员搭配时的策略选择，两个变量均为虚拟变量，当其值为1时，表明被试的选择为方案1（合作策略）；当其值为0时，表明被试的选择为方案2（欺骗策略）。由表4-9可知，从均值上看，无论是控制组（0.354>0.083）还是竞争实验组（0.417>0.208），被试在与内群成员搭配时，其选择合作策略的概率均高于与外群成员搭配时的情形。再来从统计检验上看两者是否存在差异。由于被试的选择只有1（合作策略）和0（欺骗策略）两种，在此利用卡方检验。

表4-9 控制组和竞争实验组被试囚徒困境博弈
主要变量描述性统计及分布差异性检验

组别	变量	观察值	均值	标准差	分布差异检验
控制组	内群合作	48	0.354	0.483	10.301
	外群合作	48	0.083	0.279	（0.001）
竞争实验组	内群合作	48	0.417	0.498	4.849
	外群合作	48	0.208	0.410	（0.028）

注：分布差异检验采用Pearson卡方检验，经该检验可得chi^2统计量值，chi^2值下括号内为对应的p值。

由表4-9中的卡方检验结果可知，无论是控制组（chi^2=10.301，p-value=0.001）还是竞争实验组（chi^2=4.849，p-value=0.028），被试在与内群成员和外群成员搭配时，其对合作策略和欺骗策略的选择存在显著差异。由此可见，在囚徒困境博弈中，被试与内群成员搭配时相比外群成员搭配选择合作策略的概率更高，即被试更愿意与内群成员合作。此外，这种合作行为的内群倾向性在竞争实验组中同样存在，表明囚徒困境博弈中，被试在合作行为上的内群倾向具有稳健性。囚徒困境博弈中，控制组和竞争实验组被试与内群成员、外群成员搭配时选择合作策略的概率如图4-8所示，从图中可以直观地看出，被试对待内群成员与外群成员的差异。图4-8

中有一点值得注意，即竞争实验组被试与外群成员搭配时选择合作策略的概率相比控制组有大幅提高（20.80%>8.30%），这是否意味着竞争机制会促进囚徒困境中外群成员间的合作行为，增加被试的外群偏爱呢？本章的后续分析将对此进行解答。

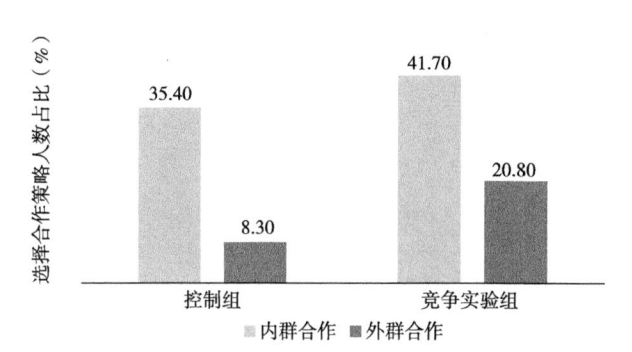

图 4-6　囚徒困境博弈中控制组、实验组被试选择合作策略人数占比

再来看竞争机制下胜利组和失败组被试在囚徒困境中的决策。表 4-10 分别列举了竞争胜利组被试和竞争失败组被试在囚徒困境博弈中策略选择的描述性统计信息。由表 4-10 可知，竞争胜利组被试（0.375>0.125）在与内群成员搭配时其选择合作策略的概率均高于与外群成员搭配时的情形，且在卡方检验下两者均存在显著差异（$chi^2 = 4.000$，p-value = 0.046）；相比之下，竞争失败组被试虽然在与内群搭配时选择合作策略的概率相比外群搭配更高（0.458>0.292），但是二者不存在显著差异（$chi^2 = 1.422$，p-value = 0.233）。因此，竞争胜利组在囚徒困境博弈中合作行为的群际差异均是存在的，但是竞争失败组则不存在这种差异性。这个发现在一定程度上回答了上文中提出的问题，即在囚徒困境博弈中，竞争机制会在一定程度上弱化被试合作行为的群际差异，且竞争机制主要针对竞争失败组产生实验效应，而弱化合作行为群际差异的路径则为提高竞争失败组被试的外群偏爱。

表 4-10　竞争胜利组、失败组被试囚徒困境博弈主要变量描述性统计及分布差异检验

组别	变量	观察值	均值	标准差	分布差异检验
竞争胜利组	内群合作	24	0.375	0.495	4.000
	外群合作	24	0.125	0.338	(0.046)
竞争失败组	内群合作	24	0.458	0.509	1.422
	外群合作	24	0.292	0.464	(0.233)

注：分布差异检验采用 Pearson 卡方检验，经该检验可得 chi^2 统计量值，chi^2 值下括号内为对应的 p 值。

图4-7分别展示了竞争胜利组和竞争失败组被试在囚徒困境博弈中选择合作策略被试人数的百分比,从图中可以直观地看出不同实验组被试在合作策略选择上的差异。

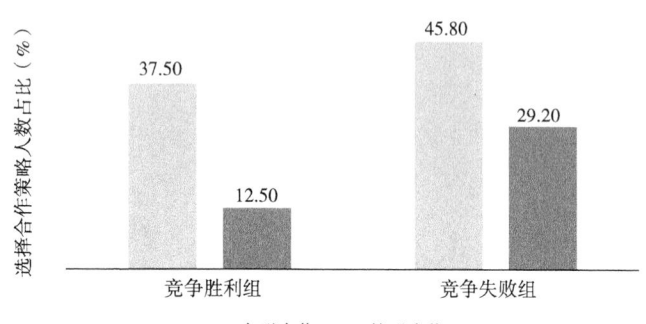

图4-7 囚徒困境博弈中竞争胜利组与竞争失败组被试选择合作策略人数占比

上文根据被试内设计的实验结果分析了控制组和竞争实验组在囚徒困境博弈中合作行为上的群际差异。结果表明,竞争机制下被试虽然表现出显著的群际合作差异,但是竞争机制产生的失败组效应则会弱化这种差异。为了进一步检验竞争机制以及其对应的胜利效应和失败效应对个体合作行为的影响,本节接下来通过对比实验组和控制组的实验结果,检验实验效应(treatment effect)是否存在。

首先来看竞争实验组以及竞争后产生的胜利组、失败组的实验效应。表4-11中列举了竞争实验组、竞争胜利组与竞争失败组各主要变量与控制组相比的检验结果,根据检验结果的显著性可以判断竞争效应、积极社会身份效应以及消极社会身份效应产生的影响。卡方检验结果以及表4-9中的描述性统计信息表明,竞争实验组被试虽然与内群成员搭配(0.417>0.354)、外群成员搭配时(0.208>0.083),其选择合作策略的概率均高于控制组被试,但是这种差异性只是在外群搭配时显著存在($chi^2 = 3.011$,p-value=0.083),内群搭配时并不显著($chi^2 = 0.396$,p-value=0.529)。这说明竞争机制会提高被试的外群偏爱,促进与外群成员的合作行为。

表4-11 囚徒困境博弈中竞争实验组实验效应统计检验

合作类型	竞争实验组 vs 控制组	竞争胜利组 vs 控制组	竞争失败组 vs 控制组
内群合作	0.396 (0.529)	0.030 (0.862)	0.731 (0.393)

续表

合作类型	竞争实验组 vs 控制组	竞争胜利组 vs 控制组	竞争失败组 vs 控制组
外群合作	3.011 (0.083)	0.317 (0.574)	5.365 (0.021)

注：表格中数据为 Pearson 卡方检验的 chi^2 统计量，chi^2 值下括号内为对应的 p 值。

再来看竞争机制产生的外群偏爱效应是否与竞争结果的胜负有关，根据表 4-11 中竞争胜利组与竞争失败组各主要变量与控制组对比发现，竞争胜利组被试（$chi^2=0.030$，p-value = 0.862；$chi^2=0.317$，p-value = 0.574）在与内群成员、外群成员搭配时选择合作策略的概率均与控制组被试不存在显著差异；竞争失败组虽然与内群成员搭配时选择合作策略的概率与控制组不存在显著差异（$chi^2=0.731$，p-value = 0.393），但是与外群成员搭配时这种差异性在 5% 的水平上显著存在（$chi^2=5.365$，p-value = 0.021）。

根据上述分析结果，可以得出结论，即竞争机制下被试在囚徒困境博弈中会提高对外群成员身份的偏爱，表现出与外群成员更高的合作水平；而导致这种外群偏爱的原因在于竞争失败组，竞争胜利组被试相比控制组与外群成员搭配时其合作水平不会发生显著变化。图 4-8 展示了囚徒困境中被试与内群成员、外群成员搭配时，控制组与竞争实验组被试选择合作策略人数所占百分比，从图 4-8 中可以直观地观测竞争效应对被试合作行为的影响。

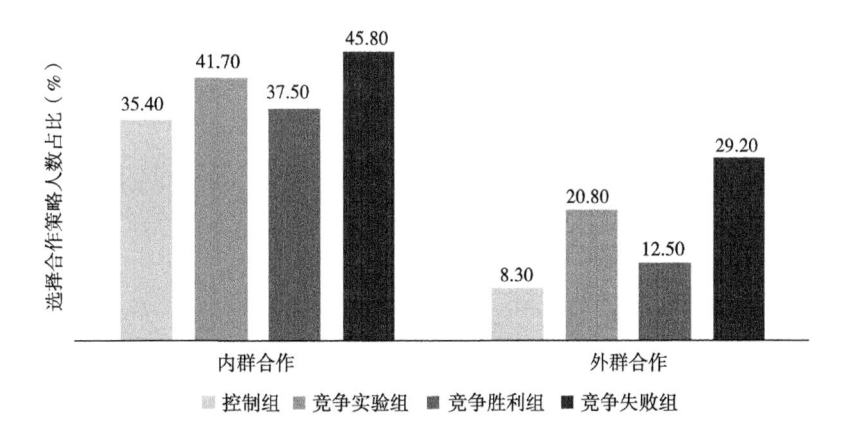

图 4-8 囚徒困境博弈中控制组、竞争实验组及其中的胜利组、失败组被试选择合作策略人数占比

4.4.3.2 计量模型及回归分析

以上便是以控制组及竞争实验组为单位,通过同组被试内对比与不同组之间对比所得的研究结论。下面,本节利用计量模型进行回归分析,从个体层面检验个体合作行为的群际差异,以及竞争机制的实验效应是否真实存在,此外,通过计量模型的构建,对竞争机制下的胜利效应、失败效应进行量化分析。

首先,为了研究个体在与内群成员、外群成员搭配时其自身合作行为的差异,本节构建模型用以计量分析。在表4-12中,变量合作策略为虚拟变量,是指囚徒困境博弈中被试的策略选择,当被试选择合作策略时,合作策略值为1;当被试选择欺骗策略时,合作策略值为0。内群为虚拟变量,当被试与同属一个小队的成员搭配时,内群的值为1;当被试与另外一个小队的成员搭配时,内群的值为0。控制变量包括被试的性别信息以及专业信息。由于囚徒困境博弈将重复进行两期,每期决策相互独立,且变量合作策略的值为1或0两者中的一个,因此,本节利用面板数据随机效应Logit模型,依据控制组和竞争实验组的实验结果分别进行估计。

表4-12 控制组、竞争实验组被试面板 Logit 回归方程

解释变量	被解释变量	
	控制组	竞争实验组
	合作策略	合作策略
内群	0.281*** (0.087)	0.232** (0.092)
性别	-0.002 (0.092)	-0.004 (0.119)
专业	0.004 (0.012)	0.004 (0.016)
观察值	96	96
瓦尔德卡方	7.18	4.92
对数似然	-44.728	-56.266

注:①每个系数对应着两行数据,第一行数据为平均边际效应值,根据回归模型中各解释变量估计值计算所得,第二行括号内数值表示标准误。

②*, **, *** 分别表示变量估计值在10%、5%和1%的显著性水平显著。

回归结果如表4-12所示。由回归结果可知,无论控制组还是竞争实验

组，个体与内群成员搭配时选择合作策略的概率均显著高于与外群成员搭配时的情形。上述回归结果表明，被试在合作行为上存在群际差异，被试与内群成员的合作水平更高。此外，从整体上看，竞争机制下被试仍然会表现出上述特性。表4-12中的模型回归结果所得结论与表4-9所反映的结论相同，表明这种合作行为的群际差异性不仅体现在群体层面，也反映在个体决策层面。还有一点值得注意，相比于控制组，竞争实验组对内群的估计值小于控制组（0.232<0.281）。因此，与上文样本间对比所得结论类似，基于个体决策的回归分析表明，囚徒困境博弈中竞争机制会在一定程度上弱化合作行为的群际差异。为了从个体层面进一步研究竞争机制产生的实验效应，本节构造新的计量模型，通过将实验组数据与控制组数据对比实现研究目的。

为了研究竞争机制及其引发的胜负效应，本节构建计量模型。在表4-13中，被解释变量内群合作为虚拟变量，是指被试在囚徒困境博弈中与本小队成员搭配时的策略选择，当被试选择合作策略时，内群合作值为1；当被试选择欺骗策略时，内群合作值为0。竞争实验组是虚拟变量，当其值为1时，表明被试来自竞争实验组；当其值为0时，表明被试来自控制组。获胜也为虚拟变量，当其值为1时，表明被试在小队竞争中获胜，即代表竞争实验组中的胜利组被试；当其值为0时，表明被试在小队竞争中失败，或未参与小队竞争，即代表竞争实验组中的失败组和控制组被试。控制变量包括被试的性别信息以及专业信息。因此，表4-13第一列和第三列对变量竞争实验组的估计值可以用于量化竞争效应对被试合作行为的影响；相比之下，第二列和第四列对变量竞争实验组的估计值则可以用于量化竞争失败组效应对被试合作行为的影响，而对变量竞争实验组和变量获胜的估计值相加之和可用于估计竞争胜利组被试的合作效应，变量获胜的估计值可用于计量竞争胜利组和失败组被试在合作行为上的差异。对于被试外群合作行为的计量分析模型，只是将被解释变量替换为外群合作，在此不做赘述。由于囚徒困境博弈中变量内群合作的值为1或0两者中的一个，因此本章利用Logit模型进行估计。表4-13报告了竞争实验组的实验效应，以及竞争结果所产生的胜利组效应和失败组效应。

表4-13 囚徒困境博弈中竞争实验组及胜负效应回归分析

解释变量	被解释变量			
	内群合作	内群合作	外群合作	外群合作
竞争实验组	0.056 (0.096)	0.090 (0.105)	0.128* (0.067)	0.185** (0.073)

续表

解释变量	被解释变量			
	内群合作	内群合作	外群合作	外群合作
获胜		-0.070 (0.117)		-0.139 (0.103)
性别	-0.034 (0.118)	-0.025 (0.121)	0.033 (0.070)	0.056 (0.075)
专业	0.009 (0.014)	0.008 (0.014)	-0.002 (0.008)	-0.004 (0.007)
观察值	96	96	96	96
伪 R^2	0.007	0.009	0.042	0.073
伪对数似然	-63.556	-63.429	-38.218	-36.979
胜利组实验效应		0.02 (0.03) 0.870		0.046 (0.23) 0.633

注：①每个系数对应着两行数据，第一行表示系数估计值，第二行括号内数值表示聚类到两人博弈小组层面的稳健标准误。
②胜利组实验效应中三个数分别为效应大小、chi^2 值以及 P 值。
③ *，* *，* * * 分别表示变量估计值在 10%，5% 和 1% 的显著性水平显著。

由回归结果可知，被试与内群成员搭配时竞争机制的实验效应并不存在（变量竞争实验组的估计值为 0.056，p-value>10%），但是与外群成员搭配时，竞争机制的实验效应在 10% 的水平上显著提高了外群合作行为（变量竞争实验组的估计值为 0.128，p-value<10%）。此外，竞争机制下的胜利组效应与失败组效应不会对被试内群合作行为产生影响；相比之下，竞争机制产生的失败效应虽然对内群合作无效，但是会在 5% 的水平上显著提升外群合作行为（变量竞争实验组的估计值为 0.185，p-value<5%）。因此，基于被试个体决策的回归分析结论与表 4-11 中样本间对比所得结论相同，即在相比于公共品博弈更难于合作的囚徒困境博弈环境中，竞争机制会显著提升被试外群偏爱，促进外群合作行为的发生；而导致这种外群合作行为提升的原因在于竞争失败组，竞争胜利组的实验效应并不显著存在。

4.5 小结与讨论

本章利用公共品博弈和囚徒困境博弈，通过被试内和被试间的实验设计研究了竞争机制下社会认同与合作行为的关系。通过利用样本层面的对比分析以及个体层面的回归分析，本章得出以下几点结论。

首先，无论公共品博弈还是囚徒困境博弈，控制组被试和竞争实验组被试在合作行为上均表现出群际差异，即相比外群成员，与内群成员合作的可能性更大。这同时也意味着，无论更容易合作的公共品博弈还是更难于合作的囚徒困境博弈，个体在合作行为上的群际差异是稳健的，不受博弈环境的影响。这个结论与社会认同理论中的主流观点相一致，即：个体均有内群倾向性，且这种内群倾向性会导致群际差异行为的发生。

其次，在公共品博弈中，本章所得结论与第3章中社会比较实验组相同，均发现了失败组消极社会身份所产生的实验效应。但是，与上一章不同的是，本章中竞争失败组虽然产生了消极的社会身份，但内群倾向性反而增加，表现出更高的社会认同，与内群成员搭配时合作行为会增加。此外，竞争机制会使公共品博弈中个体合作行为的群际差异增强，这同样也源于竞争失败组社会认同提升所产生的影响。本章实验设计所发现的竞争失败组效应符合社会认同理论的预期，即：竞争产生的劣势群体，会表现出内群偏爱和外群偏爱两种行为。劣势群体表现出内群倾向性的原因出于维护自尊（self-esteem）的需要，故表现出更强的社会认同；相比之下，劣势群体表现出外群偏爱的原因则源于身份地位的稳定性、合法性以及群体间的可渗透性三种因素的共同作用。本书在第三章结尾处利用该理论解释了社会比较失败组实验效应产生的原因，在此不再详述。

最后，在囚徒困境博弈中，控制组、竞争实验组与竞争胜利组均表现出合作行为的群际差异，但是竞争失败组中上述合作行为的群际差异并不存在，其原因在于竞争失败组的实验效应会提高个体外群偏爱，进而降低个体合作行为的群际差异。通过对竞争实验组及其对应的竞争胜利组、竞争失败组与控制组进行样本间分析，以及个体数据回归分析，可以发现，竞争机制产生的实验效应会提高被试外群合作水平，而导致这种外群合作行为提升的原因在于竞争失败组，竞争胜利组的实验效应并不显著存在。在相比公共品博弈更难于合作的囚徒困境博弈中，竞争失败组表现出与公共品博弈相反的证据，这一结论同样可以利用解释优势群体、劣势群体行为差异性的社会认同理论中的观点加以解释，在此不再赘述。此外，值得一提的是，本章实验研究发现的证据表明，竞争胜利组和失败组对应的优势群体和劣势群体，其表现出的对待内群成员的社会认同和对待外群成员的偏爱不仅取决于身份地位的稳定性、合法性以及群体间的可渗透性三种因素，还会受到外部博弈环境的影响。

5 社会认同与合作行为
——社会互动机制的影响

5.1 引言

第 3 章和第 4 章研究了社会比较、竞争机制下的社会认同与合作行为的关系，在与这两章对应的实验设计中，本书利用最简群体范式的方法，人为构建了群体身份。在最简群体范式方法下，实验中的被试在获取小队身份时，不能够有任何交流，也不能获知在场的被试中哪些人和自己同属一个小队等信息。因此，在这种身份生成方法下，本书能够尽可能排除与实验相关因素的干扰，在实验室实验中着重研究社会比较机制、竞争机制对个体社会认同产生的实验效应。但是，在现实生活中，人与人之间是需要经常互动的，这些互动的方式包括观察、交流、协作，以及肢体上的接触等。这些不同的互动形式均能够改变个体的自我认知，进而影响个体对身份的社会认同。因此，本章在实验室实验中采用区别于最简群体范式的方法生成群体身份，研究社会互动机制下个体社会认同与合作行为的关系。

根据社会认同理论的观点，社会互动之所以能够促进个体的身份认同，其原因在于个体在社会互动中能够与内群成员相熟悉，发现内群成员间的相似性和外群成员间的差异性；且社会互动能够使个体熟悉群体规则，上述过程均能够强化个体对内群身份的认知及与其对应的情感、价值联系，达到促进社会认同的目的。社会认同理论强调个体对群体身份识别中的自我认知，虽然该理论指出个体间互动（interpersonal interaction）、相似性（similarity）、喜爱（liking）、共同目标（shared goals）等因素不存在时，个体仍然会形成身份认同感（Turner，1984），但是上述社会互动形式却能够促进个体的范畴化分类进而起到影响身份认同的作用（Hogg and Turner，1985；Turner，1984）。

行为和实验经济学领域，在实验室实验中，往往利用社会互动形成个体的社会身份认同，具体方法概括起来包括两种：一种为小组成员间的面对面交流方法（Gächter and Fehr, 1999; Bochet et al., 2006; Boone et al., 2008），另一种为团队建设任务法（team-building task）（Ecke and Grossman, 2005; McLeish and Oxoby, 2007; Smith, 2011a, 2011b; Guala et al., 2013; Weng and Carlsson, 2015）。面对面交流方法通常情况下要求同组被试在正式实验开始时，先在规定的时间内进行简单的交流，如相互介绍姓名、爱好、专业等；团队建设任务法则要求被试以小组为单位，在规定的时间内完成小队任务，而团队建设任务的具体落实也同样存在两种方式，分别为真实互动和利用聊天工具互动。在真实互动中，被试通常以小组为单位被安置在不同的房间内，而后进行小组成员间针对共同任务的面对面交流、小组内讨论；利用聊天工具互动是指小组成员范围内，利用实验环境中的聊天窗口（chat box）进行小组内的交流，这种聊天窗口只能用于组内成员间传递文本信息，被试并不知道小组内其余成员具体是谁等信息。基于团队建设任务的社会互动之所以能够促进个体对身份的认同，其原因不仅在于小组成员在完成任务过程中的相互交流，还与个体在这一过程中的贡献以及由此形成的社会关联有关（Dick, 2001; Postmes et al., 2005a, 2005b; Rink and Ellemers, 2007）。在参与团队任务中，个体对共同任务的接受程度、参与程度以及由此形成的团队观念均会增强个体对群体身份的归属感，进而提高群体身份认同（Wegge and Haslam, 2003）。因此，基于共同任务形成的身份认同，可以理解为个人在群体生活中的参与经历使其融入群体中，成为群体的一部分，并使个体对群体身份赋予个人情感意义（Hagerty et al., 1992; Ellemers et al., 2004; Rink and Ellemers, 2007）。本章利用社会互动的方法形成个体的社会认同，并研究社会互动机制下的社会认同与合作行为的关系。

由上文概括可知，面对面的交流和基于共同任务的团队活动均能够形成身份认同，但是，这些研究并未将二者加以区分，且面对面的交流形式存在弊端，如交流内容不可控，面对面交流中个体的外貌、性别、语言等均会对实验造成干扰。因此，根据以往的研究成果，并不能确定单纯的社会互动还是基于共同任务的社会互动能促进个体的身份认同。本章针对现有研究中的不足，将社会互动细分为单纯的社会互动和基于共同任务的互动，并在实验室实验中利用网络聊天工具作为被试进行社会互动的平台。此外，本章还根据不同小队的互动频率，将其划分为多互动组和少互动组，用以探讨社会互动强弱所产生的效应。而对于如何量化研究个体的合作行为，本章延续第三章和第四章的方法，利用公共品博弈和囚徒困境博弈，在两种不同的博弈环境下展开研究。同样地，本章采取被试内设计研究个体合作行为的群际差异，采用被试间设计研究社会互动机制产生的实验效应。

根据研究内容和需要注意的问题，本章展开了相关的实验研究。研究发现，在公共品博弈中单纯的社会互动不会改变被试的内群合作水平与外群合作水平，而基于共同任务形式的社会互动才会产生实验效果，提高被试的社会认同，使被试在与内群成员搭配时的合作行为增加。此外，互动的频率只有在基于共同任务形式的社会互动中才有效，表现在多互动组会增加与内群成员的合作水平；而在单纯的社会互动中，无论多互动组还是少互动组，均不会改变被试的社会认同。相比之下，在囚徒困境中无论单纯的社会互动还是基于共同任务的社会互动，以及两者对应的互动频率均不会对被试合作行为产生影响。

5.2 文献回顾

行为和实验经济学领域中，利用社会互动形成群体身份的具体方法概括起来包括两种，一种为小组成员间的面对面交流方法，另一种为团队建设任务法。

首先来看面对面交流方法，盖特和费尔（Gächter and Fehr，1999）在公共品博弈中研究了社会奖励机制对个体合作行为的影响及其成立条件。研究发现，认可激励（approval incentives）本身产生的实验效果不足以降低被试在公共品供给中的搭便车行为。但是，在利用社会互动方法构建群体身份的实验组中，认可激励会使被试的合作水平显著提升。这篇文章利用以下方法形成社会互动：被试在正式开始参与公共品博弈之前，将被告知群体身份。其一，同组的被试相互握手，并相互介绍自己的专业和兴趣。其二，同组的被试两两之间参加一个小游戏，游戏的内容为猜测对方手中纸片的颜色，且这部分游戏并不会给被试带来现金收益。因此，公共品博弈正式开始前的社会互动有利于提高小组成员间的熟悉程度，并形成群体身份认同。

博歇等（Bochet et al.，2006）在公共品博弈中研究了交流、惩罚是否能够促进公共品自愿供给的额度。研究结果表明，相比惩罚机制，被试间的相互交流更能有效提高公共品供给水平，而且从被试收益以及惩罚成本角度分析，文章发现，相比惩罚机制，交流机制更加有效。文章将交流机制细分为三种类别，用以研究哪种交流更有效。这三种类别的交流分别为基于公共品博弈中捐赠额的空谈交流、基于电脑聊天室的语音交流以及面对面交流。空谈交流实验组中，被试间保持匿名并可以通过计算机传达在公共品博弈中自己想要捐赠的数额，但是在真正进行公共品博弈中，被试并不必须按照已告知的数额对公共品进行捐赠。电脑聊天室语音交流实验组中，被试在正式进入公共品博弈之前，可以利用计算机进行小组成员间的语音交流。实验员要求被试交流用语保持文明，并对交流的内容有一定限制，如不能威胁对方、不能讨论补偿支付信息、不能暴露身份信息。除此之外，实验员会对被试发送的每条消息进行审查，保证被试间交流的信息满足实验要求。基于电脑聊天室的语音交流与真实的面对面交流有很多相似之处，两者不同之处在于前者保持了聊天过程中被试的匿名性，并排除了交流过程中语调、面部表情、肢体动作等因素的影响。在面对面交流实验组中，被试以小组为单位被安置在实验室的四个角落中，并要求小组内被试进行5分钟的交谈。实验对交流的内容不做限制，但同样要求满足电脑聊天室语音交流实验组中的规定。面对面交流结束后，被试回到计算机前准备开始公共品博弈，虽然同组被试间相互熟悉，但是实验保证被试间不能知晓对方的决策。实验结果表明，相比于没有交流机制和没有惩罚机制的控制组被试，基于电脑聊天室的语音交流能够与面对面交流起到相似的提高公共品博弈中合作行为与效率的作用。此外，研究还发现，惩罚机制对语音交流实验组的效果并不明显，即惩罚机制并不能提高语音实验组被试的合作水平与收益。相比之下，空谈实验组在合作行为和效率上均未表现出实验效果。

与前两篇研究文献类似，布恩等（Boone et al.，2008）在混合动机博弈（mix-motive game）中研究了潜在社会线索（subtle social cues）和激励结构对被试合作行为的影响。文章的实验设计中，利用被试是否具有事前接触（prior contact）作为度量潜在社会线索的依据，而事先接触的方法与博歇等类似，即在混合动机博弈开始前先让被试与同组成员进行接触，相互告知姓名、握手并介绍兴趣爱好。在混合动机博弈中，文章则采用了两种激励机制，分别为策略互补和策略替代。研究发现，在策略互补激励机制下，同组被试间的事前接触对合作行为的影响不大，因为出于互惠动机，被试也倾向于选择合作策略。相比之下，在策略替代激励机制下，同组被试间的事前接触有利于提高社会困境中被试的合作水平。这篇文章虽然基于社会信息视角，研究了潜在社会线索的作用，但是按照社会认同理论的逻辑，事先接触同样可以视作提升个体对群体认同的措施，因此，这篇文章的研究成果也说明了社会互动在不同激励机制下对合作行为的作用。

上述三篇文献的研究结果均表明，基于面对面真实交流形式，且不以任何目标为导向的社会互动，在一定程度上会促进个体与内群成员的合作行为。面对面的互动虽然有其优势，比如，有利于小组内成员相互熟悉，减少组内成员间的社会距离（social distance）（Hoffman et al.，1996），但是面对面的交流存在一些缺陷，例如，被试间交流的内容不可控，小组内被试可能存在一定的社会关联，以及在交流过程中被试的外貌、声音等因素会对实验结果产生影响。举例来说，品田和山岸（Shinada and Yamagishi, 2014）在囚徒困境博弈中，研究了个体的外貌吸引力与合作行为的关系。研究结果显示，在两人博弈中，相比于更具外貌吸引力的另一方，外貌吸引力相对较弱的被试表现出更高的合作行为。基于上述结果和分年龄、性别的研究，文章得出结论，即年轻男人被试中外貌吸引力与合作行为负相关，且这种相关关系在女性和年长男人被试中并不成立。又如，法雷利等（Farrelly et al., 2007）在囚徒困境博弈、独裁者博弈以及承诺慈善捐赠情形下的独裁者博弈中，研究了性别搭配、外貌吸引力对个体博弈决策的影响。研究表明，被试在与更具吸引力的异性搭配时，会表现出更高的合作行为。此外，交流过程中的声音也可能对博弈结果产生影响。如，格雷内尔等（Greiner et al., 2012）在独裁者博弈中设定了两种交流情境，分别为可看到对方视频信息但不能听到声音，另一种为可接收到对方有声音的视频信息。研究表明，只接收没有声音的视频信息会导致独裁者博弈中接受者（receiver）的歧视行为，但不会影响独裁者（dictator）的捐赠额。而在有声视频交流的情况下，独裁者的捐赠额有显著提升。鉴于面对面交流可能对实验带来干扰，本章在进行实验设计时，将避免采用该种方式形成群体身份。

行为和实验经济学中，另一种常用于生成群体身份的方法为团队建设任务（team-building task）。这种方法早在坎贝尔（Campbell, 1958）的研究中就有所体现，之后便在社会心理学领域以及组织学研究中广泛使用开来。团队建设之所以能够促进个体形成群体身份认同，其原因在于通过共同任务制定群体目标，以此促进群体成员间相互团结。团队建设任务的形式既可以包括以小组为单位回答一系列问题，同样也可以包括在体育活动中以小组为单位完成任务。行为和实验经济学中，埃克尔和格罗斯曼（Eckel and Grossman, 2005）曾最早利用团队建设任务的方法形成群体身份。该文通过六种方法构造团队身份：第一种，将被试随机分为四组，每组五人。第二种，被试随机分为四组，每组成员佩戴一种颜色的标签，且在重复博弈时实验员会不断提及小组对应的颜色，用以强化团队身份。第三种，每个被试需要完成五道问答题，然后根据得分分组，得分最高者分为第一组，以此类推。此外，每个小组成员仍然佩戴颜色标签。第四种，被试随机分组，每组有颜色标签。此外，每组队员需要完成没有现金激励的小组任务，用以强化团队身份。第五种，团队身份构造方法与第四种相同，不过在之后的重复博弈中，对于投入时间用于生产的成员，每单位投入时间额外奖励$0.001。第六种，在第五种的基础上引入锦标赛机制。研究结果表明，简单分组下形成的组群体身份不能有效克服自利行为，对应地同组成员内的合作水平并未显著提升。相比之下，旨在提升个体社会认同的干预措施能够有效提高个体合作行为，例如，以非支付任务的方式促进团队身份的形成。另外，短期内锦标赛机制能够有效促进合作，但是随着锦标赛机制的消失，个体合作行为则会下降。

对于如何应用团队建设形成群体身份，行为和实验经济学主要采用两种方法。一种方法为利用计算机软件，使被试以小组为单位进行在线讨论，并在规定的时间内解决问题。陈和李（Chen and Li, 2009）曾在最简群体范式的基础上，利用这种方法强化群体身份。具体流程为，第一阶段，让所有被试欣赏五组绘画，每组两幅，且这两幅画分别由两个画家完成。被试在每组画中选择出自己喜欢的作品，而后根据被试选择哪个作家画的数量更多将被试分组。第二阶段，告知被试每幅画的画家，并再给出这两个画家另外的两幅绘画，让被试以刚才形成的分组为单位推测新的两幅画的作者。每个小组可以在本组的网络聊天平台内讨论正确答案，如果答案正确，组内每个成员均会获得奖励。在此之后，许多实验经济学家借用这种方法用于形成群体身份（Drouvelis and Nosenzo, 2013; Guala et al., 2013; Masella et al., 2014; Brookins et al., 2014; Chakravarty and Fonseca, 2014, 2017）。不仅局限于上述方法，行为和实验经济学家还利用网络在线交流的形式，设计了其他形式的团队任务，如在图片中找到指定的隐藏物体（Lankau et al., 2012），回答测试问题（Morita and Servátka, 2013; Weng and Carlsson, 2015）等。相比之下，行为和实验经济学中另一种用于完成团队建设任务的方式是基于真实的小组互动，如面对面的小组讨论测试题（McLeish and Oxoby, 2007; Eberlein and Walkowitz, 2008; Smith, 2011a, 2011b; Johnson and Oxoby, 2015），以小组为单位背诵诗词（Guala and Filippin, 2017），以小组为单位进行拼图游戏（Pan and Houser, 2013）等。除了上述不同形式的共同任务之外，也存在其他形式，如组织小组内成员完成体育游戏（Weng and Carlsson, 2015）。上述研究大多都能证明，基于团队建设任务形成的组群体身份确实能够产生与控制组不同的实验效果，使被试表现出更强的内群倾向性。但是，上述研究也存在一定不足，对于利用真实互动方法完成小组任务的相关研究，存在与面对面交流同样的问题。而对于利用计算机在线交流方法完成小组共同任务的相关研究，其问题体现在，不能区分是单纯的社会互动还是基于共同任务的社会互动才能增加个体的社会认同。

基于现有研究的成果和不足，本章在实验室实验中研究社会互动机制下的社会认同与合作行为的关系。本章的实验设计采用实验方法区分单纯的社会互动和基于共同任务的社会互动，并在此基础上进一步探讨社会互动的频率对被试身份认同的影响。

5.3 实验设计

本章的实验于 2017 年 6 月在华南师范大学展开，共有 144 名学生被试参与了此次实验，参与实验的学生被试通过互联网及教学楼的招募公告获知实验相关信息，并由实验员根据报名被试的基本信息随机分配到各个实验场地。学生被试的所有操作均在计算机上完成，相应的实验设计则通过 Ztree 软件编写的程序实现（Fischbacher, 2007）。实验全程保证匿名性，被试之间不允许相互交流，每场实验有 12 名被试参与，持续时间大约为 45 分钟。整个实验采用真实的现金激励，并在实验结束后对被试及时支付，参与实验的被试均可获得 10 元出场费，每个人在实验中可获得的总体收益由出场费和进行实验决策带来的实验收益两部分共同决定。实验分为四个阶段，每个阶段均有对应的实验说明，第一阶段的实验说明不仅包括实验 1 的内容，而且包括整个实验的注意事项，实验收益的计算方式以及实验币的汇率。其中，被试在每个阶段所做的决策均能给其带来实验币收益，按照每个实验币等于 0.5 元的汇率对被试进行支付。实验说明由实验员在各部分实验正式开始前发放到被试手中，目的是避免被试提前了解后续实验内容，从而干扰被试正常决策。实验设计由一个控制组和两个实验组构成，下文将对各个实验阶段和实验设计进行详细介绍。

第一阶段：实验 1。被试进入实验室后，首先由被试随机抽取实验说明，并按照实验说明上的编号找到对应的计算机台就座。实验 1 正式开始之前，实验员要求被试保持安静并仔细阅读实验说明中的注意事项及实验 1 的相关内容。实验 1 分为两个部分，第一部分为将在场的 12 名学生被试随机分为两个小队，分别为红队和蓝队，这一过程由计算机完成，分队结果将显示在每名被试的计算机屏幕上。这部分实验的目的是依据最简群体范式的方法生成两个群体身份，并在后续任务中引入小队社会互动、共同任务等内容，用以形成单纯的社会互动以及基于共同任务的社会互动所对应的身份认同效应。第二部分要求被试在 10 分钟内完成 10 道选择题。这 10 道选择题均来自历年国家公务员考试行政职业能力测验试题，且其中 5 道题为图形题，另外 5 道题为常识题，知识点涵盖文学、历史、生物、物理和化学等学科。如此进行题目设计的原因在于，在实验组中研究社会互动问题时，由于题目涉及知识面较广，方便小队内不同专业、不同知识背景的成员进行讨论。被试每答对 1 道题均可获得 2 个实验币的收益。实验 1 结束后，计算机屏幕上不会显示被试在该阶段答对题目的总数及所获得的收益，被试在实验 1 获得的收益将在实验结束后显示。

第二阶段为实验2，要求被试完成5轮不同情境下的对他分配博弈。第三阶段为实验3，要求被试完成两人一组的公共品博弈实验。第四阶段为实验4，要求被试完成两人一组的囚徒困境博弈。由于实验1、实验2、实验3以及实验4的内容已经在第三章进行了详细的介绍，故在此不再赘述。以上便是实验主体的内容，待所有人均完成四个阶段的实验后，即进入问卷环节，问卷的内容包含询问被试基本信息以及测度个体对本小队的认同度。本章的实验设计由一个控制组和两个实验组构成，控制组被试依次完成上述四个实验过程，实验组的实验设计在此基础上有所不同，下面将详细介绍。

实验组1：社会互动实验组。社会互动实验组与控制组的差别在于第一阶段实验1，其余各实验阶段均与控制组相同。实验1中，社会互动实验组被试在作答10道选择题时，可以利用实验程序中提供的聊天窗口进行小队内讨论①。在聊天过程中，每个被试发送的消息仅能显示给同小队内其他成员，且每名被试接收到的消息也均来自同小队其他成员。在实验1正式开始之前，实验员会强调小队成员间的聊天窗口只能用于小队成员间讨论题目答案，不要透露自己的任何私人信息，并确保用语文明。在计时结束后，计算机屏幕上不会显示被试在实验1中答对题目的数目，避免其对后续实验产生影响。虽然实验组1中被试可以利用聊天平台进行小队内互动，但实验组1仅要求被试在规定时间内提交答案，并未形成小队共同任务，因此，实验组1中相关设计可以实现小队内成员间单纯的社会互动，使被试形成对小队身份的认同感，故本章将实验组1称为社会互动实验组。

实验组2：共同任务实验组。共同任务实验组是在社会互动实验组的基础上变化而来的，两者的差别在于第一阶段实验1中对答对题目的激励方式，其余的实验阶段均与控制组和社会互动实验组相同。实验1中，共同任务实验组在正式实验开始之前，除了告知被试需要利用实验程序中的聊天窗口进行小队内讨论及注意事项之外，还会向被试强调对于每一道题，只有当其所在小队成员均回答正确时，才能算作回答正确，即小队成员间需要对每道题讨论出统一的答案。而且，只有当小队答对题目的总数超过6道时（含6道题），小队内每个成员才能按照每题2个实验币取得收益；答对题目小于6道，将不会获得收益。在被试完成作答后，同样地，计算机不会显示其所在小队答对题目的数目。实验组2通过改变答题环节的激励方式，以此形成小队共同任务，用以形成共同任务条件下的社会互动与个体社会认同，因此，

---

① 实验说明中只是提示被试可以利用程序中提供的聊天窗口进行小队内讨论，但并不刻意引导被试利用此功能，是否利用该聊天功能在于被试自身选择。

本章将实验组 2 称为共同任务实验组。

本章中每场实验均有 12 名被试参与，控制组与社会互动实验组、共同任务实验组三者均累计展开 4 场实验场次，分别共计 48 名被试参与。为了避免实验过程中可能出现的顺序效应（order effect），本章在设计实验时调整了实验 2、实验 3、实验 4 中相关内容对应的顺序和被试搭配顺序，具体措施与第三章相同，在此不再赘述。

以上便是本章的实验设计和具体实施细节，可以发现，通过对比控制组、社会互动实验组和共同任务实验组内被试在面对内群成员、外群成员时的合作行为，能够检验在不同实验环境下被试的社会认同与合作行为间的关系；通过将社会互动实验组与控制组对比，可以分离出社会互动机制影响下身份认同对合作行为的影响；通过将共同任务实验组与控制组对比，可以分离出基于共同任务的社会互动机制影响下身份认同对合作行为的影响。更进一步，本章的实验设计有助于探讨社会互动机制中多互动组和少互动组两者之间的差异，用以检验互动频率产生的认同效应。

5.4 实验结果分析

本节按照对他分配博弈、公共品博弈和囚徒困境博弈的顺序，对控制组和实验组的实验结果进行分析。分析主要围绕两方面进行，一是利用非参检验的方法分别对不同实验组的结果进行样本层面分析，二是利用计量经济学的回归估计方法分析被试个体行为。

5.4.1 对他分配博弈

本章实验的第二部分展开对他分配博弈，目的在于强化被试的队别身份，并度量被试在分配行为上的群际差异。对他分配博弈分为 5 轮，每轮均有三种情况，本章在此报告三种情况中的一种，即分配对象一人与被试同属一个小队，另外一人来自另外一个小队，因为被试在这种情况下的决策更能体现其对自身小队身份的认同程度。表 5-1 至表 5-3 分别为控制组、社会互动实验组、共同任务实验组被试对他分配博弈中主要变量的描述性统计，以及对内群成员、外群成员分配额分布差异的检验结果。其中，内群分配 1 和外群分配 1 分别代表 5 轮情境中的第 1 轮情境下被试对内群成员的分配额和对外群成员的分配额，其余 4 轮情境依此类推，在此不做赘述。从表 5-1 至表 5-3 中各变量的描述性统计值可以看出，无论是控制组还是社会互动实验组、共同任务实验组，从均值上看，被试对内群成员的分配额均高于对外群成员的分配额,且这种差异性在 5 轮情境下均成立。再来看两类变量间在统计检验上是否存在差异,由于对内群成员分配额与对外群成员分配额均来自同一个被试,因此,本章在此运用 Wilcoxon 符号秩检验,以检测配对样本分布上的差异。由表 5-1 至表 5-3 中的分布差异检验结果可知,无论是控制组还是社会互动实验组、共同任务实验组,且无论 5 轮情境中的哪一轮,被试对内群成员的分配额均与对外群成员的分配额存在显著差异。由此可见,在对他分配博弈中被试表现出内群倾向性,且这种群际差异行为是显著的、稳健的,无论哪种分配情境,无论是否有单纯社会互动激励、基于共同任务的社会互动激励,这种内群倾向性均是存在的,表明个体对内群身份具有明显的认同程度。这一结论与陈和李(Chen and Li, 2009)的研究结论类似,且社会心理学中认同理论的大多数研究也得出了相近结论。

表 5-1 控制组被试对他分配博弈主要变量描述性统计及分布差异检验

变量	观察值	均值	标准差	分布差异检验
内群分配 1	48	2.942	0.784	5.377
外群分配 1	48	1.058	0.784	(0.000)
内群分配 2	48	5.375	2.039	3.924
外群分配 2	48	2.625	2.039	(0.000)
内群分配 3	48	8.771	2.303	5.442
外群分配 3	48	3.229	2.303	(0.000)
内群分配 4	48	11.288	3.556	4.803
外群分配 4	48	4.713	3.556	(0.000)
内群分配 5	48	14.167	4.493	4.921
外群分配 5	48	5.833	4.493	(0.000)

注:分布差异检验采用双边 Wilcoxon 符号秩检验,经该检验可得 z 统计量值,z 值下方括号内为对应的 p 值。

表 5-2 社会互动实验组被试对他分配博弈主要变量描述性统计及分布差异检验

变量	观察值	均值	标准差	分布差异检验
内群分配 1	48	2.815	0.715	5.394
外群分配 1	48	1.185	0.715	(0.000)
内群分配 2	48	5.625	1.677	5.108
外群分配 2	48	2.375	1.677	(0.000)

续表

变量	观察值	均值	标准差	分布差异检验
内群分配3	48	8.325	2.565	4.844
外群分配3	48	3.675	2.565	(0.000)
内群分配4	48	10.504	3.430	4.557
外群分配4	48	5.496	3.430	(0.000)
内群分配5	48	14.606	3.755	5.652
外群分配5	48	5.394	3.755	(0.000)

注：分布差异检验采用双边Wilcoxon符号秩检验，经该检验可得z统计量值，z值下方括号内为对应的p值。

表5-3 共同任务实验组被试对他分配博弈主要变量描述性统计及分布差异检验

变量	观察值	均值	标准差	分布差异检验
内群分配1	48	2.898	0.633	5.875
外群分配1	48	1.102	0.633	(0.000)
内群分配2	48	5.538	1.608	4.883
外群分配2	48	2.463	1.608	(0.000)
内群分配3	48	8.423	2.160	5.327
外群分配3	48	3.577	2.160	(0.000)
内群分配4	48	10.894	3.038	5.210
外群分配4	48	5.106	3.038	(0.000)
内群分配5	48	14.208	3.513	5.382
外群分配5	48	5.792	3.513	(0.000)

注：分布差异检验采用双边Wilcoxon符号秩检验，经该检验可得z统计量值，z值下方括号内为对应的p值。

图5-1至图5-3以图形的形式分别展示了控制组被试、社会互动实验组被试和共同任务实验组被试在5轮不同情境下对内群成员、外群成员的分配额，由图形可以直观地看出个体分配行为的群际差异。

5.4.2 公共品博弈

公共品博弈通过研究个体对公共品的自愿供给额度，以此作为度量个体合作行为的依据。公共品博弈中，个体对内群成员、外群成员的合作行为是

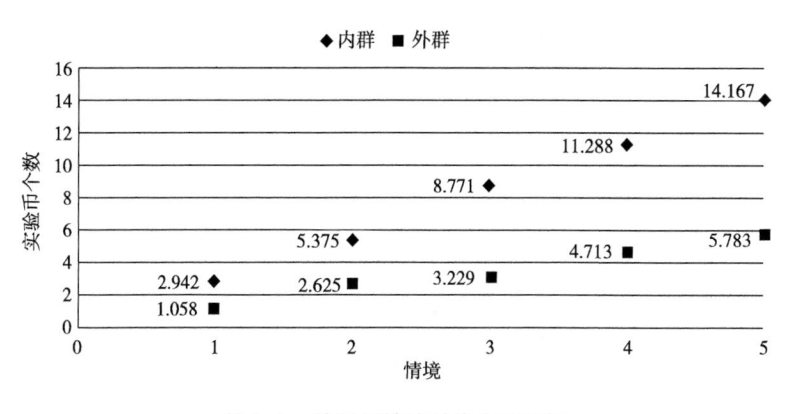

图 5-1 控制组被试对他分配结果

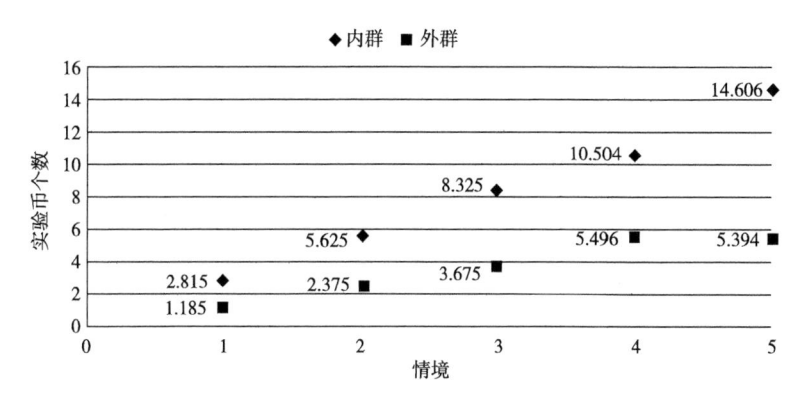

图 5-2 社会互动实验组被试对他分配结果

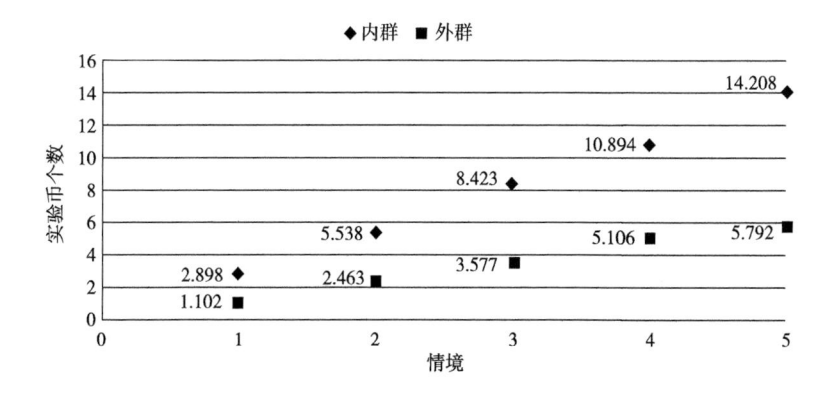

图 5-3 共同任务实验组被试对他分配结果

否具有差异,单纯的社会互动和基于共同任务的社会互动又是否会改变个体对内群成员、外群成员的合作行为呢?下文的研究结果将给出答案。

5.4.2.1 描述性统计及样本分布差异

无论是控制组还是社会互动实验组、共同任务实验组,在公共品博弈中,被试均在两种情况下做出决策,两种情况分别为内群成员搭配与外群成员搭配。表5-4中分别列举了控制组被试、社会互动实验组被试以及共同任务实验组被试在公共品博弈中捐赠额、估计额的描述性统计信息。其中,内群捐赠、外群捐赠、内群估计、外群估计四个变量分别指公共品博弈中被试与内群成员搭配时的捐赠额、与外群成员搭配时的捐赠额、对内群成员捐赠额的估计额、对外群成员捐赠额的估计额。

表5-4 控制组和实验组被试公共品博弈主要变量描述性统计及分布差异检验

组别	变量	观察值	均值	标准差	分布差异检验
控制组	内群捐赠	48	4.417	3.181	2.426 (0.015)
	外群捐赠	48	3.542	3.100	
	内群估计	48	5.333	2.452	4.085 (0.000)
	外群估计	48	4.063	2.418	
社会互动实验组	内群捐赠	48	5.104	3.302	4.051 (0.000)
	外群捐赠	48	3.563	2.728	
	内群估计	48	5.750	2.302	4.709 (0.000)
	外群估计	48	3.979	2.255	
共同任务实验组	内群捐赠	48	6.063	3.271	4.247 (0.000)
	外群捐赠	48	3.917	3.161	
	内群估计	48	6.250	2.505	5.212 (0.000)
	外群估计	48	4.479	2.617	

注:分布差异检验采用双边Wilcoxon符号秩检验,经该检验可得z统计量值,z值下方括号内为对应的p值。

由表5-4可知,从均值上看,无论控制组(4.417>3.542)、社会互动实验组(5.104>3.563)还是共同任务实验组(6.063>3.917),被试在与内群成员搭配时,其公共品自愿供给额均高于与外群成员搭配时的情形。估计额的描述性统计信息表明了相似的结果,即从均值上看,无论是控制组(5.333>4.063)、社会互动实验组(5.750>3.979)还是共同任务实验组(6.250>4.479),被试对内群成员捐赠额的估计额均高于对外群成员捐赠额的估计额。再从统计检验上看两者是否存在差异，由于需要检验同一个被试在两种不同搭配组合上的差异是否存在，这里利用 Wilcoxon 符号秩检验。由表 5-4 中的分布差异检验结果可知，无论是控制组（$z=2.426$，p-value=0.015），还是社会互动实验组（$z=4.051$，p-value=0.000）、共同任务实验组（$z=4.247$，p-value=0.000），被试在与内群成员搭配、外群成员搭配时，其对公共品的捐赠额存在显著差异。估计额的分布具有类似的差异，即控制组（$z=4.085$，p-value=0.000）、社会互动实验组（$z=4.709$，p-value=0.000）以及共同任务实验组（$z=5.212$，p-value=0.000）三组被试，均表现出对内群成员捐赠额的估计额高于对外群成员捐赠额的估计额。由此可见，在公共品博弈中，被试与内群成员搭配时相比外群成员搭配捐赠额更高，即被试更愿意与内群成员合作。此外，这种合作行为的内群倾向性在社会互动实验组和共同任务实验组中均存在，表明在公共品博弈中，被试在合作行为上的内群倾向具有稳健性。从估计额上看，被试对内群成员捐赠额的估计额也显著高于外群成员，且这种估计额的群际差异在社会互动实验组、共同任务实验组中同样存在，表明个体在合作信念上的群际差异同样具有稳健性。

图 5-4 为公共品博弈中，控制组、社会互动实验组和共同任务实验组被试与内群成员、外群成员搭配时捐赠额的均值，对内群成员、外群成员捐赠额估计额的均值，从图中可以直观地看出被试对待内群成员与外群成员上的差异。值得注意的是，由图 5-4 可以看出，在基于共同任务的社会互动中，被试对内群成员的捐赠额高于控制组与单纯社会互动下的情形，且这种情况下被试与内群成员的合作信念也最高，这是否说明基于公共任务的社会互动比单纯的社会互动更能有效提高被试对内群成员的社会认同呢？本章的后续分析将对此进行解答。

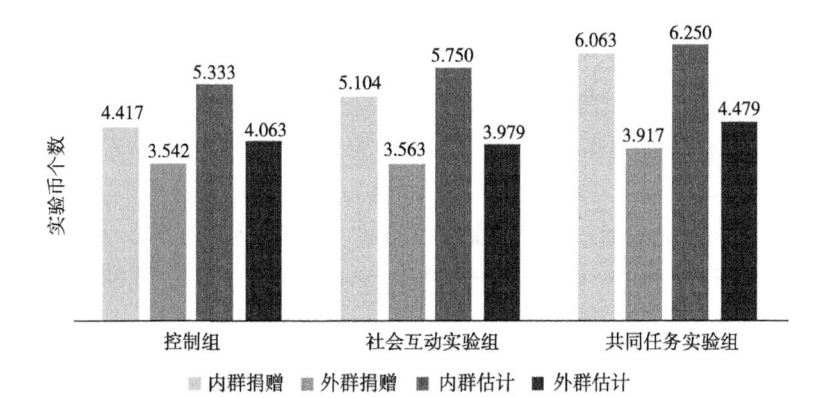

图 5-4 公共品博弈中控制组、实验组被试的捐赠额和估计额

在社会互动实验组和共同任务实验组中,本章根据被试在实验1中的小队聊天记录,将两个实验组被试进行了进一步划分①,分别为社会互动多互动组、社会互动少互动组、共同任务多互动组、共同任务少互动组。表 5-5 中分别列举了社会互动多互动组被试、社会互动少互动组被试在公共品博弈中捐赠额、估计额的描述性统计信息。

表 5-5 社会互动多互动组和少互动组被试公共品博弈
主要变量描述性统计及分布差异检验

组别	变量	观察值	均值	标准差	分布差异检验
社会互动多互动组	内群捐赠	30	5.300	3.053	3.575 (0.000)
	外群捐赠	30	4.100	2.657	
	内群估计	30	5.500	2.240	3.379 (0.000)
	外群估计	30	4.500	1.978	
社会互动少互动组	内群捐赠	18	4.778	3.750	2.096 (0.036)
	外群捐赠	18	2.667	2.679	
	内群估计	18	6.167	2.407	3.254 (0.001)
	外群估计	18	3.111	2.471	

注:分布差异检验采用双边 Wilcoxon 符号秩检验,经该检验可得 z 统计量值,z 值下方括号内为对应的 p 值。

由表 5-5 可知,社会互动多互动组 (5.300>4.100) 和少互动组 (4.778>2.667) 与内群成员搭配时,对公共品的捐赠额均高于与外群成员搭配时,且在 Wilcoxon 符号秩检验下,两者均存在显著差异 (z=3.575, p-value=0.000; z=2.096, p-value=0.036)。因此,无论是社会互动多互动组还是社会互动少互动组,公共品博弈中合作行为的群际差异均存在,即在合作行为上,两组被试对待内群成员、外群成员的区分度存在显著差异。同样地,表 5-5 中社会互动多互动组被试 (5.500>4.500) 和社会互动少互动组被试 (6.167>3.111) 对内群成员捐赠额的估计额均高于外群成员,且在 Wilcoxon 符号秩检验下,两者在分布上存在显著差异 (z=3.379, p-value=0.000; z=3.254, p-value=0.001),因此,社会互动多互动组和社会互动少互

---

① 无论是社会互动实验组还是共同任务实验组,本章首先对小队聊天记录进行整理,删除了聊天记录中的无效信息,如小队成员间的问候消息、错误发送的标点符号消息等,这样可以统计出每个小队有效聊天消息的条数。而后,本章对各小队的聊天消息数量取均值,将聊天消息条数高于均值的小队定义为多互动组,聊天消息条数低于均值的小队定义为少互动组。

动组被试在对内群成员、外群成员的合作信念上同样存在群际差异。

再来看共同任务实验组中多互动组被试和少互动组被试在公共品博弈中的捐赠额、估计额，表5-6中分别列举了两者的描述性统计信息。无论是共同任务多互动组（6.267>3.967）还是共同任务少互动组（5.722>3.833），被试在与内群成员搭配时，其对公共品的捐赠额均高于与外群成员搭配时，且从分布上看，二者也存在显著差异（$z=3.213$，p-value$=0.001$；$z=2.831$，p-value$=0.005$）。类似地，共同任务多互动组（6.467>4.233）和共同任务少互动组（5.889>4.889）被试对内群成员捐赠额的估计额也高于外群成员，且两者间在分布上也存在显著差异（$z=4.192$，p-value$=0.000$；$z=3.128$，p-value$=0.002$）。因此，基于表5-6报告的结果可知，共同任务实验组中互动频率高的被试与互动频率低的被试，在合作行为和合作信念上均存在内群倾向性，即两组被试均与内群成员的合作水平更高，且更愿意与内群成员合作。

表5-6 共同任务多互动组和少互动组被试公共品博弈
主要变量描述性统计及分布差异检验

组别	变量	观察值	均值	标准差	分布差异检验
共同任务多互动组	内群捐赠	30	6.267	3.342	3.213 (0.001)
	外群捐赠	30	3.967	3.146	
	内群估计	30	6.467	2.488	4.192 (0.000)
	外群估计	30	4.233	2.687	
共同任务少互动组	内群捐赠	18	5.722	3.214	2.831 (0.005)
	外群捐赠	18	3.833	3.276	
	内群估计	18	5.889	2.564	3.128 (0.002)
	外群估计	18	4.889	2.518	

注：分布差异检验采用双边Wilcoxon符号秩检验，经该检验可得z统计量值，z值下方括号内为对应的p值。

图5-5分别展示了社会互动多互动组、社会互动少互动组、共同任务多互动组与共同任务少互动组，四组被试在公共品博弈中的捐赠额和估计额，从图中可以直观地看出不同实验组被试在合作行为与合作信念上的差异。此外，从图5-5中还可以直观地看出，无论是社会互动实验组还是共同任务实验组，多互动组的被试对与内群成员搭配时的捐赠额均高于少互动组，这说明互动频率很可能会影响被试的社会认同。本章下面将提供样本间对比的证据，验证互动频率效应是否真实存在。

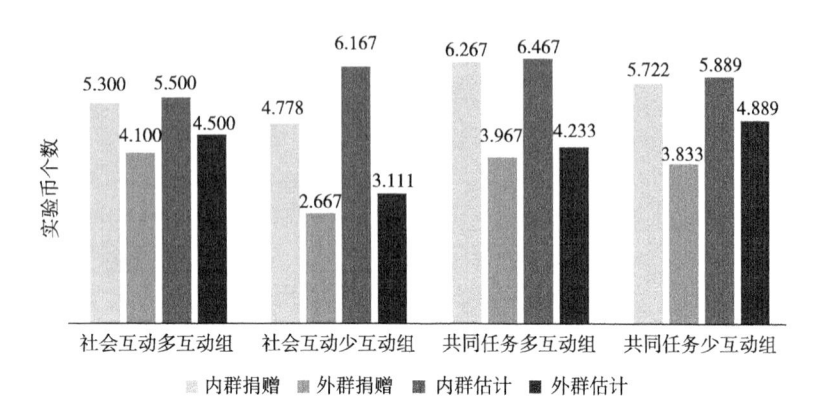

图 5-5　公共品博弈中社会互动多互动组与少互动组，
共同任务多互动组与少互动组的捐赠额和估计额

上文基于被试内的实验设计，分析了控制组、社会互动实验组及其对应的社会互动多互动组、社会互动少互动组，共同任务实验组及其对应的共同任务多互动组、共同任务少互动组在合作行为和合作信念上的群际差异。结果表明，个体在合作行为和合作信念上表现出社会认同，即更愿意与内群成员合作，且与内群成员合作水平更高。此外，从上文中图 5-4 和图 5-5 可以发现两个特征：一是基于共同任务实验组被试与内群成员的合作水平高于控制组和社会互动实验组；二是在两个实验组中，多互动组被试与内群成员的合作水平均高于少互动组。为了检验上述两个特征是否具有普遍性，本章接下来对比实验组和控制组的实验结果，检验实验效应（treatment effect）是否存在。

首先来看社会互动实验组及其对应的社会互动多互动组、社会互动少互动组的实验效应。表 5-7 中列举了社会互动实验组、社会互动多互动组与社会互动少互动组各主要变量与控制组相比的检验结果，根据检验结果的显著性，可以判断单纯的社会互动效应及互动频率效应产生的影响。为了检验实验组与控制组的差异，在此利用 Wilcoxon 秩和（Mann-Whitney）检验。检验结果以及表 5-4 中的描述性统计信息表明，社会互动实验组被试在与内群成员搭配时的捐赠额（$5.104 > 4.417$；$z = -1.054$，p-value = 0.292），与外群成员搭配时的捐赠额（$3.563 > 3.542$；$z = -0.197$，p-value = 0.844）、对内群成员捐赠额的估计额（$5.750 > 5.333$；$z = -0.953$，p-value = 0.340）以及对外群成员捐赠额的估计额（$3.979 < 4.063$；$z = -0.201$，p-value = 0.840）相比，控制组被试均不存在显著差异。上述研究结果表明，单纯的社会互动并不会改变个体的社会认同与外群偏爱，也不会影响被试与内群成员、外群成员的合作水平。再来看单纯社会互动中的互动频率是否能够对被试产生影响，将社会互动多互动组与社会互动少互动组各主要变量与控制组对比发现，两者之

间的各主要变量同样不存在显著差异。

表 5-7 公共品博弈中社会互动实验组实验效应统计检验

捐赠与估计	社会互动实验组 vs 控制组	社会互动多互动组 vs 控制组	社会互动少互动组 vs 控制组
内群捐赠	-1.054 (0.292)	-1.204 (0.229)	-0.384 (0.701)
外群捐赠	-0.197 (0.844)	-0.973 (0.331)	0.981 (0.327)
内群估计	-0.953 (0.340)	-0.293 (0.769)	-1.458 (0.145)
外群估计	-0.201 (0.840)	-1.165 (0.244)	1.233 (0.218)

注：表格中数据为双边 Wilcoxon 秩和（Mann-Whitney）检验的 z 统计量，z 值下方括号内为对应的 p 值。

根据上述分析结果可以得出结论：在单纯的社会互动机制作用下，被试不会改变自身的社会认同和外群偏爱，因为被试对内群成员、外群成员的合作行为与合作信念并没有发生显著变化。因此，单纯的社会互动产生的实验效应并不存在。

图 5-6 以公共品博弈中各主要变量为分类标准，展示了控制组、社会互动实验组、社会互动多互动组与社会互动少组相互间的差异。

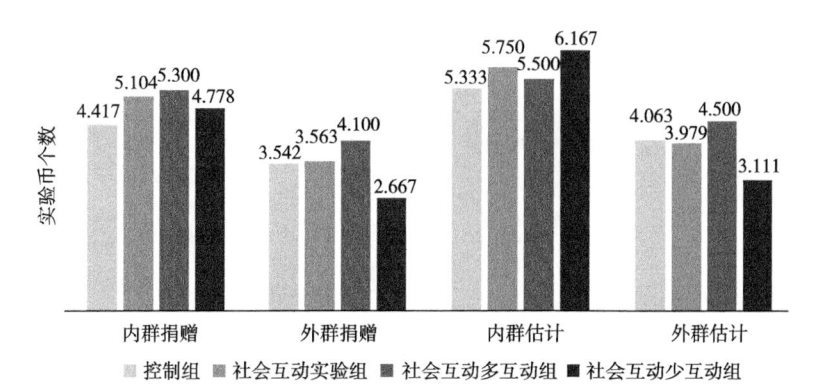

图 5-6 公共品博弈中控制组、社会互动实验组
及其中的多互动组、少互动组的捐赠额和估计额

再来看共同任务实验组以及根据互动频率划分的共同任务多互动组、共同任务少互动组的实验效应。表5-8中列举了共同任务实验组、共同任务多互动组与共同任务少互动组各主要变量与控制组相比的检验结果，根据检验结果的显著性，可以判断基于共同任务的社会互动效应以及互动频率效应产生的影响。为了检验实验组与控制组的差异，在此利用Wilcoxon秩和（Mann-Whitney）检验。检验结果以及表5-4、表5-6中的描述性统计信息表明，共同任务实验组被试相比控制组，与内群成员搭配时捐赠额更高（6.063>4.417），且两者的分布在5%的显著水平上存在差异（$z=-2.513$，p-value=0.012）；共同任务实验组被试对内群成员捐赠额的估计额也高于控制组被试（6.250>5.333），且两者的分布同样在5%的显著水平下存在差异（$z=-1.981$，p-value=0.048）；对于其余两个变量，虽然共同任务实验组被试相比控制组被试，与外群成员搭配时捐赠额更高（3.917>3.542；$z=-0.520$，p-value=0.603），对外群成员捐赠额的估计额也更高（4.479>4.063；$z=-0.756$，p-value=0.450），但这种差异并不存在显著性。共同任务实验组被试相比控制组被试表现出的与内群成员合作水平提升、与内群成员合作信念的提升，是否与基于共同任务的社会互动频率有关，或者说，共同任务多互动组与共同任务少互动组是否会表现出类似的差异性呢？表5-8中报告的分析结果给出了答案。根据共同任务多互动组与共同任务少互动组各主要变量与控制组对比发现，共同任务多互动组被试与内群成员搭配时其捐赠额在5%的显著水平上高于控制组被试（6.627>4.417；$z=-2.487$，p-value=0.013），且在5%的显著水平上共同任务多互动组被试对内群成员捐赠额的估计额高于控制组被试（6.467>5.333；$z=-2.128$，p-value=0.033）。相比之下，对于共同任务少互动组被试来说，无论是与内群成员、外群成员搭配，还是对公共品的捐赠额以及对内群成员、外群成员捐赠额的估计额，上述变量均与控制组不存在显著差异。

表5-8 公共品博弈中共同任务实验组实验效应统计检验

捐赠与估计	共同任务实验组 vs 控制组	共同任务多互动组 vs 控制组	共同任务少互动组 vs 控制组
内群捐赠	-2.513 (0.012)	-2.487 (0.013)	-1.447 (0.148)
外群捐赠	-0.520 (0.603)	-0.546 (0.585)	-0.256 (0.798)
内群估计	-1.981 (0.048)	-2.128 (0.033)	-0.917 (0.359)

续表

捐赠与估计	共同任务实验组 vs 控制组	共同任务多互动组 vs 控制组	共同任务少互动组 vs 控制组
外群估计	−0.756 (0.450)	−0.281 (0.779)	−1.092 (0.275)

注：表格中数据为双边 Wilcoxon 秩和（Mann-Whitney）检验的 z 统计量，z 值下方括号内为对应的 p 值。

根据上述分析结果可以得出结论：基于共同任务的社会互动制下，被试会提高对内群成员的社会认同，从而表现出与内群成员更高的合作水平；且这种差异性还体现在被试对内群成员捐赠额的估计额更高，表明基于共同任务的社会互动机制下，被试对内群成员具有更高的合作信念。根据共同任务实验组被试的互动频率，将被试分为共同任务多互动组和共同任务少互动组，对这两个组分析可知，共同任务实验组表现出的合作行为、合作信念上的社会认同与被试的互动频率有关；共同任务多互动组被试表现出与共同任务实验组被试同样的特征，即更愿意与内群成员合作，并对内群成员的合作信念更强；共同任务少互动组被试在合作行为和合作信念上则没有表现出与控制组相比的差异性。由此可知，在基于共同任务的社会互动机制下，被试在合作行为和合作信念上之所以表现出社会认同，更高的互动频率是决定因素之一。

从图 5-7 中可以直观地看出共同任务实验组以及共同任务多互动组和共同任务少互动组中各主要变量相比控制组的变化。

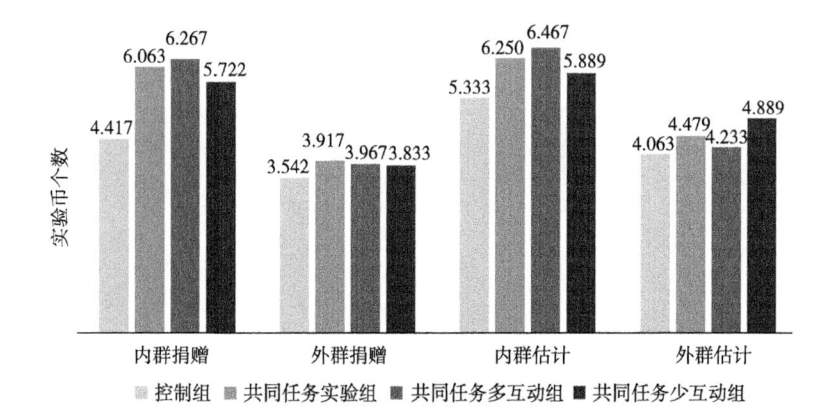

图 5-7 公共品博弈中控制组、共同任务实验组及其中的多互动组、少互动组的捐赠额和估计额

5.4.2.2 计量模型回归分析

以上便是以控制组及不同实验组为单位,通过同组被试内对比与不同组之间对比所得的研究结论。下面,本章利用计量模型进行回归分析,从个体层面检验个体合作行为的群际差异、单纯社会互动机制的实验效应,以及基于共同任务的社会互动机制的实验效应是否真实存在。此外,通过构建计量模型,对社会互动频率效应进行量化分析。

其一,为了研究个体在与内群成员、外群成员搭配时,其自身合作行为和合作信念的差异,本章进行以下计量分析。在表5-9中,变量捐赠额和变量估计额分别是指公共品博弈中被试对公共品的捐赠额和对博弈搭配对象捐赠额的估计额。内群为虚拟变量,当被试与同属一个小队的成员搭配时,内群的值为1;当被试与另外一个小队的成员搭配时,内群的值为0。控制变量包括被试的性别信息以及专业信息。由于公共品博弈将重复进行两期,每期决策相互独立,且捐赠额和估计额两个变量的值均在0~10之间变化,因此,本章利用面板数据随机效应Tobit模型,依据控制组、社会互动实验组和共同任务实验组的实验结果分别进行估计。回归结果如表5-9所示,由回归结果可知:无论是控制组、社会互动实验组还是共同任务实验组,个体与内群成员搭配时对公共品的捐赠额均显著高于与外群成员搭配时的情形;同样地,控制组、社会互动实验组和共同任务实验组三组被试,其对内群成员捐赠额的估计额也显著高于对外群成员捐赠额的估计额。

表5-9 控制组、社会互动实验组、共同任务实验组被试面板Tobit回归结果

解释变量	被解释变量					
	控制组		社会互动实验组		共同任务实验组	
	捐赠额	估计额	捐赠额	估计额	捐赠额	估计额
内群	0.455* (0.250)	0.964*** (0.294)	0.820*** (0.246)	1.415*** (0.318)	0.938*** (0.263)	1.191*** (0.290)
性别	-1.013** (0.442)	-0.544 (0.495)	0.715 (0.509)	0.286 (0.509)	-0.537 (0.403)	0.006 (0.470)
专业	0.051 (0.052)	0.007 (0.060)	-0.089 (0.063)	-0.071 (0.063)	0.100** (0.050)	0.107* (0.057)
观察值	96	96	96	96	96	96
瓦尔德卡方	8.85	12.08	15.75	20.17	20.94	21.70
对数似然	-214.565	-213.358	-212.120	-210.065	-210.229	-211.897

续表

解释变量	被解释变量					
	控制组		社会互动实验组		共同任务实验组	
	捐赠额	估计额	捐赠额	估计额	捐赠额	估计额
左/右归并观察值	20/9	9/4	20/8	11/4	18/17	7/13

注：①每个系数对应着两行数据，第一行数据为平均边际效应值，根据回归模型中各解释变量估计值计算所得；第二行括号内数值表示标准误。

②*,**,***分别表示变量估计值在10%,5%和1%的显著性水平显著。

上述回归结果表明，被试在合作行为与合作信念上均存在群际差异，被试与内群成员的合作水平更高，且与内群成员的合作信念更强；此外，从整体上看，在单纯的社会互动机制与基于共同任务的社会互动机制分别作用下，被试仍然会表现出上述特性。表5-9中的模型回归结果所得结论与表5-4所反映的结论相同，表明这种合作行为、合作信念的群际差异性不仅体现在群体层面，也反映在个体决策层面。从表5-9中还可以观测出另外一个现象：共同任务实验组的回归结果中，内群变量系数的估计值大于控制组（0.938>0.455；1.191>0.964）。这个结果表明，共同任务实验组被试与内群成员搭配时对公共品捐赠额大于控制组被试，且表现出更高的内群合作信念。这意味着在基于共同任务的社会互动机制下，个体合作行为、合作信念的群际差异相比控制组有变大的趋势。前文中，来自表5-8的证据也表明，从群体层面上看，基于共同任务的社会互动效应会提升被试对内群身份的认同，进而会增加与内群成员搭配时的合作水平。

其二，为了从个体层面进一步研究单纯的社会互动和基于共同任务的社会互动所能产生的实验效应，本章构造新的计量模型，通过将实验组数据与控制组数据对比实现研究目的。

首先，为了研究单纯的社会互动以及互动频率效应，本章构建以下计量模型。在表5-10和表5-11中，被解释变量内群捐赠是指被试在公共品博弈中与本小队成员搭配时对公共品的捐赠额。社会互动实验组是虚拟变量，当其值为1时，表明被试来自社会互动实验组；当其值为0时，表明被试来自控制组。多互动组也为虚拟变量，当其值为1时，表明被试来自社会互动多互动组；当其值为0时，表明被试来自社会互动少互动组和控制组。控制变量包括被试的性别信息以及专业信息。因此，表5-10中对变量社会互动实验组的估计值可以用于量化单纯的社会互动效应对被试合作行为的影响；相比之下，表5-11中对变量社会互动实验组的估计值可用于量化单纯社会互动中的少互动效应对被试合作行为的影响，而对变量社会互动实验组和变量多互动组的估计值相加之和则可用于估计单纯社会互动中多互动的合作效应，变量多互动组的估计值可用于计量社会互动实验组中多互动组和少互动组被试在合作行为上的差异。至于被试外群合作行为，以及内群、外群合作信念的计量分析模型，只是将被解释变量分别替换为外群捐赠、内群估计、外群估计，本章在此不做赘述。由于在公共品博弈中，被试对公共品捐赠额以及对搭配对象捐赠额的估计额均在0~10的范围内，所以本章利用Tobit模型对上述模型进行估计。

表5-10 公共品博弈中单纯社会互动效应回归分析

解释变量	被解释变量			
	内群捐赠	外群捐赠	内群估计	外群估计
社会互动实验组	0.296 (0.341)	-0.032 (0.331)	0.316 (0.385)	-0.111 (0.407)
性别	-0.126 (0.439)	-0.426 (0.380)	0.039 (0.485)	-0.370 (0.393)
专业	-0.035 (0.048)	0.043 (0.034)	-0.068 (0.044)	0.024 (0.042)
观察值	96	96	96	96
伪R^2	0.004	0.004	0.006	0.002
伪对数似然	-227.503	-216.917	-216.568	-213.449
左/右归并观察值	16/12	24/5	6/7	14/1

注：①每个系数对应着两行数据，第一行数据为平均边际效应值，根据回归模型中各解释变量估计值计算所得；第二行括号内数值表示聚类到两人博弈小组层面的稳健标准误。

②*，**，*** 分别表示变量估计值在10%，5%和1%的显著性水平显著。

表5-11 公共品博弈中社会互动实验组互动频率效应回归分析

解释变量	被解释变量			
	内群捐赠	外群捐赠	内群估计	外群估计
社会比较实验组	0.122 (0.458)	-0.633 (0.475)	0.638 (0.586)	-0.869 (0.610)
多互动组	0.276 (0.494)	0.940** (0.471)	-0.513 (0.606)	1.197** (0.566)

续表

解释变量	被解释变量			
	内群捐赠	外群捐赠	内群估计	外群估计
性别	-0.139 (0.378)	-0.486 (0.380)	0.066 (0.482)	-0.441 (0.396)
专业	-0.035 (0.046)	0.044 (0.036)	-0.068 (0.044)	0.024 (0.042)
观察值	96	96	96	96
伪 R^2	0.005	0.012	0.008	0.013
伪对数似然	-227.347	-215.194	-216.170	-211.178
左/右归并观察值	16/12	24/5	6/7	14/1
多互动组实验效应	0.398 (1.09) 0.300	0.307 (0.70) 0.406	0.125 (0.09) 0.760	0.328 (0.61) 0.439

注：①每个系数对应着两行数据，第一行数据为平均边际效应值，根据回归模型中各解释变量估计值计算所得，第二行括号内数值表示聚类到两人博弈小组层面的稳健标准误。

②多互动组实验效应中三个数分别为效应大小、F值以及 p 值。

③*，＊＊，＊＊＊分别表示变量估计值在 10%、5%和 1%的显著性水平显著。

表 5-10 和表 5-11 分别报告了社会互动实验组的实验效应，以及按照互动频率划分的多互动组效应和少互动组效应。表 5-10 中的回归结果表明，社会互动实验组被试无论与内群成员还是外群成员搭配，在合作行为上均未表现出相比于控制组被试的差异，且在合作信念上同样未体现出与控制组的差异性。这一结论与表 5-7 中样本间对比的结果相一致，说明无论从群体层面还是从个体层面看，单纯的社会互动效应均不能影响被试的合作行为和合作信念。再来看单纯社会互动机制下的互动频率效应，表 5-11 中报告的回归结果表明，相比于控制组，社会互动实验组中互动频率的实验效应同样并不存在，即无论是多互动组还是少互动组，均不会改变被试的合作行为和合作信念。表 5-11 中的回归结果与表 5-7 中报告的结果相同，无论是基于实验组与控制组的对比还是基于个体分析，均表明单纯的社会互动机制下，互动频率效应不会改变被试的合作水平。基于上文分析结果，可以得出结论：单纯的社会互动机制下被试对内群成员、外群成员的合作行为相比于控制组不会产生变化，且单纯的社会互动中互动频率也不会对被试的合作行为产生影响，这意味着单纯的社会互动机制并不会改变被试的社会认同。

更进一步，为了研究基于共同任务的社会互动及其对应的互动频率效应，本章构建以下计量模型。在表5-12和表5-13中，被解释变量内群捐赠是指被试在公共品博弈中与同小队成员搭配时对公共品的捐赠额。共同任务实验组是虚拟变量，当其值为1时，表明被试来自共同任务实验组；当其值为0时，表明被试来自控制组。多互动组也为虚拟变量，当其值为1时，表明被试来自共同任务多互动组；当其值为0时，表明被试来自共同任务少互动组和控制组。控制变量包括被试的性别信息以及专业信息。因此，表5-12中对变量共同任务实验组的估计值可以用于量化基于共同任务的社会互动效应对被试合作行为的影响；相比之下，表5-13中对变量共同任务实验组的估计值则可以用于量化基于共同任务的社会互动中少互动效应对被试合作行为的影响，而对变量共同任务实验组和变量多互动组的估计值相加之和可用于估计社会互动实验组中多互动组被试的合作效应，变量多互动组的估计值可用于计量多互动组和少互动组被试在合作行为上的差异。对于被试的外群合作行为，以及内群、外群合作信念的计量分析模型，只是将被解释变量分别替换为外群捐赠、内群估计、外群估计，本章在此不做赘述。由于在公共品博弈中，被试对公共品捐赠额以及对搭配对象捐赠额的估计额均在0~10的范围内，所以本章利用Tobit模型对上述模型进行估计。

表5-12 公共品博弈中基于共同任务的社会互动效应回归分析

解释变量	被解释变量			
	内群捐赠	外群捐赠	内群估计	外群估计
共同任务实验组	0.765** (0.357)	0.022 (0.339)	0.748* (0.386)	0.166 (0.413)
性别	−0.582 (0.374)	−0.991** (0.429)	−0.150 (0.435)	−0.380 (0.407)
专业	0.024 (0.042)	0.130*** (0.035)	−0.018 (0.045)	0.138*** (0.040)
观察值	96	96	96	96
伪R^2	0.018	0.031	0.009	0.019
伪对数似然	−222.378	−211.907	−217.846	−216.222
左/右归并观察值	14/17	24/9	5/12	11/5

注：①每个系数对应着两行数据，第一行数据为平均边际效应值，根据回归模型中各解释变量估计值计算所得；第二行括号内数值表示聚类到两人博弈小组层面的稳健标准误。

②*，**，***分别表示变量估计值在10%，5%和1%的显著性水平显著。

5 社会认同与合作行为——社会互动机制的影响

表 5-13 公共品博弈中共同任务实验组互动频率效应回归分析

解释变量	被解释变量			
	内群捐赠	外群捐赠	内群估计	外群估计
共同任务实验组	0.576 (0.399)	0.111 (0.482)	0.476 (0.468)	0.638 (0.537)
多互动组	0.312 (0.497)	-0.144 (0.544)	0.447 (0.612)	-0.774 (0.620)
性别	-0.564 (0.374)	-0.998** (0.425)	-0.122 (0.439)	-0.429 (0.406)
专业	0.021 (0.042)	0.132*** (0.035)	-0.023 (0.046)	0.148*** (0.043)
观察值	96	96	96	96
伪 R^2	0.019	0.032	0.010	0.024
伪对数似然	-222.173	-211.863	-217.536	-215.272
左/右归并观察值	14/17	24/9	5/12	11/5
多互动组 实验效应	0.888 (3.97) 0.049	-0.033 (0.01) 0.933	0.923 (3.22) 0.076	-0.136 (0.07) 0.786

注：①每个系数对应着两行数据，第一行数据为平均边际效应值，根据回归模型中各解释变量估计值计算所得；第二行括号内数值表示聚类到两人博弈小组层面的稳健标准误。

②多互动组实验效应中三个数分别为效应大小、F 值以及 p 值。

③*，**，*** 分别表示变量估计值在 10%，5% 和 1% 的显著性水平显著。

表 5-12 和表 5-13 分别报告了共同任务实验组的实验效应，以及根据被试互动频率分组后所产生的多互动组效应和少互动组效应。表 5-12 中的回归结果表明，相比于控制组，共同任务实验组被试在与同小队成员搭配时，对公共品的捐赠额会增加 0.765 个实验币，且这一估计值在 5% 水平上显著；对内群成员捐赠额的估计额相比控制组多 0.748 个实验币，且两者差异在 10% 水平上显著。表 5-12 中的结果说明，基于共同任务的社会互动效应会提升被试对内群成员的社会认同，表现出与内群成员更高的合作水平；同样地，基于共同任务的社会互动效应也会提升个体与内群成员的合作信念。表 5-12 所得结论与表 5-8 中样本间对比所得结果相同，说明无论是基于样本间对比分

析还是基于个体层面的回归分析，共同任务条件下的社会互动产生的实验效应真实存在，共同任务实验组被试表现出与内群成员更高的合作水平和合作信念。再来看基于共同任务的社会互动机制所产生的互动频率效应，表5-13中报告的回归结果表明，共同任务多互动组被试与内群成员搭配时，对公共品的捐赠额相比控制组多0.888个实验币，且这一估计值在5%水平上显著；此外，共同任务多互动组被试对内群成员捐赠额的估计额相比控制组多0.923个实验币，两者的差异同样在10%的水平上显著。相比之下，共同任务少互动组被试则在合作行为和合作信念上与控制组不存在显著差异。表5-13中考虑了互动频率后的回归结果与表5-8相同，无论是基于实验组与控制组的对比还是基于个体分析，均表明基于共同任务的多互动效应会提高个体社会认同，进而促使被试提高与内群成员的合作水平；同样地，多互动效应也会提高被试对内群成员的合作信念。表5-13中回归结果所显示的少互动组效应同样与表5-8相同，表明少互动效应不会改变被试与内群成员、外群成员的合作水平，同样也不会改变被试对外群成员的合作信念。基于上述分析，可以得出结论：基于共同任务的社会互动之所以能提高个体的社会认同，促进个体内群合作以及与内群成员的合作信念，其原因在于多互动组的作用。

5.4.3 囚徒困境博弈

囚徒困境博弈用以研究个体在社会困境中，对合作策略及欺骗策略二者的选择。在公共品博弈中，如果将被试策略的选择集限定为搭便车和全部投资公共品两种，则公共品博弈可以转化为囚徒困境博弈，因此，囚徒困境博弈可视作是公共品博弈的特殊形式。本节通过调整囚徒困境博弈的支付矩阵，构造一个相比公共品博弈更难于合作的博弈环境，用以研究被试在社会互动机制下的社会认同与合作行为的关系。

5.4.3.1 描述性统计及样本分布差异

无论是控制组还是社会互动实验组、共同任务实验组，在囚徒困境博弈中，被试均在两种情况下做出决策，两种情况分别为内群成员搭配与外群成员搭配。表5-14中分别列举了控制组被试、社会互动实验组被试以及共同任务实验组被试在囚徒困境博弈中策略选择的描述性统计信息。其中，变量内群合作和变量外群合作分别指囚徒困境博弈中被试与内群成员、外群成员搭配时的策略选择，两个变量均为虚拟变量，当其值为1时，表明被试的选择为方案1（合作策略）；当其值为0时，则表明被试的选择为方案2（欺骗策略）。

表 5-14 控制组和实验组被试囚徒困境博弈主要变量描述性统计及分布差异检验

组别	变量	观察值	均值	标准差	分布差异检验
控制组	内群合作	48	0.354	0.483	4.381 (0.036)
	外群合作	48	0.167	0.377	
社会互动实验组	内群合作	48	0.375	0.489	2.421 (0.120)
	外群合作	48	0.229	0.425	
共同任务实验组	内群合作	48	0.479	0.505	5.441 (0.020)
	外群合作	48	0.250	0.438	

注：分布差异检验采用 Pearson 卡方检验，经该检验可得 chi^2 统计量值，chi^2 值下方括号内为对应的 p 值。

由表 5-14 可知，从均值上看，无论是控制组（0.354>0.167）、社会互动实验组（0.375>0.229）还是共同任务实验组（0.479>0.250），被试在与内群成员搭配时其选择合作策略的概率均高于与外群成员搭配时的情形。再来从统计检验上看两者是否存在差异，由于被试的选择只有 1（合作策略）和 0（欺骗策略）两种，本章在此利用卡方检验。由表 5-14 中的卡方检验结果可知，控制组（chi^2 = 4.381，p-value = 0.036）和共同任务实验组（chi^2 = 5.441，p-value = 0.020）被试在与内群成员搭配、外群成员搭配时，其对合作策略和欺骗策略的选择存在显著差异，相比之下，社会互动实验组在合作行为上则不存在群际差异（chi^2 = 2.421，p-value = 0.120）。由此可见，在囚徒困境博弈中，相比与外群成员搭配，控制组被试与内群成员搭配时选择合作策略的概率更高，即被试更愿意与内群成员合作。此外，这种合作行为的内群倾向性在共同任务实验组中同样存在，但在社会互动实验组中并不存在，表明囚徒困境博弈中，社会互动实验组中被试在合作行为上的内群倾向性可能受到社会互动机制、博弈环境以及其他因素的影响。

囚徒困境博弈中，控制组、社会互动实验组和共同任务实验组被试与内群成员、外群成员搭配时选择合作策略的概率如图 5-8 所示，从图中可以直观地看出被试对待内群成员与外群成员的差异。

再来看在单纯社会互动机制和基于共同任务的社会互动机制下，多互动组和少互动组被试在囚徒困境博弈中的决策。表 5-15 中分别列举了社会互动多互动组被试、社会互动少互动组被试在囚徒困境博弈中策略选择的描述性统计信息。由表 5-15 可知，社会互动多互动组被试（0.367>0.200）与社会互动少互动组被试（0.389>0.278）在与内群成员搭配时，其选择合作策略的概率均高于与外群成员搭配时的情形，但是两者在卡方检验下不存在显著差

```
                                                                47.90
                       35.40              37.50
                                                          
                                37.50
                                         22.90                    25.00
                               16.70

           控制组          社会互动实验组      共同任务实验组
                    ■ 内群合作    ■ 外群合作
```

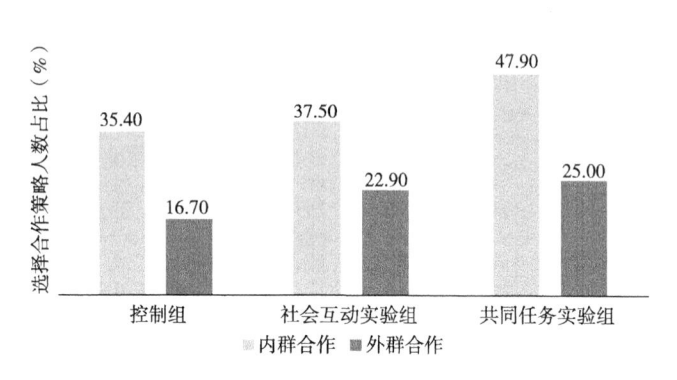

图 5-8　囚徒困境博弈中控制组、实验组被试选择合作策略人数占比

异（$chi^2 = 2.052$，p-value = 0.152；$chi^2 = 0.500$，p-value = 0.480）。因此，在单纯社会互动实验组中，无论互动频率高低，囚徒困境博弈中合作行为的群际差异均不存在，即在合作行为上，多互动组被试和少互动组被试对待内群成员、外群成员的区分度不存在显著差异。

表 5-15　社会互动多互动组、少互动组被试囚徒困境博弈主要变量描述性统计及分布差异检验

组别	变量	观察值	均值	标准差	分布差异检验
社会互动多互动组	内群合作	30	0.367	0.490	2.052 (0.152)
	外群合作	30	0.200	0.407	
社会互动少互动组	内群合作	18	0.389	0.502	0.500 (0.480)
	外群合作	18	0.278	0.461	

注：分布差异检验采用 Pearson 卡方检验，经该检验可得 chi^2 统计量值，chi^2 值下方括号内为对应的 P 值。

再来看共同任务实验组中多互动组和少互动组被试在囚徒困境博弈中对合作策略和欺骗策略的选择，表 5-16 中分别列举了相关变量的描述性统计信息。虽然共同任务多互动组（0.467 > 0.200）和共同任务少互动组（0.500 > 0.333）被试在与内群成员搭配时，其对公共品的捐赠额均高于与外群成员搭配时的情形，但是只有前者在内群合作和外群合作行为上存在显著差异（$chi^2 = 4.800$，p-value = 0.028；$chi^2 = 1.029$，p-value = 0.310）。因此，基于表 5-16 报告的结果可知，共同任务实验组中多互动组被试在合作行为上存在内群倾向性，表现出明显的社会认同，因而在囚徒困境中与内群成员搭配时选择合作策略的概率更大。

5 社会认同与合作行为——社会互动机制的影响

表 5-16　共同任务多互动组、少互动组被试囚徒困境博弈
主要变量描述性统计及分布差异检验

组别	变量	观察值	均值	标准差	分布差异检验
共同任务多互动组	内群合作	30	0.467	0.507	4.800 (0.028)
	外群合作	30	0.200	0.407	
共同任务少互动组	内群合作	18	0.500	0.514	1.029 (0.310)
	外群合作	18	0.333	0.485	

注：分布差异检验采用 Pearson 卡方检验，经该检验可得 chi^2 统计量值，chi^2 值下括号内为对应的 p 值。

图 5-9 分别展示了社会互动多互动组、社会互动少互动组、共同任务多互动组与共同任务少互动组，四组被试在囚徒困境博弈中选择合作策略被试人数的百分比，从图中可以直观地看出不同实验组被试在合作策略选择上的差异。

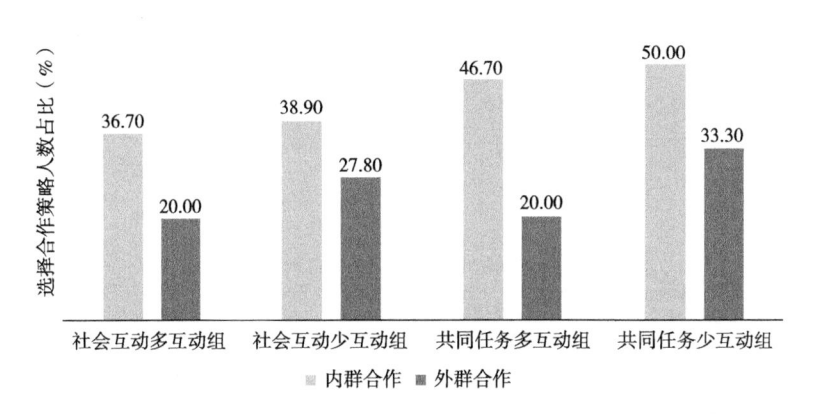

图 5-9　囚徒困境博弈中社会互动多互动组与少互动组，共同任务多互动组与少互动组被试选择合作策略人数占比

上文根据被试内设计的实验结果分析了控制组和各实验组在囚徒困境博弈中合作行为上的群际差异。结果表明，控制组、社会互动实验组和共同任务实验组中，个体在合作行为上的社会认同基本具有稳健性。为了进一步检验单纯社会互动机制以及基于共同任务的社会互动机制对个体合作行为的影响，本章接下来对比实验组和控制组的实验结果，检验实验效应（treatment effect）是否存在。

首先来看社会互动实验组及其对应的多互动组、少互动组的实验效应。表 5-17 中列举了社会互动实验组、社会互动多互动组与社会互动少互动组各

主要变量与控制组相比的检验结果，根据检验结果的显著性，可以判断单纯社会互动效应和互动频率效应产生的影响。卡方检验结果以及表5-14中的描述性统计信息表明，社会互动实验组被试虽然与内群成员搭配（0.375>0.354）、外群成员搭配时（0.229>0.167），其选择合作策略的概率均高于控制组被试，但是两者的差异并不显著（chi^2 = 0.045，p-value = 0.832；chi^2 = 0.591，p-value = 0.442）。下面来看社会互动实验组中互动频率效应是否会对被试合作行为产生影响。由表5-17中社会互动多互动组与社会互动少互动组各主要变量与控制组对比，发现社会互动多互动组被试（chi^2 = 0.013，p-value = 0.911；chi^2 = 0.139，p-value = 0.709）与社会互动少互动组被试（chi^2 = 0.068，p-value = 0.794；chi^2 = 1.022，p-value = 0.312）在与内群成员、外群成员搭配时，选择合作策略的概率均与控制组被试不存在显著差异。

表5-17 囚徒困境博弈中社会互动实验组实验效应统计检验

合作类型	社会互动实验组 vs 控制组	社会互动多互动组 vs 控制组	社会互动少互动组 vs 控制组
内群合作	0.045 (0.832)	0.013 (0.911)	0.068 (0.794)
外群合作	0.591 (0.442)	0.139 (0.709)	1.022 (0.312)

注：表格中数据为Pearson卡方检验的chi^2统计量，chi^2值下方括号内为对应的p值。

图5-10展示了囚徒困境中被试与内群成员、外群成员搭配时，控制组与不同实验组被试选择合作策略人数所占百分比，从中可以直观地观测社会互动效应对被试合作行为的影响。由社会互动实验组及其对应的多互动组、少互动组与控制组的对比研究发现，单纯社会互动效应及互动频率效应均不能改变被试与内群成员、外群成员搭配时的合作行为。因此，相比公共品博弈的研究证据，在更不易于合作的囚徒困境博弈中，单纯的社会互动不会改变个体的社会认同。

再来看共同任务实验组以及根据互动频率划分的共同任务多互动组、共同任务少互动组的实验效应。表5-18中列举了共同任务实验组、共同任务多互动组与共同任务少互动组各主要变量与控制组相比的检验结果，根据检验结果的显著性，可以判断基于共同任务的社会互动效应以及互动频率效应产生的影响。检验结果以及表5-14中的描述性统计信息表明，共同

5 社会认同与合作行为——社会互动机制的影响

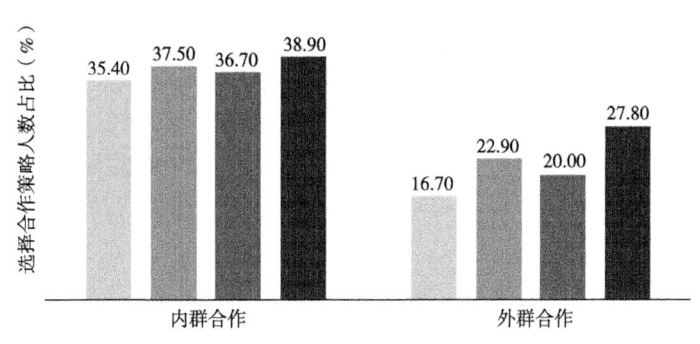

图 5-10　囚徒困境博弈中控制组、社会互动实验组及其中的
多互动组、少互动组被试选择合作策略人数占比

任务实验组被试虽然与内群成员搭配（0.479>0.354）、外群成员搭配时（0.250>0.167），其选择合作策略的概率均高于控制组被试，但是两者的差异并不显著（chi^2 = 1.543，p-value = 0.214；chi^2 = 1.011，p-value = 0.315）。至于基于共同任务的互动频率是否会对被试合作行为产生影响，将表 5-17 中共同任务多互动组与共同任务少互动组的各主要变量与控制组相对比，发现共同任务多互动组被试（chi^2 = 0.976，p-value = 0.323；chi^2 = 0.139，p-value = 0.709）与共同任务少互动组被试（chi^2 = 1.166，p-value = 0.280；chi^2 = 2.176，p-value = 0.140）在与内群成员、外群成员搭配时，选择合作策略的概率均与控制组被试不存在显著差异。

表 5-18　囚徒困境博弈中共同任务实验组实验效应统计检验

合作类型	共同任务实验组 vs 控制组	共同任务多互动组 vs 控制组	共同任务少互动组 vs 控制组
内群合作	1.543 (0.214)	0.976 (0.323)	1.166 (0.280)
外群合作	1.011 (0.315)	0.139 (0.709)	2.176 (0.140)

注：表格中数据为 Pearson 卡方检验的 chi^2 统计量，chi^2 值下方括号内为对应的 p 值。

图 5-11 展示了囚徒困境博弈中被试与内群成员、外群成员搭配时，控制组与不同实验组被试选择合作策略人数所占的百分比，从图 5-11 中可以直观

地观测基于共同任务的社会互动效应对被试合作行为的影响。由共同任务实验组及其对应多互动组、少互动组与控制组的对比研究发现，基于共同任务的社会互动效应及互动频率效应均不能改变被试与内群成员、外群成员搭配时的合作行为。因此，相比公共品博弈的研究证据，在更不易合作环境下的囚徒困境博弈中，基于共同任务的社会互动效应对个体社会认同不会产生任何作用。

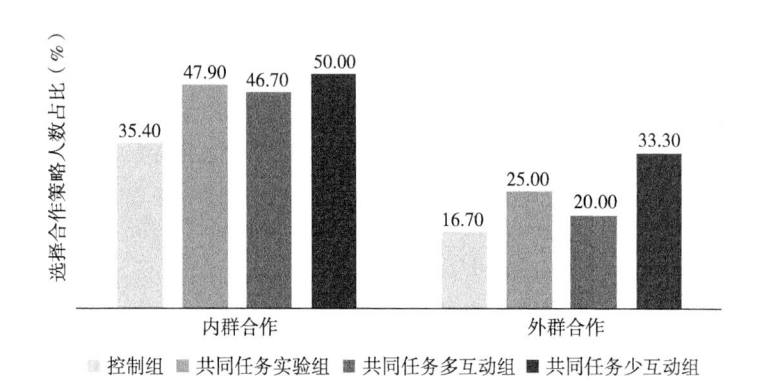

图 5-11 囚徒困境博弈中控制组、共同任务实验组及其中的多互动组、少互动组被试选择合作策略人数占比

以上便是以控制组及不同实验组为单位，通过同组被试内对比与不同组之间对比所得的研究结论。下面，本章利用计量模型进行回归分析，从个体层面检验个体合作行为的群际差异、单纯社会互动机制和共同任务条件下社会互动机制的实验效应是否真实存在。此外，通过计量模型的构建，也可以对互动频率效应进行量化分析。

其一，为了研究个体在与内群成员、外群成员搭配时其自身合作行为的差异，本章构建模型用以进行计量分析。在变量多互动组中，变量合作策略为虚拟变量，是指囚徒困境博弈中被试的策略选择，当被试选择合作策略时，合作策略值为 1；当被试选择欺骗策略时，合作策略值为 0。内群为虚拟变量，当被试与同属一个小队的成员搭配时，内群的值为 1；当被试与另外一个小队的成员搭配时，内群的值为 0。控制变量包括被试的性别信息以及专业信息。由于囚徒困境博弈要重复进行两期，每期决策相互独立，且变量合作策略的值为 1 或 0 两者中的一个，因此，本章利用面板数据随机效应 Logit 模型，依据控制组、社会互动实验组和共同任务实验组的实验结果分别进行估计。回归结果如表 5-19 所示。

5 社会认同与合作行为——社会互动机制的影响

表 5-19 控制组、社会互动实验组、共同任务实验组被试面板 Logit 回归方程

解释变量	被解释变量		
	控制组	社会互动实验组	共同任务实验组
	合作策略	合作策略	合作策略
内群	0.207* (0.110)	0.184* (0.100)	0.282*** (0.087)
性别	−0.135 (0.137)	0.316 (0.204)	0.163 (0.131)
专业	0.014 (0.014)	−0.030 (0.025)	0.039*** (0.015)
观察值	96	96	96
瓦尔德卡方	5.250	5.250	7.960
对数似然	−46.266	−46.612	−52.149

注：①每个系数对应着两行数据，第一行数据为平均边际效应值，根据回归模型中各解释变量估计值计算所得；第二行括号内数值表示标准误。

②*，**，***分别表示变量估计值在10%、5%和1%的显著性水平显著。

由回归结果可知，无论控制组、社会互动实验组还是共同任务实验组，个体与内群成员搭配时，选择合作策略的概率均显著高于与外群成员搭配时的情形。上述回归结果表明，被试在合作行为上存在群际差异，被试与内群成员的合作水平更高；此外，从整体看，单纯社会互动机制与基于共同任务的社会互动机制作用下，被试仍然会表现出上述特性。相比表 5-14 中样本间对比的结果，表 5-19 中模型的回归结果所得结论表明，不仅控制组和共同任务实验组在合作行为上存在群际差异，社会互动实验组中这种差异性同样存在。在社会互动实验组中，合作行为的群际差异在样本层面的非参检验中并未出现，而在回归分析中又存在这种差异性，其原因很可能在于回归分析中控制了被试的性别、专业等因素的干扰，从而使合作行为的群际差异性显示出来，因此，社会互动实验组中个体在合作行为上同样具有内群倾向性，表现出内群成员的社会认同。

其二，为了从个体层面进一步研究单纯社会互动和基于共同任务的社会互动所能产生的实验效应，本章构造新的计量模型，通过将实验组数据与控制组数据对比实现研究目的。

5.4.3.2 计量模型及回归分析

首先,为了研究单纯社会互动及对应的互动频率效应,本章进行了以下计量分析。在表5-20中,被解释变量内群合作为虚拟变量,是指被试在囚徒困境博弈中与本小队成员搭配时的策略选择,当被试选择合作策略时,内群合作值为1;当被试选择欺骗策略时,内群合作值为0。社会互动实验组是虚拟变量,当其值为1时,表明被试来自社会互动实验组;当其值为0时,表明被试来自控制组。多互动组也为虚拟变量,当其值为1时,表明被试来自社会互动多互动组;当其值为0时,表明被试来自社会互动少互动组和控制组。控制变量包括被试的性别信息以及专业信息。因此,表5-20第一列和第三列中对变量社会互动实验组的估计值之和可以用于量化单纯社会互动效应对被试合作行为的影响;相比之下,第二列和第四列中对变量社会互动实验组的估计值则可以用于量化社会互动少互动组效应对被试合作行为的影响,而对变量社会互动实验组和变量多互动组的估计值之和可用于估计社会互动多互动组被试的合作效应,变量多互动组的估计值可用于计量社会互动多互动组和少互动组被试在合作行为上的差异。对于被试外群合作行为的计量分析模型,只是将被解释变量替换为外群合作,本章在此不做赘述。由于囚徒困境博弈中变量内群合作的值为1或0两者中的一个,因此,本章利用Logit模型进行估计。

表5-20 囚徒困境博弈中单纯社会互动及互动频率效应回归分析

解释变量	被解释变量			
	内群合作	内群合作	外群合作	外群合作
社会互动实验组	0.023 (0.102)	0.045 (0.148)	0.063 (0.082)	0.101 (0.100)
多互动组		-0.034 (0.143)		-0.064 (0.109)
性别	0.129 (0.111)	0.131 (0.111)	-0.065 (0.110)	-0.061 (0.108)
专业	-0.010 (0.014)	-0.010 (0.014)	0.008 (0.013)	0.008 (0.012)
观察值	96	96	96	96
伪R^2	0.012	0.013	0.014	0.018
伪对数似然	-62.194	-62.165	-47.072	-46.901

续表

解释变量	被解释变量			
	内群合作	内群合作	外群合作	外群合作
多互动组 实验效应		0.011 (0.01) 0.923		0.037 (0.15) 0.703

注：①每个系数对应着两行数据，第一行数据为平均边际效应值，根据回归模型中各解释变量估计值计算所得；第二行括号内数值表示聚类到两人博弈小组层面的稳健标准误。

②多互动组实验效应中三个数分别为效应大小、chi^2 值以及 p 值。

③*，**，*** 分别表示变量估计值在10%，5%和1%的显著性水平显著。

表5-20报告了社会互动实验组和互动频率产生的实验效应。由回归结果可知，无论是被试与内群成员搭配（变量社会互动实验组的估计值为0.023，p-value>10%）还是与外群成员搭配（变量社会互动实验组的估计值为0.063，p-value>10%），单纯社会互动的实验效应均不显著。此外，单纯社会互动机制下的互动频率效应也不会对被试内群合作行为、外群合作行为产生影响。因此，基于被试个体决策的回归分析结论与表5-17中样本间对比所得结论相同，即在相比于公共品博弈更难于合作的囚徒困境博弈环境中，单纯社会互动机制及其对应的互动频率效应均不会改变个体的社会认同和外群偏爱，对应的个体与内群成员、外群成员的合作行为也不受上述因素影响。

其三，为了研究基于共同任务的社会互动及互动频率效应，本章构建了计量模型。在表5-21中，被解释变量内群合作为虚拟变量，是指被试在囚徒困境博弈中与本小队成员搭配时的策略选择，当被试选择合作策略时，内群合作值为1；当被试选择欺骗策略时，内群合作值为0。共同任务实验组是虚拟变量，当其值为1时，表明被试来自共同任务实验组，当其值为0时，表明被试来自控制组。多互动组也为虚拟变量，当其值为1时，表明被试来自共同任务多互动组；当其值为0时，表明被试来自共同任务少互动组和控制组。控制变量包括被试的性别信息以及专业信息。因此，表5-21第一列和第三列中对变量共同任务实验组的估计值可以用于量化共同任务实验效应对被试合作行为的影响；相比之下，第二列和第四列中对变量共同任务实验组的估计值则可以用于量化共同任务少互动组效应对被试合作行为的影响，而对变量共同任务实验组和变量多互动组的估计值相加之和，可用于估计共同任务多互动组被试的合作效应，变量多互动组的估计值可用于计量共同任务多互动组和共同任务少互动组被试在合作行为上的差异。对于被试外群合作行为的计量分析模型，只是将被解释变量替换为外群合作，本章在此不做赘述。

由于囚徒困境博弈中变量内群合作的值为 1 或 0 两者中的一个，因此，本章利用 Logit 模型进行估计。

表 5-21　囚徒困境博弈中基于共同任务的社会互动及互动频率效应回归分析

解释变量	被解释变量			
	内群合作	内群合作	外群合作	外群合作
共同任务实验组	0.090 (0.101)	0.131 (0.133)	0.062 (0.075)	0.140 (0.091)
多互动组		-0.066 (0.141)		-0.136 (0.102)
性别	-0.024 (0.106)	-0.027 (0.106)	0.025 (0.087)	0.017 (0.085)
专业	0.025** (0.011)	0.026** (0.011)	0.016 (0.010)	0.018* (0.010)
观察值	96	96	96	96
伪 R^2	0.043	0.045	0.042	0.058
伪对数似然	-62.372	-62.260	-47.086	-46.304
多互动组 实验效应		0.065 (0.31) 0.579		0.004 (0.00) 0.970

注：①每个系数对应着两行数据，第一行数据为平均边际效应值，根据回归模型中各解释变量估计值计算所得；第二行括号内数值表示聚类到两人博弈小组层面的稳健标准误。

②多互动组实验效应中三个数分别为效应大小、chi^2 值以及 p 值。

③*，**，*** 分别表示变量估计值在 10%，5% 和 1% 的显著性水平显著。

表 5-21 报告了共同任务实验组的实验效应，以及被试在基于共同任务的社会互动机制下的互动频率效应。由回归结果可知，无论是被试与内群成员搭配（变量共同任务实验组的估计值为 0.090，p-value>10%）还是与外群成员搭配（变量共同任务实验组的估计值为 0.062，p-value>10%），共同任务条件下社会互动的实验效应均不显著。此外，在共同任务的社会互动机制下，互动频率效应也不会对被试内群合作行为、外群合作行为产生影响。因此，基于被试个体决策的回归分析结论与表 5-18 中样本间对比所得结论相同，即在相比于公共品博弈更难于合作的囚徒困境博弈环境中，共同任务条件下的社会互动及其对应的互动频率效应均不会改变个体的社会认同和外群偏爱，对应的个体与内群成员、外群成员的合作行为也不会受到上述因素影响。

5.5 小结与讨论

本章利用公共品博弈和囚徒困境博弈，通过被试内和被试间的实验设计，研究了在单纯的社会互动机制和基于共同任务的社会互动机制下，社会认同与合作行为的关系。通过利用样本间的对比分析以及个体层面的回归分析，本章得出了以下几点结论。

首先，无论是公共品博弈还是囚徒困境博弈，控制组被试和社会互动实验组、共同任务实验组被试在合作行为上均表现出群际差异，即相比外群成员，与内群成员合作的可能性更大，这说明个体明显地表现出社会认同。这同时也意味着，无论是更容易合作的公共品博弈还是更难于合作的囚徒困境博弈，个体在合作行为上的群际差异是稳健的，不受博弈环境的影响。这个结论与社会认同理论中的主流观点相一致，即个体均有内群倾向性，且这种内群倾向性会导致群际差异行为的发生。

其次，在公共品博弈中，相比于控制组被试，基于共同任务的社会互动机制产生的实验效应会提升个体的社会认同，使个体与内群成员合作的可能性显著增加。通过将社会互动实验组按照互动频率进一步划分为多互动组和少互动组，本章发现，基于共同任务的社会互动之所以会提升个体的社会认同，其原因在于多互动组产生的实验效应。相比之下，单纯社会互动及与其相关的互动频率均不会改变个体对内群身份的认同，与内群成员的合作行为也不会产生显著变化。上述研究结果表明，相比单纯的社会互动，基于共同任务的社会互动更能有效提升个体的社会认同，促进内群成员间的合作行为。相比单纯的社会互动，基于共同任务的社会互动更能促进社会认同的原因在于：共同任务有利于提高内群成员间的社会互动水平；且在共同任务中，内群成员对共同任务所做的贡献有利于强化个体的社会认同。在社会认同理论中，身份认同的形成路径存在两种形式，分别为演绎路径（deductive path）和归纳路径（inductive path），演绎路径下内群身份认同的形成是自上而下的过程，而归纳路径下身份认同的形成则是自下而上的过程（Postmes et al.，2005b）。已有研究表明，社会互动中个体对共同任务的贡献能够通过归纳路径增强个体对内群身份的认同（Postmes et al.，2005b；Jans et al.，2012）。此外，还有研究表明，正是在社会互动过程中，群体成员间才能更加深入地了解群体共同任务，这一过程有利于强化群体共同身份（Wegge and Haslam，2003）。由此可以看出，本章基于实验室实验的研究证据具有一定的理论基础。

最后，虽然在公共品博弈中，共同任务实验组表现出更高的内群合作水平，且这种更高的合作水平源自共同任务多互动组的作用，但是在囚徒困境博弈中，无论是单纯的社会互动还是共同任务条件下的社会互动，其实验效应均不存在；且两个实验组中，互动频率因素也均不会对被试的合作行为产生影响。由这个结论可以看出，社会互动能够影响身份认同并改变被试合作行为是有条件的，合作时的外部环境以及互动的原因、内容等因素，均会对个体身份认同的形成和变化起关键作用。

6 社会认同与合作行为
——群体规则强化机制的影响

6.1 引言

本书前面的章节分别研究了社会比较机制、竞争机制和社会互动机制下社会认同与合作行为的关系，本章继续沿着上述研究思路，侧重探讨群体内关系中的群体规则对个体身份认同的作用。每个群体都存在一系列群体规则，这些规则存在的目的在于维系群体的稳定性、突出群体优势地位。而社会身份源自身份所属群体的社会分类，因而社会身份必然也伴随着身份对应群体的群体规则。对于个体行为受到个体所属群体的群体规则的影响，表现出遵从群体规则的特征，社会认同理论从两个视角进行了解释，分别为身份认同视角（Tajfel，1982）和自我范畴化视角（Turner et al.，1987）。身份认同视角下，个体行为符合群体规则的原因在于积极区分动机（positive distinctiveness）。在积极区分动机的作用下，个体认为当其自身行为符合群体规范时，会使自身所在群体相比外群存在优势，且群体之间的差异性、区分度会增强（Rubin and Hewstone，1998）。相比之下，自我范畴化视角则从认知路径对群体规则效应加以解释，指出个体行为符合群体规则的原因在于个体自身对于群体身份的感知程度（self-perception）。个体对群体身份的感知程度受到外部环境的影响，群体内成员间越相似、群体间的差异性越大，个体对群体身份的感知程度越强，进而其自身行为也就越符合群体规范。因此，个体的行为是否符合群体规则，取决于两个因素的影响，分别为个体对群体身份的认同程度以及影响个体范畴化分类的情境因素。本章基于社会认同理论对群体规则影响路径的解释，从社会认同视角出发，研究群体规则强化机制下社会认同与合作行为之间的关系。

每一个群体均存在一系列群体规则，这些群体规则的作用之一就是维系群体身份的稳定性，因此，可以将团结规则视作群体规则中最基本、最重要的规则。鉴于群体规则的多样性，将所有群体规则作为研究对象不具有可行性，因此，本章以团结规则为侧重，以此研究群体规则强化机制下社会认同与合作行为的关系。在实验场所的选取问题上，区别于前面各章节的实验室实验研究，本章利用人工实地实验的研究方法达到研究目的，其原因在于：群体规则对应于个体真实的社会身份，是个体身份的内在属性。在实验室实验中，由于实验干预时间较短，所以很难形成稳定的群体规则，因此，在研究群体规则时，需要以真实存在的社会人作为被试，且这些被试需要具有统一的群体身份，即处于统一的社会组织或社会网络中。出于对被试及其固有社会身份的考虑，本章的实验需要在真实的环境中展开，与之对应的实验经济学研究方法为人工实地实验。此外，为了分离出团结规则效应，本章借鉴社会心理学中研究身份认同的常用方法——激发工具（priming instrument）展开研究。该方法主要用于分离个体本身固有的社会身份，探讨不同社会身份导致的行为决策差异。与以往研究不同的是，本章并非对个体身份进行激发，而是对身份对应群体的群体规则——团结规则——进行激发，从而观测控制组和实验组在合作行为上的差异。

　　本章需要考虑的另一个问题是：如何在人工实地实验中量化个体的合作行为。出于对本书前面章节研究内容连续性的考虑，本章选取一种最基本的公益活动——捐赠行为作为研究对象，通过采用经典的公共品博弈模型量化个体的合作行为。在公共品博弈中，通过观测被试对公共品的自愿投资额，可以衡量被试自身的合作行为。特别地，为了准确观测被试在人工实地实验中的合作行为，本章在实验设计中，对公共品博弈的形式进行了恰当改装，使公共品博弈实验更加真实，用以增强本章研究结论的现实有效性。

　　根据上文叙述，本章的理论逻辑如图6-1所示。

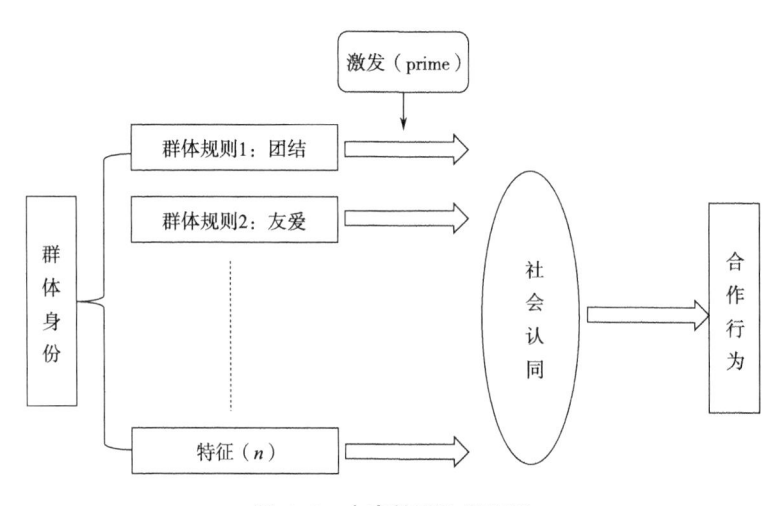

图6-1　本章的理论逻辑图

本章的创新之处在于：

第一，本章研究了群体规则强化机制下的社会认同与合作行为的关系，群体规则作为社会身份的重要组成因素，对个体社会认同的影响不可忽视。通过采用实验经济学研究方法，以及对应的实验设计，本章的研究结论更具有说服力。

第二，本章对社会认同理论中常用的研究方法，即激发工具，进行了创新，并通过数理模型，证明了创新的合理性。本章在采用激发工具时，并非笼统地针对个体身份，而是作用于身份所属群体的团结规则，从而实现了对身份认同问题更深入的研究。

第三，本章采用经济学实验研究该问题，并在实验方法上进行了创新。在人工实地实验中，通过对公共品博弈进行改装，使整个实验过程更加贴近实际，从而达到使被试展现出自然状态下最真实想法的目的。

6.2 文献回顾

本章利用改装的公共品博弈，在人工实地实验中量化合作行为。因此，这里在文献回顾中首先简述公共品博弈及其外部有效性的研究；而后，本节其余部分介绍社会认同与捐赠行为的现有研究成果。

6.2.1 公共品博弈及其外部有效性的研究

在标准的公共品博弈中，被试首先获得一定数额的初始禀赋，而后需要决定将初始禀赋分配到两个账户中，其中分配到私人账户的数额保持不变，而投资到公共账户的数额会为每一个成员带来一定比例的收益。因此，公共品博弈中，通过观测被试对公共品的自愿投资额，可以用于衡量出被试的合作行为。此外，研究证据表明，个体在公共品实验中的自愿供给行为与现实生活中对公共品的捐赠行为相关联。如卡彭特和塞基（Carpenter and Seki, 2011）的研究发现，日本渔民在实验室公共品博弈中的合作行为与其自身生产率正相关，因为在公共品博弈中表现出合作行为的渔民，在现实中更倾向于与其他渔民合作捕鱼，从而可以提高捕鱼效率。费尔和莱布兰特（Fehr and Leibbrandt, 2008）的研究表明，在公共品博弈中，公共品自愿供给额越高的巴西渔民，其在实际生活中对公共渔场过度捕鱼的倾向越低。又如劳里和泰勒（Laury and Taylor, 2008）发现，被试对公共品自愿供给的数额与现实生活中对植树组织的捐款额正相关。目前，对公共品博弈的研究主要可以分为两大类：一类在简单公共品实验环境中，检验是否会出现理性人假设前提下的搭便车问题,以及外部环境的变化是否会对公共品供给水平产生影响,这类研究通常集中在对社会偏好和风险偏好的度量上。尽管偏好是难以控制的,但却是可测的(Fischbacher et al., 2001; Blanco et al., 2010),不同地区的被试在偏好上也有特定的模式和规律可循(Brandts and Charness, 2000; Keser and Winden, 2000)。另一类研究集中于实验设计,通过探索改善实验机制的有效途径,从而达到提高合作水平的目的。例如,奖惩机制、交流机制以及声誉机制(Andreoni, 1998; Keser and Winden, 2000; Andreoni and Croson, 2008; 周业安和宋紫峰, 2008; Engelmann and Fischbacher, 2009)、领导机制(Moxnes and Heijden, 2003; Güth et al., 2007; Levati et al., 2007; Potters et al., 2007; 周业安等, 2014),等等。

由目前学者对公共品博弈及其外部有效性的研究成果可见:首先,通过经典的公共品博弈,确实可以测度个体合作行为,且这种合作行为以社会偏好为基础,具有稳定性。除此之外,本章在公共品博弈中所测度出的结果,可以推广到现实生活中,用以解释个体与群体成员间的合作行为。

6.2.2 群体规则、社会认同与捐赠行为的相关研究

自从阿克洛夫和克兰顿(Akerlof and Kranton, 2000)首次将社会身份变量引入新古典效用模型,已有大量实证研究或经济学实验围绕身份对经济决策的影响而展开。以往经济学家对社会身份的研究往往集中在两个方面:在实验室实验中研究人为构造的组身份对行为决策的影响(Eckel and Grossman, 2005; Mcleish and Oxoby, 2007; Chen and Li, 2009; Chen and Chen, 2011);或对个体固有的身份进行研究,如种族身份(Benjamin et al., 2010)、性别身份(Charness et al., 2007, Charness and Rustichini, 2011)、种姓身份(Hoff and Pandey, 2006, 2014)、宗教身份(Shariff and Norenzyan, 2007; Benjamin et al., 2016)、罪犯身份(Khadjavi and Lange, 2013; Chmura et al., 2013; Cohn et al., 2015)、邻里身份(Li et al., 2017)、户籍身份(Afridi et al., 2015)等。

每个个体均有多重社会身份,每个社会身份都对应于该身份所属分类具有的一般特征、规则、社会预期等(Deaux, 1996)。鉴于此,如何才能分离出不同的社会身份,从而研究一个特定身份对经济决策的影响呢?近年来,实验经济学家借鉴了一种有效方法,即激发工具(priming instrument)。激发工具的假设前提是:个体在特定的时间内,如果一个特定身份所属群体的规则起主导作用,则个体受到该身份的影响会更强烈。激发工具的作用在于,在短时间内通过提供情境线索或暗示,使个体对身份的社会认同度提升,因此,个体行为会更符合该身份所属群体的相关规则。激发工具首先应用于心

理学领域研究身份问题，而后在心理学的延伸学科社会心理学中也得到了广泛使用。

在经济学对社会身份问题的研究中，激发工具的使用越来越广泛。阿夫里迪等（Afridi et al.，2015）研究了激励条件下，户籍身份对个体认知能力的影响。实验以小学生为被试，采取问卷方法作为激发工具，通过让学生填写户籍身份相关的题目使户籍身份效应显现，并通过公开确认户籍身份强化这一效应。霍夫和潘迪（Hoff and Pandey，2006，2014）也进行过类似研究，他们同样使用激发工具，研究印度种姓差异导致的不平等问题。又如本杰明等（Benjamin et al.，2016）在实验室实验中研究了宗教身份对经济行为的影响，通过让被试重构句子激发被试的宗教身份[1]，而后测度了被试在公共品博弈和独裁者博弈中的捐赠水平、风险厌恶水平、时间风险偏好、既定工资下的努力程度。此外，利用激发工具法研究身份问题的文献，内容还涉及种族与性别身份对时间风险偏好的影响（Benjamin et al.，2010），种族和组织身份对合作的影响（Chen et al.，2014），罪犯身份与规则违反的联系（Cohn et al.，2015），邻里身份与公共品捐赠水平（Li et al.，2017）[2] 等。

阿克洛夫和克兰顿（Akerlof and Kranton，2000）的社会身份模型表明，由于个体的身份对应该身份所属社会分类的规则，个体行为偏离群体规则将会导致效用的损失。世界上无论哪个国家，均推崇互帮互助、奉献社会、团结友爱的美德。因此，被试在公共品博弈中的自愿供给行为可以视作许多社会中的规则（Ostrom，2000）。将个体对群体的认同与公共品博弈中被试对集体的捐赠额相联系，意味着个体身份感越强，则在公共品博弈中捐赠额就会越高。心理学和实验经济学的大量研究均能证明，个体对同组成员更具倾向性（ingroup favoritism），因此由于组间偏见（intergroup bias）和组内倾向（ingroup favoritism）现象的存在，个体对于同组成员会表现出更强的社会偏好（Tajfel and Turner，1986；Charness et al.，2007；Chen and Li，2009；Londono et al.，2015；Li et al.，2017）。当一个社会由不同的社会群体或种族构成时，社会救助中的捐赠行为以及公共品自愿供给行为中的组内倾向可能会通过纯

---

[1] 文中举例，要求被试完成以下任务：将句子"yesterday it finished track he"中多余的词删除，并将词汇重新排列成通顺的语句，因此，被试需将上例句子变为"he finished it yesterday"。本杰明等（Benjamin et al.，2016）要求实验组的被试完成包含宗教信息的五个句子，而控制组被试完成的重构句子不包含宗教信息，以此达到激发宗教身份的目的。因此，本杰明等使用了含蓄的激发工具来达到强化宗教身份的目的；马泰（Matthey，2010）首次在经济学文献中使用类似方法，将其作为激发工具。

[2] 多维卢斯等（Drouvelis et al.，2010）的研究表明，对"合作"概念本身的激发也会提升公共品博弈中的贡献水平。

粹利他行为（pure altruism）或非纯粹利他行为（光热理论 warm glow theory）表现出来。一般来说，当一个个体的社会认同感提升时，他会更加关注社会互助和公共品配给产生的集体福利，或者通过帮助他人产生更大的光热感（warm glow feeling）。因此，个体的纯利他动机或光热动机均会与个体自身的社会身份相联系，个体对身份的认同感越强，在社会救助捐赠活动和公共品捐赠中的捐献水平越高。

总之，本章研究与群体身份对应的群体规则及其影响因素。基于目前的研究成果，本章通过观测被试在标准公共品博弈中的捐赠数额，将其作为衡量被试合作行为的尺度。而且，以往研究结论表明，被试在公共品博弈中的表现，可以反映出其在现实生活中的合作倾向。此外，值得一提的是，本章对激发工具进行了创新，试图通过激发与群体身份对应的团结规则，实现强化身份认同的作用。相比于简单地激发身份本身，对群体规则的强化不仅可以起到同样的作用[①]，还能进一步细化研究身份因素影响个体行为决策的途径。

6.3 理论模型

本章的理论框架是在本杰明等（Benjamin et al., 2010）的模型（下文简称 BCS 模型）、阿克洛夫和克兰顿（Akerlof and Kranton, 2000）的模型基础上扩展而来的。与 BCS 模型一样，本章认为身份激发（identity priming）会产生短暂的效应，这一效应相当于外生的扰动，会达到强化个体社会认同的目的。而相比之前学者的研究，本章模型有两个方面的创新：首先，本章对身份激发工具的实现机制进行了扩展。BCS 模型中假设对特定身份的激发会增强个体对该身份所属群体的认同程度，从而起到强化身份的目的。本章认为，笼统地激发特定身份会有失准确性，而应该对身份所属群体的群体规则进行强化，从而达到激发身份，影响个体对身份认同程度的目的。其次，在对身份激发的过程中，BCS 模型假定所有个体对身份的认同程度均会增加，而增加的程度是随机的。鉴于个体的异质性，这一假设明显不符合实际情况。本章完善了这一假定条件，以个体拥有特定身份的时间长短为依据对个体进行分类，认为群体规则的激发效果对所处不同分类的个体产生的效果是不同的。

具体来说，令 x 为个体所做的经济决策，例如，个体对公共品的捐赠数额、在社会救助中的捐赠水平、个体对陌生人的信任程度等。C 为个体所处的一个社会分类，也可理解为个体拥有的社会分类所对应的身份，例如，学生。

[①] 除此之外，相比简单激发身份本身，本章认为激发身份特征可以避免激发工具的框架效应。

s 为个体对社会分类 C 的认同程度。此外,个体在不考虑身份因素时效用最大化的经济决策行为对应 x_0,个体在完全遵从社会分类 C 对应的规则时经济决策行为对应于 x_C。因此,任何偏离自身偏好和群体规则的行为均会导致效用损失,个体在考虑身份因素时所做出的决策必然会最小化其自身的效用损失。通过对个体决策偏离 x_0 和 x_C 导致的效用损失进行加权平均,可得个体选择行为的效用最大化条件为:

$$\max_{x_0 \leqslant x \leqslant x_C} U = -(1-w(s))(x-x_0)^2 - w(s)(x-x_C)^2 \tag{1}$$

其中,$w(s)$ 为个体对所属社会分类 C 中的规则赋予的权重,有 $0 \leqslant w(s) \leqslant 1$。当个体对身份所属群体完全不认同时(即 $s=0$),有 $w(0)=0$;此外,随着个体对群体认同程度的提升,个体对规则赋予的权重会增加,即 $w'(s) > 0$。因此,当 s 增加时,个体偏离群体规则的行为会导致效用水平损失的增加。求解(1)式的一阶条件,可得最优解为:

$$x^*(s) = (1-w(s))x_0 + w(s)x_C \tag{2}$$

由(2)式可见,个体的最优决策为不考虑身份约束时的选择与完全遵从群体规则时的选择的加权平均。

在 BCS 模型中,激发工具会起到短暂强化身份的作用,即 $s' = s + \varepsilon$,$\varepsilon > 0$。本章中的模型丰富了这一假设条件。由于不同身份对应不同的群体规则,简单地激发身份本身存在缺陷,例如,因为被试本身对自身社会身份界定比较含糊所导致的激发效应不明显;此外,激发工具设计不合理、运用不当,可能也会引发混淆,例如,个体拥有 A 与 B 两种身份,而两种身份间交集较大,倘若简单地对身份 A 激发,则不能辨别实验效果是否真由激发 A 身份所产生。因此,鉴于不同身份具有不同的群体规则,本章认为,应该对身份对应的群体规则进行激发,进而影响个体的认同感,实现相应的激发效果。对应地,假设 $s = s(p_1, p_2, \cdots, p_n)$,其中,$p_i$ 为个体身份对应的第 i 个群体规则。在激发工具的作用下,通过直接影响个体社会身份对应的群体规则,达到改变个体对身份认同程度的目的,即 $p_i' = p_i + \varepsilon_i$,$\varepsilon_i > 0$。此外,与 BCS 模型不同的是,考虑到个体身份的自尊(self-esteem)因素,个体会对身份所属群体产生正面或负面的评价,因此,本章中模型放宽 BCS 模型中 $\varepsilon > 0$ 的假定[①],认为 $\frac{\partial s}{\partial p_i} > 0$ 或 $\frac{\partial s}{\partial p_i} < 0$ [②]。

[①] BCS 模型中假定,通过强化身份,会使个体对身份的认同度提升,固有 $\varepsilon > 0$,亦即 $s' > s$。
[②] 李等(Li et al., 2017)将个体分为高地位群体(high status)和低地位群体(low status),认为对身份的激发会导致高地位群体提升对身份的认同,低地位群体降低对身份的认同。

本章对 BCS 模型的第二个扩展之处为，将个体拥有身份的时间长短因素引入模型。假设以 t_0 为划分时间长短的标准，根据个体在群体中的时间 t 大于或小于 t_0，可将同一群体成员分为两部分。设 $H = \{Junior, Senior\}$，结合上文中对 BCS 模型的改进，有：$p_{H,i}' = p_{H,i} + \varepsilon_{H,i}$，其中，$\varepsilon_{H,i} > 0$。本章认为，这两部分个体在同一激发工具的作用下，对群体认同程度的改变并不相同，因此，有 $\dfrac{\partial s}{\partial p_{Junior,i}} \neq \dfrac{\partial s}{\partial p_{Senior,i}}$ 成立。

综上所述，激发工具的效应最终可以表示为：

$$x^*(p_{H,i} + \varepsilon_{H,i}) - x^*(p_{H,i}) \approx \frac{dx^*}{ds} \cdot \frac{\partial s}{\partial p_{H,i}} \cdot \varepsilon_{H,i} = w'(s)_{H,i} \cdot \frac{\partial s}{\partial p_{H,i}} (x_C - x_0)_{H,i} \cdot \varepsilon_{H,i}$$

(3)

对于个体的合作行为，例如，对社会救助中的捐赠额以及对公共品的自愿捐赠，一般均有 $x_C \geq x_0$ 成立，这意味着遵循群体规则的情况下，个体对公共品捐赠的水平高于不考虑身份因素限定条件时的捐赠额。因此，在这种情况下，由假设条件 $w'(s)_{H,i}$，$(x_C - x_0)_{H,i}$ 以及 $\varepsilon_{H,i} > 0$ 可知，激发工具效果的正负取决于 $\dfrac{\partial s}{\partial p_{H,i}}$。如果对个体身份对应的群体规则激发时，拥有该身份时长小于 t_0 的个体，增加了身份自尊（self-esteem）水平，则有 $\dfrac{\partial s}{\partial p_{Junior,i}} > 0$；反之，若降低了身份自尊（self-esteem）水平，则有 $\dfrac{\partial s}{\partial p_{Junior,i}} < 0$。类似地，如果对个体身份对应的群体规则激发时，拥有该身份时长大于 t_0 的个体，增加了身份自尊（self-esteem）水平，$\dfrac{\partial s}{\partial p_{Senior,i}} > 0$；反之，若降低了身份自尊（self-esteem）水平，则有 $\dfrac{\partial s}{\partial p_{Senior,i}} < 0$。从另一方面看，当 $\dfrac{\partial s}{\partial p_{Junior,i}} > 0$，$\dfrac{\partial s}{\partial p_{Senior,i}} > 0$ 或 $\dfrac{\partial s}{\partial p_{Junior,i}} < 0$，$\dfrac{\partial s}{\partial p_{Senior,i}} < 0$ 时，激发工具效果的大小则由（3）式中各乘积项共同决定。

由此可见，本章数理模型的创新之处体现在三个层面：一是对激发工具的创新，以激发群体规则代替激发身份本身；二是丰富了 BCS 模型的假设条件，认为强化群体规则后，个体并非简单地提高对身份的认同，存在认同感降低的可能；三是按个体拥有身份时间的长短将个体分为两类，并认为两部分群体面对群体规则激发的反应并不相同。对于第二点，经济学家已开展过类似研究。例如，李等（Li et al., 2017）的研究表明，对邻里身份激发后，中产阶级社区的被试会提高对公共品的捐赠水平；反之，贫困社区的被试会降低捐赠额。又如，阿夫里迪等（Afridi et al.，2015）研究了户籍身份与认知能力的关系，发现户口身份激发后，农村户口学生在认知能力测试中的表现更差。文章主要从刻板印象威胁①（stereotype threat）的角度对这种差异性进行解释，而本章模型假设部分个体身份激发后，会通过影响自尊水平降低身份认同，两者具有相通之处。对于第三点，个体拥有社会身份时间长短问题的研究，虽然很少学者专门研究此问题，但从部分文献中可以发现对该问题的考虑。如阿夫里迪等（Afridi et al.，2015）在解释为何选择小学生被试而非成年人被试时，其背后的本质原因在于对户籍身份拥有时间长短的考虑。

6.4 实验设计及实施

6.4.1 样本选择

本章借助实验经济学的方法，研究群体规则强化机制下的个体身份认同与合作行为的关系。为了达到研究目的，本章选取具有真实身份的社会人作为研究对象。实验在广州海运技工学校展开，共有82名被试参与此次实验。这82名被试均为中海国际船舶管理有限公司正式员工，在公司的统一组织下，于广州海运技工学校进行为期3个月的培训，其目的是帮助公司员工通过各类职业资格考试。在正式实验开始之前，我们获得了与被试相关的以下基本信息②：年龄、本公司工作时长、政治面貌、员工类别、所属部门以及工作岗位③等，上述变量的描述性统计信息见表6-1。

表6-1 员工基本信息的描述性统计

变量名称	描述	均值	标准差
年龄	被试年龄	31.963	2.737
工龄	本公司工作时长，以年为单位	8.5	2.295

---

① 在社会心理学中，刻板印象威胁是指个体身份效应凸显后，个体通常会与身份对应的社会群体的固定印象（stereotype）联系更紧密，因此，该固定印象中的负面信息会导致个体的表现更差。刻板印象威胁理论（stereotype threat）经常在社会心理学领域使用，经济学领域对该理论首次使用来自迪伊（Dee，2014）。
② 82名被试均为男性，因此，下文分析中不涉及性别因素及其对实验结果的影响。
③ 按照员工所属船员库可以将被试分为主营库和多资合营两类，主营库员工分别来自中海油运、中海香港、中海集运、中海货运、中海海盛，多资合营员工则分别来自多经资管和多经其他；按照船员岗位级别划分，可以将被试分为大副、二副、大轮管、二轮管。

续表

变量名称	描述	均值	标准差
党员	虚拟变量，党员，值为1	0.293	0.458
岗位1	虚拟变量，主营库员工，值为1	0.890	0.315
岗位2	虚拟变量，多资合营员工，值为1	0.110	0.315
部门1	虚拟变量，来自中海油运，值为1	0.268	0.446
部门2	虚拟变量，来自中海香港，值为1	0.061	0.241
部门3	虚拟变量，来自中海集运，值为1	0.049	0.217
部门4	虚拟变量，来自中海货运，值为1	0.488	0.503
部门5	虚拟变量，来自中海海盛，值为1	0.024	0.155
类型1	虚拟变量，来自多经自管，值为1	0.098	0.299
类型2	虚拟变量，来自多经其他，值为1	0.012	0.110
职务1	虚拟变量，大副岗位，值为1	0.268	0.446
职务2	虚拟变量，二副岗位，值为1	0.268	0.446
职务3	虚拟变量，大轮管岗位，值为1	0.244	0.432
职务4	虚拟变量，二轮管岗位，值为1	0.220	0.416

本章选取上述人员作为实验对象的原因为：

第一，所有的实验对象均为同一家公司的员工，具有统一的群体身份、相近的社会生活背景。因此，在根据员工基本属性信息随机分组后，实验组和控制组被试可视作近似相同的群体，这有利于对比实验组被试和控制组被试的行为差异，检验群体规则强化所产生的实验效应是否真实存在，提高实验结论的稳健性。

第二，所有实验对象在公司工作的时间较长，因此，共有的社会身份具有稳定性[①]。在同一家公司内，较长的工作年限意味着更稳定的身份认同，因此在实验过程中对团结群体规则强化后所产生的实验效应，其影响路径可归结于实验组被试所共有的群体身份认同，而排除其他干扰因素。

第三，所有实验对象的职业均为船员。众所周知，在进行航海作业时船

---

① 如表6-1所示，所有员工在本公司工作时长的均值为8.5年，且Experience变量的最小值和最大值分别为6年和20年。

员间需要各司其职,在相互配合下完成工作任务,以保证航海安全。因此,对船员来说,团结合作观念具有很强的现实意义。这意味着,在实验过程中对实验组被试进行干预时,所能产生的实验效应可归结于团结群体规则强化所产生的作用,而并非其他因素。

第四,实验对象不仅有相同的公司员工身份,还具有相同的学员身份,两者既有交集,又有差异性。交集体现在培训学校的学员同样也是公司的员工,而差异性体现在拥有身份的时间长短,实验对象在公司工作时间远远长于在校培训时间。有鉴于此,本章可以利用上述特征进行被试内实验设计,研究身份重叠性、身份持有时间因素对个体身份认同以及合作行为的影响。

6.4.2 实验设计及实施

本章中的实验主要包括三个阶段。第一阶段要求被试在 10 分钟之内阅读一段话,然后根据题目要求写出读后感,且回答字数超过 50 字的人可获得 10 元人民币的现金奖励。第二阶段为两个改装的公共品博弈,要求被试做出捐赠决策。在第一个捐赠活动中,每名被试将获得 10 元人民币,要求被试决定如何将这 10 元人民币在自身与公司工会之间进行分配。被试分配给公司工会的人民币会双倍返还给公司工会,因此,被试和公司工会均会获得收益。返还给公司工会的人民币收益,公司工会将用于为大家购置集体物品,每个人均会由此获益。第二个捐赠活动与第一个类似,同样的每名被试可获得 10 元人民币,不同的是,需要被试决定如何将这 10 元人民币在自身与培训学校之间进行分配。被试分配给培训学校的人民币同样会双倍返还给培训学校,且培训学校会利用这部分收益为大家购置集体物品,每个人均会由此获益。第三阶段主要为标准的调查问卷,问卷的内容主要涵盖员工的日常工作、学习、集体生活等基本信息。

以上便是实验的主体内容,被试在实验员的引导下依次完成各个阶段的任务。本章的实验由一个控制组和一个实验组完成,实验组和控制组被试在实验内容上的差异主要体现在第一阶段,其余两个实验阶段的内容均相同。在第一阶段中,控制组被试在 10 分钟之内阅读的内容与创新相关,并要求被试按照文章末尾题目的要求,回答如下问题"请通过自己的观察和思考,谈谈创新的重要性";相比之下,实验组被试阅读的内容是与团结相关的小故事,同样需要被试简述"作为公司的一员,请通过自己的观察和思考,谈谈员工之间相互团结对于公司的重要性"。第一阶段中,通过现金激励的方法,可以促使控制组和实验组被试深入思考创新问题和团结问题,有利于增强实验干预的有效性。值得强调的是，对于实验组被试来说，第一阶段的阅读故事和写感想这一过程，目的是起到激发工具的作用，通过强化群体团结规则唤醒被试的共有员工身份，提高被试对共有员工身份的认同感。

本章的实验于 2017 年 10 月 26 日下午在广州海运技工学校的阶梯教室展开，为了避免被试间相互交流可能产生的溢出效应（spillover effect）以及不同实验员引导实验时可能对被试产生的差异性影响，本次实验安排所有被试在同一地点同时进行。在正式实验开始之前，首先引导被试以班级为单位在阶梯教室内按照纵列任意就座①，目的是避免被试间相互交流，并有利于随后的随机分组。待所有被试到齐并安静就座后，实验员首先进行简单的开场介绍，而后发放问卷。其中，为了保证实验组与控制组间的均衡以及分组的随机性，阶梯教室中前半部分的被试发放实验组问卷，后半部分被试发放控制组问卷，随机分组的结果见表 6-2②，结果表明，实验组被试与控制组被试在各主要属性上不存在显著差异，因此，两组被试可近似等价。此外，值得强调的一点是，由于第二阶段中包含两个公共品博弈，为了避免顺序效应（order effect）可能对实验结果的影响，实验对问卷中两个公共品博弈的顺序进行了调整。无论是实验组还是控制组被试，均有一部分被试在第二阶段实验中需要先完成对公司工会的捐赠，而后完成对学校的捐赠；反之，实验组和控制组中另一部分被试则需要先完成对学校的捐赠，而后完成对公司工会的捐赠。问卷随机发放完成后，实验员开始引导被试依次完成各部分实验内容，所有被试均通过纸笔完成决策，整场实验持续时间约为 30 分钟，平均每名被试获得的收益约为 30 元人民币（包含出场费 10 元）。

表 6-2 实验组和控制组随机分组结果及组间差异检验

变量名称	控制组	实验组	差异检验
	$N = 42$	$N = 40$	（p 值）
年龄	32.286 (3.203)	31.625 (0.337)	0.277
工龄	8.881 (2.568)	8.1 (1.919)	0.136

① 同一班级的员工同属一个岗位，例如，船长班的员工目前岗位为大副，大副班的员工目前的岗位为二副。以班级为单位统一组织被试参与实验，有利于保证实验现场安静有序，避免临时分组对被试心理可能产生的潜在影响。

② 本章根据表 6-1 中被试的基本信息，对随机分组的结果进行了差异性检验。

续表

变量名称	控制组 $N=42$	实验组 $N=40$	差异检验 （p值）
党员	0.333 (0.477)	0.25 (0.439)	0.407
岗位1	0.905 (0.297)	0.875 (0.335)	0.666
岗位2	0.095 (0.297)	0.125 (0.335)	0.666
部门1	0.333 (0.477)	0.200 (0.405)	0.173
部门2	0.048 (0.216)	0.075 (0.267)	0.604
部门3	0.071 (0.261)	0.025 (0.158)	0.329
部门4	0.429 (0.501)	0.550 (0.504)	0.272
部门5	0.024 (0.154)	0.025 (0.158)	0.972
类型1	0.071 (0.261)	0.125 (0.335)	0.414
类型2	0.024 (0.154)	0 (0)	0.326
职务1	0.310 (0.468)	0.225 (0.423)	0.388
职务2	0.238 (0.431)	0.300 (0.464)	0.527
职务3	0.238 (0.431)	0.250 (0.439)	0.900
职务4	0.214 (0.415)	0.225 (0.423)	0.907

注：①表格中，上面的数字为对应变量均值，下面括号中的数字为标准差。
②根据各变量类型，本章对年龄、工龄变量采用Wilcoxon秩和检验，对党员、岗位1、岗位2等虚拟变量采用卡方检验。

以上便是本章实验的主要实验设计和注意事项,可以看出,本章实验采取被试内设计和被试间设计相结合的方法,通过对比实验组和控制组被试的捐赠额,检验团结规则强化了机制产生的实验效应是否存在;通过对比不同组内被试对公司和学校捐赠额的差异,检验本章实验设计中激发工具的有效性,即对群体规则进行激发是否能够起到强化个体社会认同的作用。

6.5 实验结果分析

根据实验结果,所得控制组和实验组被试对公司和学校捐赠额的描述性统计信息见表6-3,其中,变量公司捐赠和变量学校捐赠分别是指被试在公共品博弈中对公司和学校的捐赠额。控制组被试对公司和学校捐赠额的均值分别为4.548和3.929,相当于初始禀赋的45.48%和39.29%。这与以往研究所得结果相近[1],表明本章相关实验设计及实验的具体操作具有合理性。此外,从表6-3中还可以获取两个重要信息:一是无论是控制组被试还是实验组被试,在公共品博弈中,其对公司的捐赠额均高于学校(4.548>3.929;6.175>5.475);二是在团结规则强化机制下,实验组被试对公司和学校的捐赠额均高于控制组被试(6.175>4.548;5.475>3.929)。图6-2分别列举了控制组被试和实验组被试在公共品博弈中对公司和学校的捐赠额,从中可以直观地看出上述差异性。图6-3至图6-6分别列举了控制组被试和实验组被试在公共品博弈中对公司和学校捐赠额的分布,通过对比可以发现,在团结规则强化机制下,实验组被试无论是对公司还是对学校,其捐赠额分布相比控制组表现出右移的趋势,且搭便车人数明显降低。

表6-3 控制组和实验组被试对公司和学校捐赠额的描述性统计信息

组别	变量	观察值	均值	标准差	分布差异检验
控制组	对公司捐赠	40	4.548	3.430	1.234
	对学校捐赠	40	3.929	3.264	(0.217)
实验组	对公司捐赠	42	6.175	3.281	1.861
	对学校捐赠	42	5.475	3.242	(0.063)

---

[1] 安德里尼(Andreoni,1995)、盖特等(Gächter et al.,2004)和陈叶烽(2009)在美国、俄罗斯和中国也展开过公共品实验,其中,被试捐赠额比例分别为33%,44%以及31.5%。

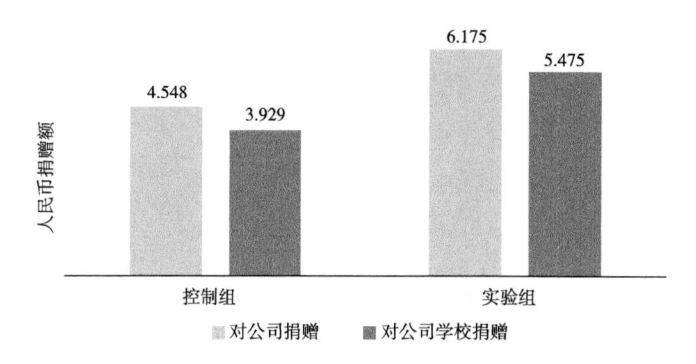

图 6-2　公共品博弈中控制组、实验组被试对公司和学校的捐赠额

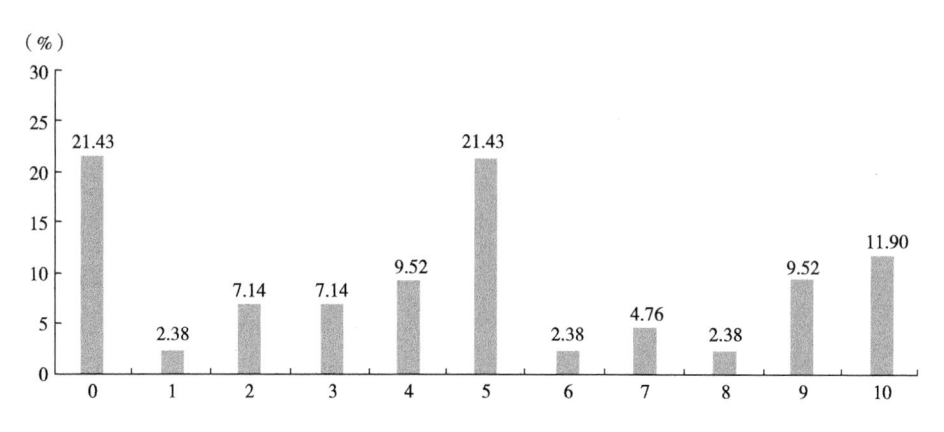

图 6-3　控制组被试对公司捐赠额分布

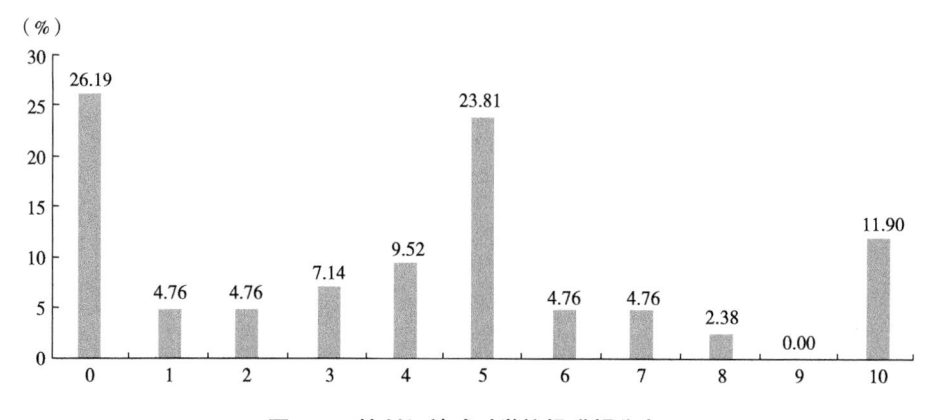

图 6-4　控制组被试对学校捐赠额分布

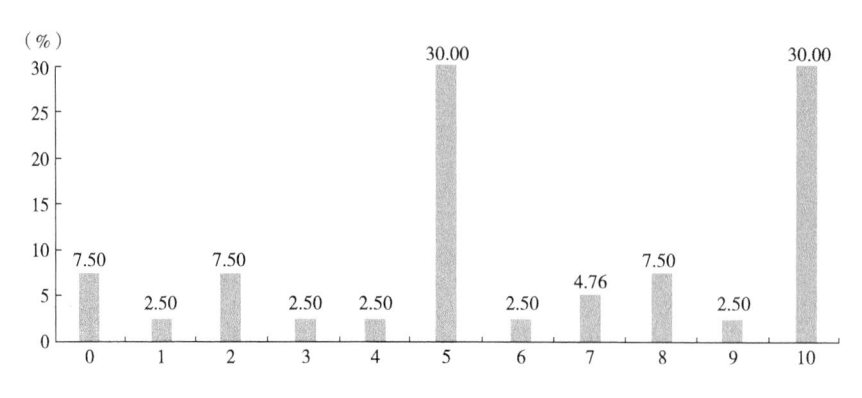

图 6-5　实验组被试对公司捐赠额分布

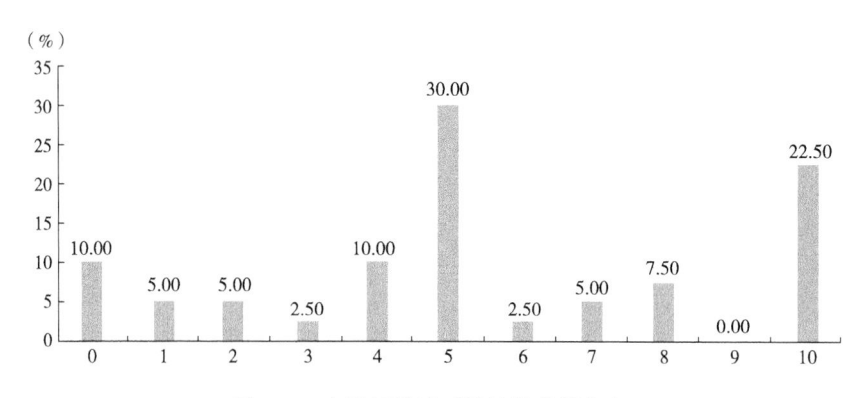

图 6-6　实验组被试对学校捐赠额分布

为了检验被试对公司和学校捐赠的差异是否真实存在以及团结规则强化所产生的实验效应，本章首先进行样本层面的统计分析。表 6-3 分别报告了控制组和实验组被试内对比的结果。Wilcoxon 符号秩检验表明，控制组被试在公共品博弈中对公司的捐赠额虽然高于学校，但是两者并不存在显著差异（4.548>3.929；$z=1.234$，$p=0.217$）；相比之下，实验组被试对公司的捐赠额显著高于控制组（6.175>5.475；$z=1.861$，$p=0.063$）。上述结果说明，对共有员工身份对应的团结规则强化后，被试对共有身份对应群体的认同度产生变化，即由控制组中对公司和学校认同度的无差异转变为实验组中对公司的认同度显著高于学校，表现为实验组被试在对公司捐赠时员工间的合作水平高于对学校捐赠时的情形。从另一方面看，这个结论恰恰说明了本章实验设计达到了预期效果，即对群体规则强化同样能够起到激发工具的作用，提升个体对群体规则对应群体的社会认同。

为了进一步检验团结规则强化机制产生的实验效应，本章接下来在实验组和控制组对比分析的结果中寻找相关证据。表6-4报告了实验组和控制组被试在公共品博弈中对公司和学校捐赠额的差异，Wilcoxon秩和（Mann-Whitney）检验的结果表明，相比于控制组，实验组被试对公司（6.175＞4.548；$z=-2.279$，p-value＝0.023）和学校（5.475＞3.929；$z=-2.098$，p-value＝0.036）的捐赠额在5%的水平上均有显著提升。实验组被试对公司的捐赠额高于控制组，表明团结规则强化确实能够提升个体对群体身份的认同，使群体间表现出更高的合作水平。相比之下，实验组被试对学校的捐赠额高于控制组，表明在身份具有重叠性的情况下，团结群体规则强化产生的实验效果具有外部性，即不仅会提高个体对群体规则对应群体身份（公司）的认同度，还会提高个体对重叠身份对应群体（学校）的认同，进而表现为公共品自愿供给中对学校捐赠额的提升。

表6-4 公共品博弈中团结规则强化实验效应统计检验

捐赠类型	实验组 vs 控制组
对公司捐赠	-2.279 (0.023)
对学校捐赠	-2.098 (0.036)

注：表格中数据为双边Wilcoxon秩和（Mann-Whitney）检验的z统计量，z值下括号内为对应的p值。

以上便是以控制组及不同实验组为单位，通过同组内被试对比与不同组间对比所得的研究结论。下面，本章利用计量模型进行回归分析，从个体层面检验团结规则强化机制对被试合作行为产生的实验效应是否真实存在。

其一，为了量化分析团结规则强化机制下个体身份认同与合作行为的影响，本章构建模型用以计量分析。在表6-5中，被解释变量对公司捐赠和对学校捐赠分别指被试在公共品博弈中对公司和学校的捐赠额。规则强化实验组是虚拟变量，当其值为1时，表明被试来自团结规则强化机制下的实验组；当其值为0时，表明被试来自控制组。考虑到被试拥有员工身份的时间以及其他身份可能对被试捐赠行为产生的影响，因此，控制变量包括工龄、是否党员，以及职务[①]。由于在公共品博弈中，被试对公司和学校的捐赠额均在0~10的范围内，所以本章利用Tobit模型对上述模型进行估计，模型回归结

[①] 职务为数值变量，其值为1、2、3、4，分别对应大副、二副、大轮管、二轮管岗位。

果如表6-5所示。

表6-5 公共品博弈中团结规则强化效应回归分析

解释变量	对公司捐赠		对学校捐赠	
	（1）	（2）	（3）	（4）
规则强化实验组	0.794** (0.336)	0.979*** (0.359)	0.749** (0.348)	0.882** (0.392)
工龄		0.203** (0.083)		0.137 (0.101)
党员		0.123 (0.379)		0.053 (0.438)
职务		0.141 (0.171)		-0.010 (0.198)
观察值	82	82	82	82
伪R^2	0.014	0.035	0.012	0.020
伪对数似然	-189.029	-184.998	-188.392	-186.890
左/右归并观察值	12/17	12/17	15/14	15/14

注：①每个系数对应着两行数据，第一行数据为平均边际效应值，根据回归模型中各解释变量估计值计算所得；第二行括号内数值表示聚类到个体层面的稳健标准误。

②*，**，***分别表示变量估计值在10%，5%和1%的显著性水平显著。

表6-5中，回归结果（1）和（3）为不考虑控制变量时的估计；在将控制变量加入模型后，回归结果如（2）和（4）所示。对比回归结果，可以得到一个稳健的结论，即：相比于控制组，团结规则强化机制下实验组被试对公司和学校的捐赠额在5%的水平下有显著提升，且实验组被试对公司捐赠额的增加值高于对学校捐赠额的增加值（0.794>0.749；0.979>0.882）。表6-5中的模型回归结果所得结论与表6-4所反映的结论相同，表明团结规则强化机制确实能够起到提升个体对身份对应群体的认同，表现出更高的群体合作水平。这一证据说明本章实验设计的有效性。此外，根据表6-5中回归结果（2）可知，被试在公共品博弈中对公司的捐赠额还受到其在本公司工作年限的影响。整体上看，被试拥有公司员工身份的年限每增加一年，则对公司的捐赠额就会增加0.203元人民币，且这个数值在5%的水平上显著。这一结果表明，个体拥有群体身份的时间因素会改变个体对群体的认同程度，进而影响群体成员间的合作水平。

6 社会认同与合作行为——群体规则强化机制的影响

其二，为了进一步检验上述时间效应是否真实存在，本章又对表6-5中的模型进行了改进。

表6-6中的变量中，变量对公司捐赠、对学校捐赠、规则强化实验组以及控制变量的含义与表6-5相同，在此不做赘述。不同的是，为了量化分析拥有身份的时间可能产生的效应，新模型中引入虚拟变量资深员工，当其值为1时代表工作年限长的老员工；反之则为普通员工①。表6-6中各变量系数的含义如下：变量资深员工的估计值度量；控制组中老员工与普通员工捐赠额的差异；变量规则强化控制组的估计值度量了普通员工群体中，接受了团结规则强化的被试与没有接受的被试在捐赠额上的差异，即普通员工群体的实验效果（treatment effect）；变量规则强化控制组与交互项估计值相加之和度量了老员工群体中，接受了团结规则强化的被试与没有接受的被试在捐赠额上的差异，即老员工群体的实验效果（treatment effect）。因此，交互项的估计值可以代表实验效果在普通员工被试中和老员工被试中的差异，也就是两部分被试捐赠额变化量的差异，即实验效果的双重差分值（difference-in-difference of treatment effect）。同样地，由于在公共品博弈中，被试对公司和学校的捐赠额均在0~10的范围内，所以本章利用Tobit模型对上述模型进行估计，回归结果如表6-6所示。

表6-6 公共品博弈中团结规则强化机制下时间效应的回归分析

解释变量	对公司捐赠		对学校捐赠	
	（1）	（2）	（3）	（4）
规则强化实验组	1.517*** (0.451)	1.540*** (0.460)	1.245*** (0.381)	1.246*** (0.382)
资深员工	1.094** (0.489)	1.072** (0.509)	0.554 (0.489)	0.535 (0.485)
规则强化实验组 * 资深员工	-1.383* (0.732)	-1.492* (0.773)	-1.061 (0.723)	-1.080 (0.749)
党员	—	0.074 (0.381)	—	0.065 (0.432)

---

① 资深员工变量取值的依据为员工工作年限，即工龄变量，当员工工作年限大于工龄变量均值时，资深员工变量值则为1，反之为0。

续表

解释变量	对公司捐赠		对学校捐赠	
	（1）	（2）	（3）	（4）
职务	—	0.231 (0.176)	—	0.065 (0.195)
观察值	82	82	82	82
伪 R^2	0.028	0.034	0.018	0.019
伪对数似然	−186.314	−185.270	−187.244	−187.154
左/右归并观察值	12/17	12/17	15/14	15/14
老员工实验效应	0.134 (0.06) 0.811	0.048 (0.01) 0.934	0.184 (0.09) 0.766	0.166 (0.07) 0.796

注：①每个系数对应着两行数据，第一行数据为平均边际效应值，根据回归模型中各解释变量估计值计算所得；第二行括号内数值表示聚类到个体层面的稳健标准误。

②老员工实验效应中三个数分别为效应大小、F值以及p值。

③*，**，***分别表示变量估计值在10%，5%和1%的显著性水平显著。

先来看被试对公司捐赠额的回归分析。结果（1）为不考虑控制变量时的情形。回归结果表明，团结规则强化机制对普通员工效果明显，在1%水平下显著提升普通员工被试对公司的捐赠额，增加额为1.517元人民币；相比之下，团结规则强化机制使资深员工捐赠额的增加量要少得多，仅为0.134元人民币，且这一数值并不显著。此外，交互项估计值为−1.383，且在10%水平下显著，表明团结规则强化机制的效果在两部分群体间确实存在差异，对普通员工的实验效果高于资深员工，两者间差值为1.383元人民币。在将被试是否为党员和岗位身份引入模型后，回归结果，如表6-6中第（2）列所示。可以看出，结果（2）同样表明实验效果对普通员工被试起作用，而对资深员工作用并不显著，与第（1）列回归结果相近。

再来看被试对学校捐赠额的回归分析。结果（3）为不考虑控制变量时的情形。类似地，回归结果表明团结规则强化机制对普通员工效果明显，在1%水平下显著提升普通员工被试对学校的捐赠额，增加额为1.245元人民币；相比之下，团结规则强化机制使资深员工捐赠额的增加量要少得多，仅为0.184元人民币，且这一数值并不显著。此外，交互项估计值为−1.061，但并不显著，表明团结规则强化机制的效果在两部分群体间不存在差异。在将被试是否为党员和岗位身份引入模型后，回归结果如表6-6中第（4）列所示。

可以看出，结果（4）中各主要变量系数及显著性与结果（3）回归结果相近。

从表6-6中所得的回归分析结果可知，团结规则强化机制的有效性对普通员工和资深员工存在差异。在对公司捐赠过程中，团结规则强化对普通员工效果大且显著，对资深员工的效果小且并不显著，二者之间的差异性显著存在；在对学校捐赠过程中，上述规律同样存在，只是实验效应在普通员工和资深员工之间的差异并不显著。普通员工和资深员工的差别在于在本公司工作年限的长短，表6-5和表6-6中的回归结果表明，团结规则强化的效应对拥有身份时间短的群体更有效，这意味着拥有身份时间短的群体在团结规则强化机制作用下，对群体身份认同度的提升程度更大。对应于本章中的数理模型，如（3）式所示，对群体规则激发的效果取决于 $w'(s)_{H,i} \cdot \dfrac{\partial s}{\partial p_{H,i}} (x_C - x_0)_{H,i} \cdot \varepsilon_{H,i}$。如若将 p 视作团结规则，而将 $Junior$ 等价于普通员工群体，$Senior$ 等价于资深员工群体，则由本章之实验结果表明，对于普通员工被试，有 $\dfrac{\partial s}{\partial p_{Junior,i}} > 0$，对于资深员工被试同样有 $\dfrac{\partial s}{\partial p_{Senior,i}} > 0$。由于实验组中，普通员工被试和资深员工被试同时接受同种形式的团结规则强化，因此有 $\varepsilon_{Junior,i} = \varepsilon_{Senior,i}$ 成立。由回归结果中普通员工的实验效果大于资深员工的实验效果可知：

$$w'(s)_{Junior,i} \cdot \dfrac{\partial s}{\partial p_{Junior,i}} (x_C - x_0)_{Junior,i} > w'(s)_{Senior,i} \cdot \dfrac{\partial s}{\partial p_{Senior,i}} (x_C - x_0)_{Senior,i} \qquad (4)$$

由团结规则的实验效果对普通员工显著，对资深员工不显著，且控制组中资深员工捐赠额高于新员工可知：在两种捐赠活动中，均有 $\dfrac{\partial^2 s}{\partial p_{H,i}^2} < 0$ 成立，表明随着工作时间的增加，团结规则强化的效果虽然减弱，但其效果已经深入员工的观念中，从根本上改变了员工的行为举止，使其在日常生活中也愿意与群体成员合作，做出更加有利集体的行为。

为了进一步证明团结规则强化机制对两部分群体所产生的效果差异，表6-7和表6-8列举了样本间对比的结果。样本间对比结果显示，无论对公司还是学校，实验效应对普通员工群体显著有效（6.458>3.250，p-value = 0.002；5.875>3.350，p-value = 0.007），相比之下，对资深员工效果并不明显（5.750>5.727，p-value = 0.799；4.875>4.454，p-value = 0.741），因此，样本间对比所得结论与表6-5和表6-6中的结果相互印证。此外，从表6-7和表6-8中控制组中还可以看出，资深员工群体对公司和学校的捐赠额均高于普通员工（5.727>3.250；4.454>3.350），而且经由Wilcoxon秩和检验发现，控制组被试中资深员工对公司的捐赠额显著高于普通员工（5.727＞3.250，p-value＝0.027），但资深员工对学校捐赠额与普通员工则并不存在显著差异（4.454＞3.350，p-value＝0.356），这从另一层面证明了身份拥有时间对认同与合作的作用，即身份拥有时间越长，对本群体认同程度越高，进而越愿意与群体成员间合作。

表6-7 对公司捐赠过程中团结规则强化机制有效性的检验

捐赠类型	普通员工		资深员工	
	控制组	实验组	控制组	实验组
	$N=20$	$N=24$	$N=22$	$N=16$
对公司捐赠	3.250	6.458	5.727	5.750
平均捐赠差值	3.208		0.023	
Wilcoxon 秩和检验（p值）	0.002		0.799	

表6-8 对学校捐赠过程中团结规则强化机制有效性的检验

捐赠类型	普通员工		资深员工	
	控制组	实验组	控制组	实验组
	$N=20$	$N=24$	$N=22$	$N=16$
对学校捐赠	3.350	5.875	4.454	4.875
平均捐赠差值	2.525		0.421	
Wilcoxon 秩和检验（p值）	0.007		0.741	

6.6 小结与讨论

公共品博弈中，被试对公司和学校的自愿捐赠额可以度量其与对应群体成员的合作信念，而社会认同理论指出，个体对内群成员表现出的内群倾向性行为源自其对身份和群体的认同。因此，当个体对群体的认同度改变时，必然会引起其对待群体行为的变化。本章采用强化团结规则的实验设计，意在增强被试对身份对应群体的认同度，并在后续的公共品博弈中观测其捐赠额的变化，进而研究社会认同与合作行为的关系。

本章通过对标准公共品博弈进行改装，观测被试对公司和学校的捐赠额，并通过被试内和被试间的实验设计，研究了团结规则强化机制下社会认同与合作行为的关系。本章的实验在现实的环境中进行，并在实验设计中既兼顾了实验展开的现实条件，又对实验过程进行了必要的控制，因此，所得研究结论更具现实有效性。通过利用样本层面的对比分析以及个体层面的回归分析，本章得出了以下几点结论。

首先，本章在实验设计中对激发工具的创新应用达到了预期效果。在以往研究中，激发工具作用的目标在于被试的身份本身，意图通过强化个体身份达到提高身份认同的作用。相比之下，本章在已有研究成果的基础上，利用激发工具强调身份对应的群体规则。通过被试内的实验设计，对比被试在公共品博弈中对不同群体的捐赠额度，发现对特定身份对应群体规则的强化同样可以达到提升个体对该身份认同的作用。此外，本章还通过扩展激发工具有效性的理论模型，作为本章研究设计的支撑，并通过实验结果与理论模型相互印证，更完整地论述了本章提出的观点。

其次，本章通过被试间的实验设计，证明了团结规则强化机制能够有效提高个体对身份对应群体的认同，进而表现出群体间更高的合作水平。除此之外，本章还发现在对个体进行团结规则强化时，实验效果产生了外部性，即当对员工身份对应的团结规则强化后，相比于控制组，被试不仅表现出对公司更高的捐赠水平，对学校的捐赠水平也有提升。这意味着，当存在身份重叠时，对一种身份对应的群体规则强化时，不仅能够提升个体对该种身份对应群体的认同程度，还能够提升个体对相关身份对应群体的认同度。

最后，本章通过分析实验结果，发现了个体身份认同的时间效应[①]。对于控制组被试来说，老员工对公司的捐赠额显著高于普通员工，但对学校捐赠额却未发现显著差异，这说明拥有身份时间越长，对身份对应群体的认同度越高，进而个体与同群成员间表现出更高的合作水平。此外，基于个体层面的回归分析还表明，团结规则强化机制对普通员工更有效，表现在普通员工在接受了团结规则强化后捐赠额提升的更高且显著。结合控制组中老员工捐赠额显著高于普通员工，可知拥有身份时间长的个体，其对群体的认同度已经深入自身的观念中，而拥有身份时间短的个体，其对群体认同度相对较低，所以对这部分群体进行团结规则强化后，其对群体认同度的提升更大。

基于上述分析，可以看出本章研究的现实意义，归纳起来主要是两点：一是在现实过程中，应通过学校、媒体等途径发挥团结规则强化机制的教育作用，以此提升个体对群体的认同。在公共品供给、社会救助等活动中，采

[①] 造成这种身份认同的时间效应的原因可能有多种，比如，普通员工与资深员工在收入、福利等方面的差异。本书通过数据层面的分析发现了身份认同的时间效应，至于其背后的具体原因为哪一种，有待后续研究进一步确认。

取上述措施，可以有效提高个体间的合作水平，有效达到政策目标。二是在对个体进行旨在提升群体认同度的教育过程中，要针对不同群体采取不同措施。本章研究表明，个体拥有群体身份的时间不同，规则强化对其作用的效果也不尽相同。因此，在现实中，应该针对"新""老"个体，采取不同的措施，以使政策具有针对性，更好地提升整体社会福利。

7 结 论

当人们参与合作时，合作对象的类型及相关属性必然是人们决策、判断的一个重要考量，合作对象是谁、与自身有何关系等问题，是合作双方能否达成一致目标的重要影响因素。本书基于社会认同理论的基本原理，利用实验经济学研究方法，系统地研究了社会认同与合作行为的关系。在阿克洛夫和克兰顿（Akerlof and Kranton，2000）将社会身份引入个体自身效用模型后，经济学界开始围绕身份展开了大量的研究。现有的研究主要从社会认同与社会偏好和规则偏好两个角度，论证社会认同所能产生的效应。相比之下，本书在现有研究的基础上，将社会心理学中社会认同理论的社会比较、社会互动及群体规则因素纳入研究范畴，并在此基础上，扩展研究了竞争机制、个体比较意愿、社会互动的类型等与社会认同相联系的问题，并在不同影响机制下探讨了社会认同与合作行为间的关系。为了达到研究目的，本书借助行为与实验经济学中的实验室实验和人工实地实验的研究方法实现研究思路，在公共品博弈和囚徒困境博弈中构建社会困境，并结合社会认同理论中的最简群体范式和激发工具重新构建群体身份、分离固有身份的认同效应，进而检验社会认同对合作决策的影响。在获得实验数据后，本书利用统计学中的非参检验和计量经济学中的回归分析方法，从样本层面和个体层面分别检验了实验效应是否存在。鉴于此，本书的结论具有稳健性和可信性。

本书的研究思路及成果不仅对经济学领域中与社会身份主题相关的研究具有一定的参考价值，还可以为现实生活中的公共政策制定、企业组织规划提供相关的研究思路、证据和建议。作为本书的末尾，本章对全书各章的研究结论进行归纳和总结，并在此基础上提出本书研究的现实意义。

7.1 本书的主要结论

根据前几章的研究成果，本书的主要结论可以概括为以下七个方面。

第一，个体合作行为的群际差异现象普遍存在。这种合作行为的群际差异表现为个体与内群成员的合作水平显著高于外群成员。在公共品博弈和囚徒困境博弈两种不同的博弈环境中，无论控制组被试还是社会比较机制、竞争机制以及社会互动机制作用下的实验组被试均表现出上述差异性。合作行为的群际差异的原因在于相比于外群成员，个体对内群成员具有明显的社会认同，而且，虽然社会比较、竞争、社会互动等认同影响因素会在一定程度上改变个体的社会认同，但并不会消除这种群际行为差异。

第二，社会比较机制及其对应的比较胜负效应均不会改变个体的社会认同，因而个体与同群成员间的合作行为并不受上述机制影响；比较选择机制下不参与比较组被试具有更高的社会认同水平，因而不参与比较组被试与同群成员间的合作水平具有显著提升。相比之下，在公共品博弈中，社会比较机制和比较选择机制均会提高个体的外群偏爱。相比于控制组被试，社会比较机制产生的实验效应会提升个体的外群偏爱，使个体与外群成员合作的可能性增加。通过将社会比较实验组进一步划分为比较胜利组和比较失败组，本书发现，社会比较之所以会提升个体的外群偏爱，其原因在于比较失败组的消极社会身份效应。同样地，在公共品博弈中，比较选择机制也会提高个体对外群成员的偏爱，表现在相比控制组被试，比较意愿实验组被试与外群成员的合作水平显著提升，且这种外群合作水平的提升伴随着更高的外群合作信念。而根据被试的自主选择将比较意愿实验组划分为参与比较组和不参与比较组后，本书发现，比较选择机制下个体与外群成员合作水平提升的原因，在于参与比较组和不参与比较组的双重作用，且不参与比较组的实验效应大于参与比较组。

第三，在竞争机制下，失败组产生的消极效应会提高个体对内群身份的社会认同，从而使个体与内群成员搭配时表现出更高的合作水平。在公共品博弈中，竞争实验组与社会比较实验组相同，均发现了失败组消极社会身份所产生的实验效应。但是不同的是，竞争失败组虽然产生了消极的社会身份，但内群倾向性反而增加，表现出更高的社会认同，与内群成员搭配时合作行为会增加。此外，竞争机制会使公共品博弈中个体合作行为的群际差异增强，这同样也源于竞争失败组社会认同提升所产生的影响。

第四，与单纯的社会互动相比，基于共同任务的社会互动才能提高个体对内群身份的社会认同，从而使同群成员间的合作水平增加。在公共品博弈中，相比于控制组被试，基于共同任务的社会互动机制产生的实验效应会提升个体与内群成员的合作水平，单纯的社会互动并不能产生实验效应。通过将社会互动实验组按照互动频率进一步划分为多互动组和少互动组，本书发现，基于共同任务的社会互动之所以会提升个体的社会认同，其原因在于多互动组产生的实验效应。相比之下，单纯社会互动及与其相关的互动频率均不会改变个体对内群身份的认同，与内群成员的合作行为也不会产生变化。

第五，本书研究涉及的不同影响机制，对个体合作行为的影响受到博弈环境的作用。在囚徒困境博弈中，无论是社会比较、比较意愿、单纯的社会互动还是共同任务条件下的社会互动，其实验效应均不存在，且实验组中对应的胜负效应以及互动频率效应也均不会对被试的合作行为产生影响。由这个结论可以看出，认同机制能够影响身份认同并改变被试合作行为是有条件的，合作时的外部环境以及互动的原因、内容等因素均会对个体身份认同的形成起到关键作用。相比之下，在囚徒困境博弈中，竞争机制产生的实验效应会提高被试外群合作水平，而导致这种外群合作行为提升的原因在于竞争失败组，竞争胜利组的实验效应并不显著存在。在相对于公共品博弈而言更难于合作的囚徒困境博弈中，竞争失败组表现出与公共品博弈相反的证据，这一结论可以利用社会认同理论中解释优势群体、劣势群体行为差异性的观点加以解释。

第六，本书发现，通过对群体规则的强化，同样能够起到提升个体对群体身份认同的作用，且实验证据表明，团结规则强化机制能够有效提高个体对身份对应群体的认同，进而表现出群体间更高的合作水平。除此之外，本书还发现，在对个体进行团结规则强化时，实验效果产生了外部性，即当对员工身份对应的团结规则强化后，相比于控制组，被试不仅表现出对公司更高的捐赠水平，对学校的捐赠水平也有提升。这意味着，当存在身份重叠时，若对一种身份对应的群体规则进行强化，不仅能够提升个体对该种身份对应群体的认同程度，还能够提升个体对相关身份对应群体的认同。

第七，个体的社会认同存在时间效应。人工实地实验的证据表明，对于控制组被试来说，老员工对公司的捐赠额显著高于普通员工，但二者对学校的捐赠额却未发现显著差异，这说明拥有身份的时间越长，对身份对应群体的认同度则越高，进而使得群体间表现出更高的合作水平。此外，基于个体层面的回归分析还表明，团结规则强化机制对普通员工更有效，表现在普通员工在接受了团结规则强化后，其捐赠额提升更高且更显著。结合控制组中老员工捐赠额显著高于普通员工，可知拥有身份时间长的个体，其对群体的认同度已经深入自身的观念中；而拥有身份时间短的个体，其对群体认同度相对较低，所以，对后者这部分群体进行团结规则强化，对群体认同度的提升作用会更大。

7.2 研究结论的政策含义

本书的研究结果表明，个体在进行合作决策时，会受到合作对象的社会身份因素的影响，社会身份影响个体合作决策的传导路径依赖于个体对群体身份的认同，旨在改变个体身份认同的机制会影响个体与内群成员、外群成员的合作决策。基于本书所得的上述七点结论，本书的现实意义可以概括为以下八个方面。

第一，社会认同理论指出，个体表现出的内群倾向性和行为模式上的群际差异与自身对内群身份的社会认同有关。基于本书的研究结论，可以看出，无论博弈环境是否利于合作发生，个体在合作行为上稳定地表现出群际差异，人们更愿意与内群成员合作，相比之下，与外群成员的合作水平更低。这种合作行为的群际差异性源自个体对待内群身份、外群身份的差异，而且，虽然通过社会比较机制、竞争机制、社会互动机制等影响机制会在一定程度上改变个体社会认同和外群偏爱，但内外群成员在合作行为上的差异性并不能避免。鉴于此，公共政策设计中需要充分考虑上述特征，进行有效的政策设计。举例来说，在社会慈善救助活动中，可以按亲缘、地缘等关系远近将救助者和被救助者进行分类，让身份重叠度高的群体间组成互助组，这样既可以节约政策成本，还能有效地达到政策目标。再如，在学习、工作中，可以让具有共同爱好或社会背景相近的群体组成小组，这样有利于内群成员间的相互合作，有利于提高学习、工作效率。

第二，合作行为的群际差异是一把双刃剑，因此，在政策制定时，应尽量做到取长补短。从积极的一方面来看，内群合作有利于提高个体对于内群的融入，进一步提高社会认同，从长远上为所有群体成员带来收益。但是，这种群际差异性如果固化，则会带来另一个问题，即社会隔离。社会隔离问题本质上等价于社会身份问题，是身份认同群际差异性的一种表现形式。社会隔离问题会给社会带来很大程度的负面影响，如群体冲突加剧、阶层固化以及群体间相互排斥等。因此，在相关政策制定时，要充分考虑到内群合作行为的正面和负面效应，对政策目标和可能涉及的群体进行充分考量。举例来说，在公司治理过程中，要将部门内部治理与部门间治理相结合，分而治之，不能一概而论。部门内治理要发挥其天然的内群合作优势，部门间治理要弱化部门间差异，进而促进部门间合作。

第三，要充分发挥社会比较所能产生的积极效用。合作行为的群际差异虽然普遍存在，但这并不意味着认同影响机制完全不会改变个体对内、外群成员的合作倾向。本书的实验证据表明，社会比较机制下劣势群体的外群偏爱水平有所提升，因而会提高与外群成员的合作水平。因此，在制定政策时，应该考虑到劣势群体决策的内在逻辑，使政策措施具有针对性。举例来说，日常生活中，我们经常能够看到普通人乐于攀比的现象，比如，对奢侈品的无限度迷恋、不惜借款用以购置苹果手机等,这些现象其实体现了劣势群体对于优势群体的外群偏爱,渴望借此获得更高的身份地位。上述行为是"非理性"外群偏爱的一种体现,因此,公共政策设计时应该充分考虑这些弊端,对社会成员进行合理引导,将劣势群体的价值观念引导到积极的方面。例如,政策设计应该着重于构建优势群体、劣势群体相互联系的桥梁,为劣势群体创造有利的外部环境,以使其学习优势群体积极的方面,促进两类群体间相互合作。

第四,要合理引导人们的主观比较意愿。本书的研究表明,在比较选择机制下,不参与比较组与参与比较组均会提升外群合作水平,且不参与比较效应大于参与比较效应;除此之外,不参与比较组被试与内群成员的合作水平也同样具有显著提升。根据这一结论,相关政策制定时应考虑对群众主观比较意愿的可能影响,而针对社会中已经存在的由比较产生的负面影响,应该通过弱化人们比较意愿加以解决。同样的例子,针对生活中出现的攀比行为、非理性消费的负面信息,政府可以利用舆论导向等措施弱化人们的攀比心理。比较意愿的弱化,可以起到减缓群际差异的作用。

第五,对于竞争机制可能产生的负面效应,要进行提前预防。改革开放四十多年来,市场竞争机制的引入极大地提高了我国经济增长率,效率、专业性的提高是竞争机制所引发的正面效应,竞争带来的积极意义不能轻易否定。但是,从另一方面看,本书的研究证据表明,竞争机制会导致个体合作行为的群际差异变大,尤其对竞争导致的劣势群体来说,会使劣势群体内群合作水平显著提升,这虽然有利于强化劣势群体成员间联系的纽带,但同时也意味着群体固化现象的自我加剧,因此,优劣势群体间矛盾凸显的潜在风险增大。但是,本书另一个研究结论表明,在更不利于合作的外部环境下,劣势群体对优势群体的外群偏爱有所提升。结合以上两点结论,公共政策设计时,可以考虑打通优劣势群体合作、交流的通道,利用优惠政策促进两类群体合作,实现互帮互助的政策目标,最终实现群体地位均等化,达到共同富裕。

第六,通过设计相关政策,鼓励人们参与基于共同目标的交流。本书的研究表明,相比单纯的社会互动,基于共同任务的社会互动更能有效提高群体成员间的合作水平,提升个体对内群的认同程度,且互动频率的提升有正向的促进作用。因此,相关部门可以制定政策措施,为人们的交流提供平台等便利条件。我们都熟悉的团队拓展训练,从社会认同视角看,其实就是通过设定共同的任务目标,促进团队成员间互动,进而提升团队成员对群体的认同水平。本书的研究为团队拓展活动的有效性提供了理论层面的证据,因此，新员工在入职前由公司统一组织参与类似活动会起到积极的效果，有利于新员工快速融入工作团队，进而提升工作效率。再举个例子，在西方社会中，我们经常能够看到各种形式的社会团体（community），这些社会团体通过定期组织小组成员相互交流，增进成员间的联系纽带。比如，居住社区中的业主会定期碰面交流，有时是简单的茶话会，有时是一同清理社区的杂草等。本书的研究证据表明，类似活动有利于提高个体对内群的认同及合作水平，这是我国基层自治值得借鉴的地方。如果社区居委会能够为社区业主间举办类似活动提供平台，这将有利于和谐社区的构建。

第七，通过强化群体团结规则，能够达到提高个体对群体认同度的作用。在现实过程中，可以通过学校、媒体等途径发挥团结规则强化机制的教育作用，以此提升个体对群体的认同，增强群体成员间的纽带。在公共品供给、社会救助等活动中，采取上述措施，可以有效提高个体间合作水平，促进公共品供给与社会成员间的互助，有效达到政策目标。还有一点值得注意的是，在提升个体对群体身份认同度的教育过程中，要针对不同群体采取不同措施。本书的研究表明，个体拥有群体身份的时间不同，规则强化对其作用的效果也不尽相同。因此，在现实中，针对"新""老"个体应该采取不同的措施，使政策具有针对性，更好地提升整体福利。

第八，政策制定要为群体成员间的合作创造宽松的合作条件。本书在公共品博弈和囚徒困境博弈中，发现了身份认同作用在合作决策的过程中受到博弈环境的影响。相对宽松的博弈环境更有利于博弈双方选择合作策略；而在双方均选择合作策略时，整体福利将提升。鉴于此，在公共政策中，可以制定相关的法律法规，一方面起到维护合作者自身利益的目的；另一方面可以通过引入惩罚机制、声誉机制等措施，将欺骗者排除在后续合作博弈的选择集之外，以此方式为社会成员间的合作创造有利的外部环境。

7.3 本书研究的不足与未来可能的研究方向

本书基于社会认同理论的框架研究了社会认同和合作行为的关系，并借助实验经济学的研究方法达到了研究目的。针对目前的研究思路和对应的实验设计，本书存在以下几点值得改进的地方。这些不足之处，可以作为未来进一步研究的方向。

第一，本书虽然利用实验经济学研究方法探讨了不同机制下社会认同与合作行为的关系，但并没有在此基础上总结出一般意义上的理论模型用以解释社会比较、竞争、社会互动与群体规则强化如何影响个体的合作行为，也即没有发现个体社会认同与其合作偏好之间存在的稳定关系。目前本书的研究证据还不足以构建新的理论模型，为了实现这一目标，还需要进行多种稳健性检验，即在不同公共品博弈环境、不同激励机制下观察个体社会认同与其合作行为的关系是否依然存在。更进一步，社会比较、竞争、社会互动以及群体规则强化之间是否存在相互影响的传导路径？如果存在，其作用方向及大小又是如何？这些问题，可以统一构成本书后续研究应侧重的方面。

第二，受限于实际条件的诸多限制，本书对社会比较、竞争以及社会互动机制下社会认同与合作行为的研究还局限于实验室实验的研究方法，并没有将具体实验设计与现实世界的实际情况相结合，并应用到实地实验中。本书这类研究所得结论的现实应用性如何，还需要实地实验的证据加以证明。本章上一小节已经基于本书研究结论提出了诸多现实应用的可能性，如果今后能继续按照这些研究思路进一步设计实验并开展后续研究，可以为本书实验室研究的现实有效性提供可靠的经验证据。

第三，合作行为和社会认同两个主题均是学术界研究的热点，目前关于二者的研究成果已经非常丰富。本书基于社会认同理论基本原理，研究了不同认同影响机制下的社会认同与合作行为的关系。而对于个体合作决策相关问题，仍存在诸多影响因素，如惩罚机制、声誉机制、信号显示机制，以及个体决策本身对应的偏好问题，这些问题作为本书研究主题的延展，可以构成本书后续研究的主要方向。比如，社会认同强化机制下，个体对公共品博弈中的搭便车行为、囚徒困境博弈中对欺骗策略者行为的惩罚强度如何？惩罚措施的引入在社会认同机制下又是否会达到预期目标？等等。鉴于此，未来可以围绕合作和社会认同的理论交集，进一步丰富和完善本书的研究。

参考文献

中文文献：

［1］豪格，阿布拉姆斯．社会认同过程［M］．高明华，译．北京：中国人民大学出版社，2011.

［2］卢梭．论人类不平等的起源和基础［M］．邓冰艳，译．杭州：浙江文艺出版社，2015.

［3］卢梭．社会契约论［M］．何兆武，译．北京：商务印书馆，1980.

［4］波普诺．社会学［M］．11版．李强，等译．北京：中国人民大学出版社，2009.

［5］托马塞洛．我们为什么要合作［M］．苏彦捷，译．北京：北京师范大学出版社，2017.

［6］霍布斯．利维坦［M］．黎思复，黎廷弼，译．北京：商务印书馆，1985.

［7］斯密．国民财富的性质和原因的研究［M］．贾拥民，译．北京：中国人民大学出版社，2017.

［8］陈叶烽．亲社会性行为及其社会偏好的分解［J］．经济研究，2009（12）．

［9］陈叶烽．社会偏好的检验：一个超越经济人的实验研究［D］．杭州：浙江大学博士学位论文，2010.

［10］陈叶烽，叶航，汪丁丁．超越经济人的社会偏好理论：一个基于实验经济学的综述［J］．南开经济研究，2012（1）．

［11］戴维斯，霍尔特．实验经济学［M］．连洪泉，左聪颖，译，北京：中国人民大学出版社，2013：309-313.

［12］孟昭勤，王一多．论人类社会的竞争与合作［J］．西南民族大学学报（人文社会科学版），2004（7）．

［13］周业安，王一子．社会认同、偏好和经济行为：基于行为和实验经济学研究成果的讨论［J］．南方经济，2016（10）：95-105.

[14] 周业安. 论偏好的微观结构 [J]. 南方经济, 2015 (4).

[15] 周业安, 黄国宾, 何浩然, 等. 领导者真能起到榜样作用吗？[J]. 管理世界, 2014 (10).

[16] 周业安, 宋紫峰. 公共品的自愿供给机制：一项实验研究 [J]. 经济研究, 2008 (7).

英文文献：

[1] AFRIDI F, LI S X, REN Y. Social identity and inequality: the impact of China's hukou system [J]. Journal of public economics, 2015 (123): 17-29.

[2] AHMED A M, SALAS O. Is the hand of god involved in human cooperation? [J]. International journal of social economics, 2009, 36 (1/2): 70-80.

[3] AHMED M A, SALAS O. Implicit influences of Christian religious representations on dictator and prisoner's dilemma game decisions [J]. Journal of socio-economics, 2011, 40 (3): 242-246.

[4] AKERLOF G A, KRANTON R E. Economics and identity [J]. Quarterly journal of economics, 2000, 115 (3): 715-753.

[5] AKERLOF G A, KRANTON R E. Identity and schooling: some lessons for the Economics of education [J]. Journal of economics literature, 2002, 40 (4): 1167-1201.

[6] AKERLOF G A, KRANTON R E. Identity and the economics of organizations [J]. Journal of economic prespective, 2005, 19 (1): 9-32.

[7] AKERLOF G A. A theory of social custom, of which unemployment may be one consequence [J]. Quarterly journal of economics, 1980, 94 (4): 749-775.

[8] AKERLOF G A, R E KRANTON. Identity economics: how our identities shape our work, wages, and well-being [M]. Princeton, New Jersey: Princeton University Press, 2010.

[9] ALLCOTT H. Social norms and energy conservation [J]. Journal of public economics, 2011, 95 (9-10): 1082-1095.

[10] ALLCOTT H, ROGERS T. The short-run and long-run effects of behavioral interventions: experimental evidence from energy conservation [J]. American economic review, 2014, 104 (10): 3003-37.

[11] ANDERSON S P, GOEREE J K, HOLT C A. A theoretical analysis of

altruism and decision errors in public good games [J]. Journal of public economics, 1998, 70 (2): 297-323.

[12] ANDO K. Social identification and a solution to social dilemmas [J]. Asian journal of social psychology, 1999, 2 (2), 227-235.

[13] ANDREONI J. An experimental test of the public goods crowding-out hypothesis [J]. American economic review, 1993, 83 (5): 1317-1327.

[14] ANDREONI J. Warm-glow versus cold-prickle: the effects of positive and negative framing on cooperation in experiments [J]. Quarterly journal of economics, 1995, 110 (1): 1-21.

[15] ANDREONI J, MILLER J H. Giving according to GARP: an experimental test of the consistency of preferences for altruism [J]. Econometrica, 2002, 70 (2): 737-753.

[16] ANDREONI J. Toward a theory of charitable fund-raising [J]. Journal of political economy, 1998, 106 (6): 1186-1213.

[17] ANDREONI J. Croson R. Partners versus strangers: random rematching in public goods experiments [M]. in: Plott C R, SMITH V L (Eds.). Handbook of experimental economics results. Amsterdam-New York-Oxford-Tokyo: North-Holland Press, 2008: 776-783.

[18] ASHFORTH B E, HARRISON S H, CORLEY K G. Identification in organizations: an examination of four fundamental questions [J]. Journal of management, 2008, 34 (3): 325-374.

[19] AXELROD R, HAMILTON W D. The evolution of cooperation [J]. Science, 1981 (211): 1390-1396.

[20] BARGH J A, CHARTRAND T L. The Mind in the middle: a practical guide to priming and automaticity research [M]. in: Reis H T, Judd C M (Eds.). Handbook of research methods in social psychology, New York: Cambridge University Press, 2000: 253-285.

[21] BENEDICTIS-KESSNER J DE, KADT D DE, WISE T. Playing with race: how racial diversity affects redistributive behavior in simulated public goods games [J/OL]. SSRN electronic journal, 2013.

[22] BENJAMIN D J, CHOI J J, FISHER G. Religious identity and economic behavior [J]. Review of economics and statistics, 2016, 98 (4): 617-637.

[23] BENJAMIN D J, CHOI J J, STRICKLAND J A. Social identity and

preferences [J]. American economic review, 2010, 100 (4): 1913-1928.

[24] BENZ M, MEIER S. Do people behave in experiments as in the field? Evidence from donations [J]. Experimental economics, 2008, 11 (3): 268-81.

[25] BERG J, DICKHAUT J, MCCABE K. Trust, reciprocity, and social history [J]. Games and economic behavior, 1995, 10 (1): 122-142.

[26] BERNHARD H, FEHR E, FISCHBACHER U. Group affiliation and altruistic norm enforcement [J]. American economic review, 2006, 96 (2): 217-221.

[27] BERTRAND M, KAMENICA E, PAN J. Gender identitiy and relative income within housholds [J]. Quarterly journal of economics, 2015, 130 (2): 571-614.

[28] BETTENCOURT B A, DORR N, CHARLTON K, et al. Status differences and in-group bias: a meta-analytic examination of the effects of status stability, status legitimacy, and group permeability [J]. Psychological bulletin, 2001, 127 (4): 520-542.

[29] BLANCO M, ENGELMANN D, KOCH A K, et al. Belief elicitation in experiments: Is there a hedging problem? [J]. Experimental economics, 2010, 13 (4): 412-438.

[30] BOCHET O, PAGE T, PUTTERMAN L. Communication and punishment in voluntary contribution experiments [J]. Journal of economic behavior & organization, 2006, 60 (1): 11-26.

[31] BOHM P. Estimating the demand for public goods: an experiment [J]. European economic review, 1972, 3 (2): 111-130.

[32] BöHM R, ROCKENBACH B. The inter-group comparison - intra-group cooperation hypothesis: comparisons between groups increase efficiency in public goods provision [J]. Plos One, 2013, 8 (2): e56152.

[33] BOHNET I. ZECKHAUSER R J. Social comparison in ultimatum bargaining [J]. Scandinavian journal of economics, 2004, 106 (3): 495-510.

[34] BOLDRY J, KASHY D. Intergroup perception in naturally occurring groups of differential status: a social relations perspective [J]. Journal of personality and social psychology, 1999, 77 (6): 1200-1212.

[35] BOLTON G E, OCKENFELS A, ERC—a theory of equity, reciprocity, and competition [J]. American economic review, 2000, 90 (1): 166-193.

[36] BOLTON G E, ZWICK R. Anonymity versus punishment in ultimatum bargaining [J]. Games and economic behavior, 1995, 10 (1): 95-121.

[37] BOONE C, DECLERCK C H, SUETENS S. Subtle social cues, explicit incentives and cooperation in social dilemmas [J]. Evolution and human behavior, 2008, 29 (3): 179-188.

[38] BORNSTEIN G. Intergroup conflict: individual, group, and collective interests [J]. Personality and social psychology review, 2003, 7 (2): 129-145.

[39] BORNSTEIN G, EREV I. The enhancing effect of intergroup competition on group performance [J]. International journal of conflict management, 1994, 5 (3): 271-283.

[40] BORNSTEIN G, EREV I, ROSEN O. Intergroup competition as a structural solution to social dilemmas [J]. Social behaviour, 1990, 5 (4): 247-260.

[41] BORNSTEIN G, GNEEZY U, NAGEL R. The effect of intergroup competition on group coordination [J]. Games and economic behavior, 2002, 41 (1): 1-25.

[42] BOURHIS R Y, SACHDEV I, GAGNON A. Intergroup research with the Tajfel matrices: methodological notes [M]. in: Zanna M, Olson I (Eds.). The psychology of prejudice: the Ontario symposium, 7. Hillsdale, NJ: Lawrence Erlbaum, 1994: 209-232.

[43] BOWLES S. Endogenous preferences: the cultural consequences of markets and other economic institutions [J]. Journal of economic literature, 1998, 36 (1): 75-111.

[44] BOWLES S, GINTIS H. A cooperative species: human reciprocity and its evolution [M]. Princeton, New Jersey: Princeton University Press, 2011.

[45] BRANDTS J, SCHRAM A. Cooperation and noise in public goods experiments: applying the contribution function approach [J]. Journal of public economics, 1996, 79 (2): 399-427.

[46] BRANDTS J, CHARNESS G. Hot and cold decisions and reciprocity in experiments with sequential games [J]. Experimental economics, 2000, 2 (3): 227-238.

[47] BREWER M B. Depersonalized trust and ingroup cooperation [M]. in: KRUEGER J I (Ed.). Rationality and social responsibility: essays in honor of Robyn Mason Dawes. New York, NY: Psychology Press, 2008: 215-

232.

[48] BREWER M B, KRAMER R M. Choice behavior in social dilemmas: effects of social identity, group size, and decision framing [J]. Journal of personality and social psychology, 1986, 50 (50): 543-549.

[49] BROOKINS P, LUCAS A, RYVKIN D. Reducing within-group overconfidence through group identity and between-group confidence judgments [J]. Journal of economic psychology, 2014, 44 (9): 1-12.

[50] BROWN R. Social identity theory: past achievements, current problems and future challenges [J]. European journal of social psychology, 2000, 30 (6): 745-778.

[51] BUCHAN N R. Culture, fairness, and trust: contrasting influences on negotiation behavior and outcomes in China, Korea, Japan, and the United States [D]. Pennsylvania, United States: University of Pennsylvania, 1998.

[52] BUCHAN N R, JOHNSON E J, CROSON R T A. Let's get personal: an international examination of the influence of communication, culture and social distance on other regarding preferences [J]. Journal of economic behavior & organization, 2006, 60 (3): 373-398.

[53] BURGOON J K, BULLER D B, WOODALL W G. Nonverbal communication: the unspoken dialogue [M]. New York: McGraw-Hill, 1996.

[54] BURLANDO R, HEY J D. Do anglo-saxons free-ride more? [J]. Journal of public economics, 1997, 64 (1): 41-60.

[55] BUUNK B, MUSSWEILER T. New directions in social comparison research [J]. European journal of social psychology, 2001, 31 (5): 467-475.

[56] CADINU M, REGGIORI C. Discrimination of a low-status outgroup: the role of ingroup threat [J]. European journal of social psychology, 2002, 32 (4): 501-515.

[57] CADSBY C B, MAYNES E. Gender and free riding in a threshold public goods game: Experimental evidence [J]. Journal of economic behavior & organization, 1998, 34 (4): 603-620.

[58] CAMERER C, FEHR E. Measuring social norms and preferences using experimental games: a guide for social scientists [M]. in: HENRICH J P, BOYD R, BOWLES S, et al. (Eds.). Foundations of human sociality: economic experiments and ethnographic: evidence from fifteen small-scale

societies. Oxford: Oxford University Press, 2004: 55-95.

[59] CAMERON L A. Raising the stakes in the ultimatum game: Experimental evidence from Indonesia [J]. Economic inquiry, 1999, 37 (1): 47-59.

[60] CAMPBELL D T. Common fate, similarity, and other indices of the status of aggregates of persons as social entities [J]. Systems research & behavioral Science, 1958, 3 (1): 14-25.

[61] CARPENTER J, SEKI E. Do social preferences increase productivity? Field experimental evidence from fishermen in Toyama Bay [J]. Economic inquiry, 2011, 49 (2): 612-630.

[62] CASON T, MUI V. Social influence in the sequential dictator game [J]. Journal of mathematical psychology, 1998, 42 (2-3): 248-265.

[63] CHAKRAVARTY S, FONSECA M A. The effect of social fragmentation on public good provision: an experimental study [J]. Journal of behavioral and experimental economics, 2014 (53): 1-9.

[64] CHAKRAVARTY S, FONSECA M A. Discrimination via exclusion: an experiment on group identity and club goods [J]. Journal of public economic theory, 2017, 19 (1): 244-263.

[65] CHAKRAVARTY S, FONSECA M A, GHOSH S, et al. Religious fragmentation, social identity and cooperation: Evidence from an artefactual field experiment in India [J]. European economic review, 2016 (90), 265-279.

[66] CHARNESS G, RABIN M. Understanding social preferences with simple tests [J]. Quarterly journal of economics, 2002, 117 (3): 817-869.

[67] CHARNESS G, RABIN M. Social preferences: some simple tests and a new model [R]. Working Paper, California: University of California, Berkeley, 2000.

[68] CHARNESS G, RUSTICHINI A. Gender differences in cooperation with group membership [J]. Games and economic behavior, 2011, 72 (1): 77-85.

[69] CHARNESS G, RIGOTTI L, RUSTICHINI A. Individual behavior and group membership [J]. American economic review, 2007, 97 (4): 1340-1352.

[70] CHARNESS G. Efficiency, team building, and spillover in a public-goods game [R]. Working Paper, California, United States: University of California at Santa Barbara, 2012.

[71] CHEN R, CHEN Y, LIU Y, et al. Does team competition increase pro-social lending? Evidence from online microfinance [J]. Games and economic behavior, 2015a (101): 311-333.

[72] CHEN R, CHEN Y. The potential of social identity for equilibrium selection [J]. American economic review, 2011, 101 (6): 2562-2589.

[73] CHEN Y, LI S X, LIU T X, et al. Which hat to wear? impact of natural identities on coordination and cooperation [J]. Games and economic behavior, 2014, 84 (1): 58-86.

[74] CHEN Y, LI S X. Group identity and social preferences [J]. American economic review, 2009, 99 (1): 431-457.

[75] CHEN Y, LU F, ZHANG J. Social comparisons, status and driving behavior [J]. Journal of public economics, 2017 (155): 11-20.

[76] CHEN Y, HARPER M, KONSTAN J, et al. Social comparisons and contributions to online communities: a field experiment on MovieLens [J]. American economic review, 2010, 100 (4): 1358-1398.

[77] CHEN Z C, ONG D, SHEREMETA R M. Competition between and within universities: theoretical and experimental investigation of group identity and the desire to win [J/OL]. Social science electronic publishing, 2015b, 46 (4): 139-145.

[78] CHMURA T, ENGEL C, ENGLERTH M. Selfishness as a potential cause of crime: a prison experiment [J/OL]. Social science electronic publishing, 2013, 7 (7): 5724-5731.

[79] CHOWDHURY, S M, J Y JEON. A ramalingam, identity and group conflict [J]. European economic review, 2016 (90): 107-121.

[80] CHUA A, BALKUNJE R S. Beyond knowledge sharing: interactions in online discussion communities [J]. International journal of web based communities, 2013, 9 (1): 67-82.

[81] CIALDINI R B, KALLGREN C A, RENO R R. A focus theory of normative conduct: a theoretical refinement and reevaluation of the role of norms in human behavior [M]. in: ZANNA M P (Eds.). Advances in experimental social psychology. San Diego: Academic Press, 1991: 201-235.

[82] COHN A, MARéCHAL M A. Priming in economics [J]. Current opinion in psychology, 2016 (12): 17-21.

[83] COHN A, MARéCHAL M A, NOLL T. Bad boys: how criminal identity

salience affects rule violation [J]. Review of economic studies, 2015, 82 (4): 1289-1308.

[84] CREMER D D, VUGT M V. Social identification effects in social dilemmas: a transformation of motives [J]. European journal of social psychology, 1999, 29 (7): 871-893.

[85] CROSON R, GNEEZY U. Gender differences in preferences [J]. Journal of economic literature, 2009, 47 (2): 448-474.

[86] CROSON R, MARKS M, SNYDER J. Groups work for women: gender and group identity in the provision of public goods [J]. Negotiation journal, 2003, 24 (4): 411-427.

[87] CURRARINI S, MENGEL F. Identity, homophily and in-group bias [J]. European economic review, 2016 (90): 40-55.

[88] DEAUX K, MARTIN D. Interpersonal networks and social categories: specifying levels of context in identity processes [J]. Social psychology quarterly, 2003, 66 (2): 101-117.

[89] DEAUX K. Social identification [M]. in: HIGGINS E, KRUGLANSKI A (Eds.). Social ssychology: handbook of basic principles. New York: Guilford Press, 1996: 777-798.

[90] DEE T S. Stereotype threat and the student athlete [J]. Economics inquiry, 2014, 52 (1): 173-182.

[91] DELAVANDE A, ZAFAR B, Gender discrimination and social identity: Experimental evidence from urban pakistan [J]. Economic development and cultural change, 2019, 68 (1): 1-40.

[92] DICK V R. Identification in organizational contexts: linking theory and research from social and organizational psychology [J]. International journal of management reviews, 2001, 3 (4): 265-283.

[93] DIEHL M. The minimal group paradigm: theoretical explanations and empirical findings [J]. European review of social psychology, 1990, 1 (1): 263-292.

[94] DROUVELIS M, NOSENZO D. Group identity and leading-by-example [J]. Journal of economic psychology, 2013, 39 (12): 414-425.

[95] DROUVELIS M, METCALFE R, POWDTHAVEE N. Priming cooperation in social dilemma games [J]. IZA discussion paper, 2010 (4963).

[96] DUFFY J, FELTOVICH N. Does observation of others affect learning in

strategic environments? an experimental study [J]. International journal of game theory, 1999, 28 (1): 131-152.

[97] DUFFY J, KORNIENKO T. Does competition affect giving? [J]. Journal of economic behavior & organization, 2010, 74 (1-2): 82-103.

[98] DUFWENBERG M, KIRCHSTEIGER G. A theory of sequential reciprocity [J]. Games and economic behavior, 2004, 47 (2): 268-298.

[99] EBERLEIN M, WALKOWITZ G. Positive and negative team identity in a promotion game [R]. Bonn: University of Boon, 2008.

[100] ECKEL C C, WILSON R K. Social learning in coordination games: does status matter? [J]. Experimental economics, 2007, 10 (3): 317-329.

[101] ECKEL C C, GROSSMAN P J. Managing diversity by creating team identity [J]. Journal of economic behavior & organization, 2005, 58 (3): 371-392.

[102] ELLEMERS N. The group self [J]. Science, 2012, 336 (6083): 848-852.

[103] ELLEMERS N, GILDER D D, HASLAM S A. Motivating individuals and groups at work: a social identity perspective on leadership and group performance [J]. Academy of management review, 2004, 29 (3): 459-478.

[104] ELLEMERS N, KORTEKAAS P, OUWERKERK J W. Self-categorization, commitment to the group and group self-esteem as related but distinct aspects of social identity [J]. European journal of social psychology, 1999, 29 (2-3): 371-389.

[105] ENGELMANN D, FISCHBACHER U. Indirect reciprocity and strategic reputation building in an experimental helping game [J]. Games and economic behavior, 2009, 67 (2): 399-407.

[106] EREV I, BORNSTEIN G, GALILI R. Constructive intergroup competition as a solution to the free rider problem: a field experiment [J]. Journal of experimental social psychology, 1993, 29 (6): 463-478.

[107] FALK A, FISCHBACHER U. A theory of reciprocity [J]. Games and economic behavior, 2006, 54 (2): 293-315.

[108] FARRELLY D, LAZARUS J, GILBERT R. Altruists attract [J]. Evolutionary psychology, 2007, 5 (2): 313-329.

[109] FEHR E, HOFF K. Introduction: tastes, caste and culture: the influence of

society on preferences [J]. Economic journal, 2011, 121 (556): 396-412.

[110] FEHR E, SCHMIDT K M. A theory of fairness, competition, and cooperation [J]. Quarterly journal of economics, 1999, 114 (3): 817-868.

[111] FEHR E, SCHMIDT K M. The economics of fairness, reciprocity and altruism——experimental evidence and new theories [M]. in: Kolm S, Mercier-Ythier J (Eds.). Handbook of the Economics of Giving, Altruism and Reciprocity. Amsterdam: North Holland, 2006: 615-691.

[112] FEHR E, GäCHTER S. Cooperation and punishment in public goods experiments [J]. American economic review, 2000, 90 (4): 980-994.

[113] FEHR E, LEIBBRANDT A. Cooperativeness and impatience in the tragedy of the Commons [R]. Working Papers, Zurich: University of Zurich.

[114] FERRARO P J, PRICE M K. Using nonpecuniary strategies to influence behavior: evidence from a large-scale field experiment [J]. Review of economics and statistics, 2013, 95 (1): 64-73.

[115] FERSHTMAN C, GNEEZY U. Discrimination in a segmented society: an experimental approach [J]. Quarterly journal of economics, 2001, 116 (1): 351-377.

[116] FISCHBACHER U. Z-Tree: Zurich toolbox for ready-made economic experiments [J]. Experimental economics, 2007, 10 (2): 171-178.

[117] FISCHBACHER U, GÄCHTER S, FEHR E. Are people conditionally cooperative? evidence from a public goods experiment [J]. Economics letters, 2001, 71 (3): 397-404.

[118] COSTA-FONT J, COWELL F. Social identity and redistributive preference: a survey [J]. Journal of economic surveys, 2015, 29 (2): 357-374.

[119] FORSYTHE R, HOROWITZ J L, SAVIN N E, et al. Fairness in simple bargaining experiments [J]. Games and economic behavior, 1994, 6 (3): 347-369.

[120] FOWLER J. Altruism and turnout [J]. Journal of politics, 2006, 68 (3): 674-83.

[121] FREY B S, BOHNET I. Institutions affect fairness: experimental investigations [J]. Journal of institutional and theoretical economics, 1995, 151 (2): 286-303.

[122] FREY B S, BOHNET I. Identification in democratic society [J]. Journal of socio-economics, 1997, 26 (1): 25-38.

[123] FREY B S, MEIER S. Social comparisons and pro-social behavior: testing "conditional cooperation" in a field experiment [J]. American economic review, 2004, 94 (5): 1717-1722.

[124] GÄCHTER S. Conditional cooperation: behavioral regularities from the lab and the field and their policy implications [R]. Worttingham: University of Worttingham, 2006.

[125] GäCHTER S, FEHR E. Collective action as a social exchange [J]. Journal of economic behavior & organization, 1999, 39 (4): 341-369.

[126] GäCHTER S, HERRMANN B, THÖNI C. Trust, voluntary cooperation, and socio-economic background: survey and experimental evidence [J]. Journal of economic behavior & organization, 2004, 55 (4): 505-531.

[127] GILES H, JOHNSON P. Ethnolinguistic identity theory: a social psychological approach to language maintenance [J]. International journal of the sociology of language, 1987 (68): 69-100.

[128] GOERG S J, MEISE J, WALKOWITZ G, et al. Experimental study of bilateral cooperation under a political conflict: the case of Israelis and Palestinians [J]. Cologne graduate school working paper series, 2013, 4 (1).

[129] GOETTE L, HUFFMAN D, MEIER S. The impact of group membership on cooperation and norm enforcement: evidence using random assignment to real social groups [J]. American economic review, 2006, 96 (2): 212-216.

[130] GOETTE L, HUFFMAN D, MEIER S. The impact of social ties on group interactions: evidence from minimal groups and randomly assigned real groups [J]. American economic journal microeconomics, 2012, 4 (1): 101-15.

[131] GOETZE D. Comparing prisoner's dilemma, commons dilemma, and public goods provision designs in laboratory experiments [J]. Journal of conflict resolution, 1994, 38 (1): 56-86.

[132] GREINER B, GÜTH W, ZULTAN R. Social communication and discrimination: a video experiment [J]. Experimental economics, 2012, 15 (3): 398-417.

[133] GUALA F, FILIPPIN A. The effect of group identity on distributive choice:

Social preference or heuristic? [J]. Economic journal, 2017, 127 (602): 1047-1068.

[134] GUALA F, MITTONE L, PLONER M. Group membership, team preferences, and expectations [J]. Journal of economic behavior & organization, 2013, 86 (1): 183-190.

[135] GUALA F. Experimentation in economics [M]. in: MÄKI U (Eds.). Handbook of the philosophy of science. Amsterdam: Elsevier, 2012.

[136] GÜTH W, LEVATI M V, PLONER M. Social identity and trust—an experimental investigation [J]. Journal of socio-economics, 2008, 37 (4): 1293-1308.

[137] GÜTH W, LEVATI M V, SUTTER M. et al. Leading by example with and without exclusion power in voluntary contribution experiments [J]. Journal of public economics, 2007, 91 (5): 1023-1042.

[138] GÜTH W, SCHMITTBERGER R, SCHWARZE B. An experimental analysis of ultimatium bargaining [J]. Journal of economic behavior & organization, 1982, 3 (4): 367-388.

[139] HAGERTY B M, LYNCH-SAUER J, PATUSKY K L, et al. Sense of belonging: a vital mental health concept [J]. Archives of psychiatric nursing, 1992, 6 (3): 172-177.

[140] HALEVY N, CHOU E Y, COHEN T R, et al. Relative deprivation and intergroup competition [J]. Group processes & intergroup relations, 2010, 13 (6): 685-700.

[141] HARGREAVES S P, VERSCHOOR A, ZIZZO D J. Out-group favouritism [J/OL]. Social Science Electronic Publishing, 2009.

[142] HARRISON G W, LIST J A, Field experiments [J]. Journal of economic literature, 2004, 42 (4): 1009-1055.

[143] HASLAM S A, MCGARTY C, TURNER J C. Salient group memberships and persuasion: the role of social identity in the validation of beliefs [M]. in: NYE J L, BROWER A M (Eds.). What's social about social cognition. Thousand Oaks: Sage, 1996: 29-56.

[144] HENRICH N S, HENRICH J. Why humans cooperate: a cultural and evolutionary explanation [M]. Oxford, England: Oxford University Press, 2007.

[145] HILARY G, HUI K W. Does religion matter in corporate decision making in

America? [J]. Journal of financial economics, 93 (3): 455-473.

[146] HO T, SU X. Peer-induced fairness in games [J]. American economic review, 2009, 99 (5): 2022-2049.

[147] HOFF K, PANDEY P. Discrimination, social identity, and durable inequalities [J]. American economic review, 2006, 96 (2): 206-211.

[148] HOFF K, PANDEY P. Making up people—the effect of identity on performance in a modernizing society [J]. Journal of development economics, 2014, 106 (1): 118-131.

[149] HOFFMAN E, MCCABE K, SMITH V L. Social distance and other regarding behavior in dictator games [J]. American economic review, 1996, 86 (3): 653-660.

[150] HOGG M A, REID S A. Social identity, self-categorization, and the communication of group norms [J]. Communication theory, 2006, 16 (1): 7-30.

[151] HOGG M A. Subjective uncertainty reduction through self-categorization: a motivational theory of social identity processes [J]. European review of social psychology, 2000a, 11 (1): 223-255.

[152] HOGG M A. Social identity and social comparison [M]. in: SULS J, WHEELER L (Eds.). Handbook of social comparison: theory and research. New York: Kluwer/Plenum, 2000.

[153] Hogg M A, Turner J C. Interpersonal attraction, social identification and psychological group formation [J]. European journal of social psychology, 1985, 15 (1): 51-66.

[154] HOMSEY M J, HOGG M A. Subgroup differentiation as a response to an overly inclusive group: a test of optimal distinctiveness theory [J]. European journal of social psychology, 1999, 29 (4): 543-550.

[155] HOMSEY M J, HOGG M A. Subgroup relations: a comparison of mutual intergroup differentiation and common ingroup identity models of prejudice reduction [J]. Personality and social psychology bulletin, 2000, 26 (2): 242-256.

[156] HOROWITZ M, RABBIE J M. Individuality and membership in the intergroup szstem [M]. in: TAJFEL H (Eds.). Social identity and intergroup relations, Cambridge: Cambridge University Press, 1982.

[157] HORTON J J, RAND D G, ZECKHAUSER R J. The online laboratory:

conducting experiments in a real labor market [J]. Experimental economics, 2011, 14 (3): 399-425.

[158] JANS L, POSTMES T, ZEE K VAN DER. Sharing differences: the inductive route to social identity formation [J]. Journal of experimental social psychology, 2012, 48 (5): 1145-1149.

[159] JOHANSSON-STENMAN O, MAHUMUD M, MARTINSSON P. Trust and religion: experimental evidence from Bangladesh [J]. Economica, 2009, 76 (303): 462-485.

[160] JOHNSON D B, OXOBY R J. Can interaction be the primary focus of in-group biases? [J]. Global economics and management review, 2015, 20 (1): 1-5.

[161] KAGEL J H, ROTH A E. The handbook of experimental economics [M]. Princeton, New Jersey: Princeton University Press, 1995.

[162] KAHNEMAN D, KNETSCH J L, THALER R. Fairness as a constraint on profit seeking: entitlements in the market [J]. American economic review, 1986, 76 (4): 728-741.

[163] KARLAN D. Using experimental economics to measure social capital and predict financial decisions [J]. American economic review, 2005, 95 (5): 1688-1699.

[164] KESER C, WINDEN F. Conditional cooperation and voluntary contributions to public goods [J]. Scandinavian journal of economics, 2000, 102 (1): 23-39.

[165] KHADJAVI M, LANGE A. Prisoners and their dilemma [J]. Journal of economic behavior & organization, 2013, 92 (2): 163-175.

[166] KIYONARI T. Detecting defectors when they have incentives to manipulate their impressions [J]. Letters on evolutionary behavioral science, 2010, 1 (1): 19-22.

[167] KIYONARI T, YAMAGISHI T, In-group cooperation and the social exchange heuristic [M]. in: SULEIMAN R, BUDESCU D V, FISCHER I, et al. (Eds.). Contemporary psychological research on social dilemmas. New York: Cambridge University Press, 2004: 269-286.

[168] KLOR E F, SHAYO M. Social identity and preferences over redistribution [J]. Journal of public economics, 2010, 94 (3-4): 269-278.

[169] KNEZ M J, CAMERER C F. Outside options and social comparison in

three-player ultimatum game experiments [J]. Games and economic behavior, 1995, 10 (1): 65-94.

[170] KRAMER R M, BREWER M B. Effects of group identity on resource use in a simulated commons dilemma [J]. Journal of personality and social psychology, 1984, 46 (5): 1044-1057.

[171] KRUPKA E, WEBER R A. The focusing and informational effects of norms on pro-social behavior [J]. Journal of economic psychology, 2009, 30 (3): 307-320.

[172] KUHNEN C M, MIU A C. Socialeconomic status and learning from financial information [J]. Journal of financial economics, 2017, 124 (2): 349-372.

[173] KUMAR A, PAGE J, SPALT O. Religious beliefs, gambling attitudes, and financial market outcomes [J]. Journal of financial economics, 2011, 102 (3): 671-708.

[174] LANDA D, DUELL D. Social identity and the nature of electoral representation [J/OL]. Social science electronic publishing, 2013.

[175] LANKAU M, BICSKEI M, BIZER K. Cooperation preferences in the provision of public goods: an experimental study on the effects of social identity [J/OL]. Social science electronic publishing, 2012.

[176] LANKAU M, BICSKEI M, BIZER K. The role of expections in the provision of public goods under the influence of social identity [J/OL]. Social Science Electronic Publishing, 2014.

[177] LAURY S K, TAYLOR L O. Altruism spillovers: are behaviors in context-free experiments predictive of altruism toward a naturally occurring public good? [J]. Journal of economics behavior and organization, 2008, 65 (1): 9-29.

[178] LEDYARD J. Public goods: a survey of experimental research [M]. in: Kagel J, Roth A (Eds.). Handbook of experimental economics. Princeton, New Jersey: Princeton University Press, 1995.

[179] LEIBBRANDT A, GNEEZY U, LIST J A. Ode to the sea: The socio-ecological underpinnings of social norms [R]. Working Paper, Illinois, United States: Department of Economics, University of Chicago, 2010.

[180] LEVATI M V, SUTTER M, HEIJDEN E. Leading by example in a public goods experiment with heterogeneity and incomplete information [J].

Journal of conflict resolution, 2007, 51 (5): 793-818.

[181] LEVITT S D, LIST J A. What do laboratory experiments measuring social preferences reveal about the real world? [J]. Journal of economic perspectives, 2007, 21 (2): 153-174.

[182] LI S X. Identities, ethnic diversity, and tax morale [J]. Public finance review, 2010, 38 (2): 146-177.

[183] LI S X, OLIVEIRA A C M DE, ECKEL C. Common identity and the voluntary provision of public goods: an experimental investigation [J]. Journal of economic behavior & organization, 2017 (142): 32-46.

[184] LI S X, DOGAN K, HARUVY E. Group identity in markets [J]. International journal of industrial organization, 2011, 29 (1): 104-115.

[185] LIST J A. Do explicit warnings eliminate the hypothetical bias in elicitation procedures? evidence from field auctions for sportscards [J]. American economic review, 2001, 91 (5): 1498-1507.

[186] LIST J A, CHERRY T L. Learning to accept in ultimatum games: evidence from an experimental design that generates low offers [J]. Experimental economics, 2000, 3 (1): 11-29.

[187] LOCKSLEY A, ORTIZ V, HEPBURN C. Social categorization and discriminatory behavior: extinguishing the minimal intergroup discrimination effect [J]. Journal of personality and social psychology, 1980, 39 (5): 773-783.

[188] LONDONO N C, CROSON R, LI S X. Identity and social exclusion: a framed field experiment with hispanic immigrants in the U. S [R]. Working Paper, Richardson: University of Texas at Dallas, 2015.

[189] MARQUES J M, PAEZ D, ABRAMS D. Social identity and intragroup differentiation as subjective social control [M]. in: WORCHEL S, MORALES F, PAEZ D. (Eds.). Social identity: international perspectives. London: Sage, 1998: 124-141.

[190] MARWELL G, AMES R E. Economists free ride, does anyone else?: Experiments on the provision of public goods, IV [J]. Journal of public economics, 1981, 15 (3): 295-310.

[191] MASELLA P, MEIER S, ZAHN P. Incentives and group identity [J]. Games and economic behavior, 2014 (86): 12-25.

[192] MATTHEY A. The Influence of priming on reference states [J]. Games,

2010, 1 (1): 34-52.

[193] MCKENNA K Y A, GREEN A S, GLEASON M E J. Relationship formation on the internet: what's the big attraction? [J]. Journal of social issues, 2002, 58 (1): 9-31.

[194] MCLEISH K N, OXOBY R J. Identity, cooperation, and punishment [J/OL]. Social Science Electronic Publishing, 2007.

[195] MCLEISH K N, OXOBY R J. Social interactions and the salience of social identity [J]. Journal of economic psychology, 2011, 32 (1): 172-178.

[196] MILGRAM S. The familiar stranger: an aspect of urban anonymity [M]. in: Milgram S (Eds.). The individual in a social world: essays and experiments. Boston: Addison-Wesley, 1977: 51-53.

[197] MORITA H, SERVáTKA M. Group identity and relation-specific investment: an experimental investigation [J]. European economic review, 2013, 58 (1): 95-109.

[198] MOROZOVA A. What is in the Stars? the effect of status on social preference [J/OL]. Social science electronic publishing, 2015.

[199] MOXNES E, HEIJDEN E. The effect of leadership in a public bad experiment [J]. Journal of conflict resolution, 2003, 47 (6): 773-795.

[200] MUMMENDEY A, SIMON B, DIETZE C, et al. Categorization is not enough: intergroup discrimination in negative outcome allocation [J]. Journal of experimental social psychology, 1992 (28): 125-144.

[201] MURNIGHAN J K, SAXON M S. Ultimatum bargaining by children and adults [J]. Journal of economic psychology, 1998, 19 (4): 415-445.

[202] NALBANTIAN H R, SCHOTTER A. Productivity under group incentives: an experimental study [J]. American economic review, 1997, 87 (3): 314-341.

[203] NIEDERLE M, VESTERLUND L. Do women shy away from competition? do men compete too much? [J]. Quarterly journal of economics, 2007, 122 (3): 1067-1101.

[204] OAKES P, HASLAM S A, TURNER J C. The role of prototypicality in group influence and cohesion: contextual variation in the graded structure of social categories [M]. in: WORCHEL S, MORALES J F, PAEZ D, et al (Eds.). Social identity: International perspectives. London: Sage, 1991: 75-92.

[205] OFFERMAN T, SONNEMANS J, SCHRAM A. Value orientations, expectations, and voluntary contributions in public goods [J]. Economic journal, 1996, 106 (437): 817-845.

[206] ORBELL J M, DAWES R M. Social dilemmas [M]. in: STEPHENSON G, DAVIS J H (Eds.). Progress in applied social Psychology. Chichester: Wiley, 1981: 37-66.

[207] OSTROM E. Collective action and the evolution of social norms [J]. Journal of economic perspectives, 2000, 14 (4): 137-158.

[208] OTTEN S, MUMMENDEY A, BLANZ M. Intergroup discrimination in positive and negative outcome allocations: impact of stimulus valence, relative group status, and relative group size [J]. Personality and social psychology bulletin, 1996, 22 (6): 568-581.

[209] OXOBY R J, SPRAGGON J. A clear and present minority: heterogeneity in the source of endowments and the provision of public goods [J]. Economic inquiry, 2013, 51 (4): 2071-2082.

[210] PALFREY T R, PRISBREY J E. Anomalous behavior in linear public good experiments: how much and why? [J]. American economic review, 1997, 87 (5): 829-846.

[211] PAN X S, HOUSER D. Cooperation during cultural group formation promotes trust towards members of out-groups [J]. Proceedings of the royal society of London, 2013, 280 (1762): 1-6.

[212] POSTLEWAITE A. Social norms and preferences [M]. in: BENHABIB J, BISIN A, JACKSON M (Eds.). Handbook of social economics, . Netherlands: North-Holland, 2011: 31-67.

[213] POSTMES T, TANIS M, BOUDEWIJN D. Communication and commitment in organizations: a social identity approach [J]. Group processes & intergroup relations, 2001, 4 (3): 227-246.

[214] POSTMES T, SPEARS R, LEE A T, et al. Individuality and social influence in groups: inductive and deductive routes to group identity [J]. Journal of personality and social psychology, 2005b, 89 (5): 747-763.

[215] POSTMES T, HASLAM S A, SWAAB R. Social influence in small groups: an interactive model of social identity formation [J]. European review of social psychology, 2005a, 16 (1): 1-42.

[216] POTTERS J, SEFTON M, VESTERLUND L. Leading-by-example and

signaling in voluntary contribution games: an experimental study [J]. Economic theory, 2007, 33 (1): 169-182.

[217] RABBIE J M, SCHOT J C, VISSER L. Social identity theory: a conceptual and empirical critique from the perspective of a behavioural interaction model [J]. European journal of social psychology, 1989, 19 (3): 171-202.

[218] RABIN M. ncorporating fairness into game theory and economics [J]. American economic review, 1993, 83 (5): 1281-1302.

[219] RANDOLPH-SENG B, NIELSEN M E. Honesty: one effect of primed religious representations [J]. International journal for the psychology of religion, 2007, 17 (4): 303-315.

[220] REN Y, HARPER F M, DRENNER S, et al. Building member attachment in online communities: applying theories of group identity and interpersonal bonds [J]. Mis quarterly, 2012, 36 (3): 841-864.

[221] RINK F, ELLEMERS N. Diversity as a basis for shared organizational identity: the norm congruity principle [J]. British journal of management, 2007, 18 (s1): 17-27.

[222] ROCCAS S. The effects of status on identification with multiple groups [J]. European journal of social psychology, 2003, 33 (3): 351-366.

[223] RUBIN M, HEWSTONE M. Social identity theory's selfesteem hypothesis: a review and some suggestions for clarification [J]. Personality and social psychology review, 1998, 2 (1): 40-62.

[224] RUFFLE B J, SOSIS R. Cooperation and the in-group-out-group bias: a field test on Israeli kibbutz members and city residents [J]. Journal of economic behavior & organization, 2006, 60 (2): 147-163.

[225] SACHDEV I, BOURHIS R Y. Ethnolinguistic vitality: some motivational and cognitive considerations [M]. in: HOGG M A, ABRAMS D (Eds.). Group motivation: social psychological perspectives. Hemel Hempstead, England: Harvester Wheatsheaf, 1993: 33-51.

[226] SAMEK A, SHEREMETA R M. When identifying contributors is costly: an experiment on public goods [J/OL]. Social science electronic publishing, 2014, 82 (3): 801-808.

[227] SAMEK A. Gender differences in job entry decisions: a university-wide field experiment [J]. Management science, 2019, 65 (7): 3272-3281.

[228] SCHMIDT K M. Social preferences and competition [J]. Journal of money,

Credit and banking, 2011 (43): 207-231.

[229] SEDIKIDES C, STRUBE M J. Self-evaluation: To thine own self be good, to thine own self be sure, to thine own self be true, and to thine own self be better [M]. in: ZANNA M P (Eds.), Advances in experimental social psychology. New York: Academic Press, 1997: 209-296.

[230] SHARIFF A F, NORENZAYAN A. God is watching you: priming god concepts increases prosocial behavior in an anonymous economic game [J]. Psychological science, 2007, 18 (9): 803-809.

[231] SHIH M, PITTINSKY T L, AMBADY N. Stereotype susceptibility: identity salience and shifts in quantitative performance [J]. Psychology science, 1999, 10 (1): 80-83.

[232] SHINADA M, YAMAGISHI T. Physical attractiveness and cooperation in a prisoner's dilemma game [J]. Evolution and human behavior, 2014, 35 (6): 451-455.

[233] SIMPSON B. Social identity and cooperation in social dilemmas [J]. Rationality and society, 2006, 18 (4): 443-470.

[234] SMITH A. Group composition and conditional cooperation [J]. Journal of socio-economics, 2011a, 40 (5): 616-622.

[235] SMITH A. Identifying in-group and out-group effects in the trust game [J]. Journal of economic analysis & policy. 2011b, 11 (1): 38-38.

[236] SMITH V L. Experimental economics: induced value theory [J]. American economic review, 1976, 66 (2): 274-279.

[237] SMITH V L. Microeconomic systems as an experimental science [J]. American economic review, 1982, 72 (5): 923-955.

[238] SOLNICK S J, SCHWEITZER M E. The influence of physical attractiveness and gender on ultimatum game decisions [J]. Organizational behavior and human decision processes, 1999, 79 (3): 199-215.

[239] SPENCER S J, STEELE C M, QUINN D M. Stereotype threat and women's math performance [J]. Journal of experimental social psychology, 1999, 35 (1): 4-28.

[240] STEELE C M, ARONSON J. Stereotype threat and the intellectual test performance of African Americans [J]. Journal of personality and social psychology, 1995, 69 (5): 797-811.

[241] STRAUB P G, MURNIGHAN J K. An experimental investigation of

ultimatum games: information, fairness, expectations, and lowest acceptable offers [J]. Journal of economic behavior & organization, 1995, 27 (3): 345-364.

[242] SULS J, MARTIN R, WHEELER L. Social comparison: why, with whom, and with what effect? [J]. Current directions in psychological science, 2002, 11 (5): 159-163.

[243] TAJFEL H. Social categorization, English manuscript of "La catégorisation sociale" [M]. in: MOSCOVICI S (Eds.). Introduction à la psychologie sociale Vol 1. Paris: Larousse, 1972.

[244] TAJFEL H. Human groups and social categories: studies in social psychology [M]. Cambridge: Cambridge University Press, 1981.

[245] TAJFEL H. Social psychology of intergroup relations [J]. Annual review of psychology, 1982, 33 (1): 1-39.

[246] TAJFEL H, TURNER J C. An integrative theory of intergroup conflict [M]. in: WORCHEL S, AUSTIN W G (Eds.). The social psychology of intergroup relations. Monterey: Brooks/Cole, 1979: 33-47.

[247] TAJFEL H, TURNER J C. An integrative thoery of intergroup conflict [M]. in: AUSTIN W G, S WORCHEl (Eds.). The social psychology of intergroup relations. Monterey California: Brooks-Cole, 1979: 33-47.

[248] TAJFEL H, TURNER J C. The social identity theory of intergroup behavior [M]. in: WORCHEL S, AUSTIN W G (Eds.). Psychology of intergroup relations. Chicago: Nelson-Hall, 1986: 7-24.

[249] TAJFEL H, BILLIG M, BUNDY R, et al. Social categorization and intergroup behavior [J]. European journal of social psychology, 1971, 1 (2): 149-178.

[250] TAJFEL H. Social identity and intergroup behaviour [J/OL]. Social science information, 1974, 13 (2): 65-93.

[251] TAN J H W, ZIZZO D J. Groups, cooperation and conflict in games [J]. Journal of socio-economics, 2008, 37 (1): 1-17.

[252] TAN J H W, BOLLE F. Team competition and the public goods game [J]. Economics letters, 2007, 96 (1): 133-139.

[253] TARRANT M. Adolescent peer groups and social identity [J]. Social development, 2002, 11 (1): 110-123.

[254] TAYLOR S E, NETER E, WAYMENT H A. Self-evaluation processes [J].

Personality and social psychology bulletin, 1995, 21 (12): 1278-1287.

[255] TERRY D J, HOGG M A. Group norms and attitude-behavior relationship: a role for group identification [J]. Personality and social psychology bulletin, 1996 (22): 776-793.

[256] TERRY D J, HOGG M A. Attitudes, behavior, and social context: the role of norms and group membership in social influence processes [M]. in: FORGAS J P, WILLIAMS K D (Eds.). Social influence: direct and indirect processes. Philadelphia, PA: Psychology Press, 2001: 253-270.

[257] TRIVERS R L. Parental investment and sexual selection [M]. in: CAMPBELL B (Eds.). Sexual selection and the descent of man: the darwinian pivot. Chicago, IL: Aldine, 1972: 136-179.

[258] TURNER J C. Social categorization and the self-concept: A social cognitive theory of group behavior [M]. in: LAWLER E J (Eds.), Advances in group processes: theory and research, vol. 2, Greenwich, Conn.: JAI Press, 1985.

[259] TURNER J C. Social comparison and social identity: some prospects for intergroup behavior [J]. European journal of social psychology, 1975, 5 (1): 5-34.

[260] TURNER J C. Social comparison, similarity and ingroup favouritism [M]. in: TAJFEL H (Eds.). Differentiation between social groups: studies in the social psychology of intergroup relations. London: Academic Press, 1978: 235-250.

[261] TURNER J C. Towards a cognitive redefinition of the social group [M]. in: TAJFEL H (Eds.). Social identity and intergroup relations. Cambridge England: Cambridge University Press, 1982.

[262] TURNER J C. Social identification and psychological group formation [M]. in: TAJFEL H (Eds.). The social dimension: european developments in social psychology. Cambridge, England: Cambridge University Press, 1984: 518-538.

[263] TURNER J C, REYNOLDS K J. Self-categorization theory [M]. in: LANGE P A M VAN, KRUGLANSKI A W, HIGGINS E T (Eds.). Handbook of theories of social psychology. Los Angeles: Sage, 2012: 399-417.

[264] TURNER J C, HOGG M A, OAKES P J, et al. Rediscovering the social

group: a self-categorization theory [M]. Oxford, UK: Basil Blackwell, 1987.

[265] TURNER J C, BROWN R, Social status, cognitive alternatives, and intergroup relations [M]. in: TAJFEL H (Eds.), Differentiation between social groups: studies in the social psychology of intergroup relations. London: Academic Press, 1978: 201-250.

[266] TURNER J C, BROWN R J, TAJFEL H. Social comparison and group interest in ingroup favouritism [J]. European journal of social psychology, 1979, 9 (2): 187-204.

[267] VAN KNIPPENBERG A, WILKE H. Social categorization and attitude change [J]. European journal of social psychology, 1988, 18 (5): 395-406.

[268] WEGGE J, HASLAM S A. Group goal setting, social identity and selfcategorization: engaging the collective self to enhance group performance and organizational outcomes [M]. in: HASLAM S A, KNIPPENBERG D VAN, PLATOW M J, et al (Eds.). Social identity at work: developing theory for organizational practice. London: Taylor & Francis, 2003: 74-79.

[269] WENG Q, CARLSSON F. Cooperation in teams: the role of identity, punishment, and endowment distribution [J]. Journal of public economics, 2015 (126): 25-38.

[270] WHEELER S C, PETTY R E. The effects of stereotype activation on behavior: a review of possible mechanisms [J]. Psychological bulletin, 2001, 127 (6): 797-826.

[271] WILSON E O. On human nature [M]. Cambridge, MA: Harvard University Press, 1978.

[272] WIT A P, WILKE H A M. The effect of social categorization on cooperation in three types of social dilemmas [J]. Journal of economic psychology, 1992, 13 (1): 135-151.

[273] YAMAGISHI T, Social dilemmas [M]. in COOK K S, FINE G A, HOUSE J S (Eds.). Sociological perspectives on social psychology. Needham Heights, MA: Allyn and Bacon, 1995: 311-35.

[274] YAMAGISHI T, MIFUNE N, LIU J H, et al. Exchanges of group-based favours: in-group bias in the prisoner's dilemma game with minimal groups in Japan and New Zealand [J]. Asian journal of social psychology, 2008,

11 (3): 196-207.

[275] YAMAGISHI T, KIYONARI T. The group as the container of generalized reciprocity [J]. Social psychology quarterly, 2000, 63 (2): 116-132.

[276] YOPYK D J A, PRENTICE D A. Am I an athlete or a student? identity salience and stereotype threat in student-athletes [J]. Basic and applied social psychology, 2005, 27 (4): 329-336.

[277] YZERBYT V, DEMOULIN S. Intergroup relations [M]. in: FISKE S T, GILBERT D T, LINDZEY G (Eds.). Handbook of social psychology. Hoboken, NJ: Wiley, 2010: 1024-1083.

[278] ZAJONC R B. Attitudinal effects of mere exposure [J]. Journal of personality and social psychology, 1968, 9 (2): 1-27.